U0688046

普通高等教育“十三五”规划教材

现代教育技术基础

廖守琴　主　编
宋权华　陈颖博
张　超　白静华　副主编

科学出版社
北　京

内 容 简 介

本书采用“理论+实践”的方式设计学习过程，在每一章节的教学活动结束后都安排了相应的学习活动，力求使学生学会现代教育技术的应用，全书设置了学习目标、课程活动、学习总结与反思等环节，符合教学过程和学生的思维过程，主要内容为认识教育技术、信息技术支持下的教学设计、数字化教学资源的检索与获取、数字化教学资源的编辑与处理、教学 PPT 的设计与制作、教学媒体和环境的管理与应用、信息技术支持下的教学评价。

本书适合作为高等院校师范类本专科教育技术公共课的教材，以及对各级、各类学校教师进行继续教育的培训教材，也可供从事教育技术、信息技术教学的相关管理人员参考。

图书在版编目（CIP）数据

现代教育技术基础/廖守琴主编. 一北京：科学出版社，2016

（普通高等教育“十三五”规划教材）

ISBN 978-7-03-049383-5

Ⅰ. ①现… Ⅱ. ①廖… Ⅲ. ①教育技术学—高等学校—教材 Ⅳ. ①G40-057

中国版本图书馆 CIP 数据核字（2016）第 160923 号

责任编辑：沈力匀 冯 涛 王 惠 / 责任校对：陶丽荣

责任印制：吕春珉 / 封面设计：耕者设计工作室

科学出版社 出版

北京东黄城根北街 16 号

邮政编码：100717

http://www.sciencep.com

三河市骏杰印刷有限公司印刷

科学出版社发行 各地新华书店经销

*

2016 年 8 月第 一 版 开本：787×1092 1/16

2020 年 1 月第五次印刷 印张：14 1/2

字数：334 000

定价：38.00 元

（如有印装质量问题，我社负责调换〈骏杰〉）

销售部电话 010-62136230 编辑部电话 010-62135235

前　言

随着教育信息化进程的不断加快，现代教育技术能力已日益成为教师职业素质的核心能力之一，也是评价高等师范院校教师教育类学生培养质量的一项重要指标。随着“校校通”“农村中小学现代远程教育工程”的实施，我国中小学现代教育技术的软硬件环境得到极大的改善。用好现代教育技术资源环境，提高教育教学绩效，便成为今后相当长一段时间研究的课题。在多年的教学实践研究以及对基础教育信息化现状与教师信息素养充分调研的基础上，我们认为，实现基础教育信息化，关键在教师，教师具有怎样的理念，如何充分利用信息资源优化教学，直接决定人才培养的质量。作为培养未来教师的高等院校，加强师范生职前职后教育技术能力的培养便具有十分重要的意义。

现代教育技术是一门实践的学科，它是连接教育理论与教学实践的桥梁，它不但告诉你如何做，还要告诉你为什么这样做。回顾多年来教与学的经验，我们发现，现代教育技术课程之所以受到广大师范类学生的欢迎，是因为它体现了“新理念、新方法、新技术”，更重要的是它体现了在“新理念”的指导下，“新方法、新技术”在教学中的有效应用。

本书的编写强调了“实际、实效、实用”的特点。在内容编排上考虑了我国基础教育信息化发展现状、学生知识基础、教学条件与课时有限的实际情况，尽量简化学习内容的设置和完成过程。本书采用“理论＋实践活动”的方式来提高“教”与“学”的实效；更强调了知识的迁移与能力的提高，真正达到学以致用。

本书第 1、5 章由廖守琴编写；第 2 章由陈颖博编写；第 3 章由廖守琴、宋权华编写；第 4 章由宋权华编写；第 6 章由张超编写；第 7 章由宋权华、白静华编写；全书由廖守琴统稿。

本书编写过程中参考了许多同行与专家的有关资料、教材案例及网络资源，并将主要资料来源列于参考文献中；杨哲老师参加了全书体例的制定，并对本书的编写给予了指导；教材编写也得到了科学出版社的大力支持。在此一并表示感谢。

现代教育技术是一门新兴、发展、综合性的学科，随时有新的理论、新的技术介入，同时因编者能力有限，书中难免存在疏漏与不足，敬请读者提出宝贵意见。

目　录

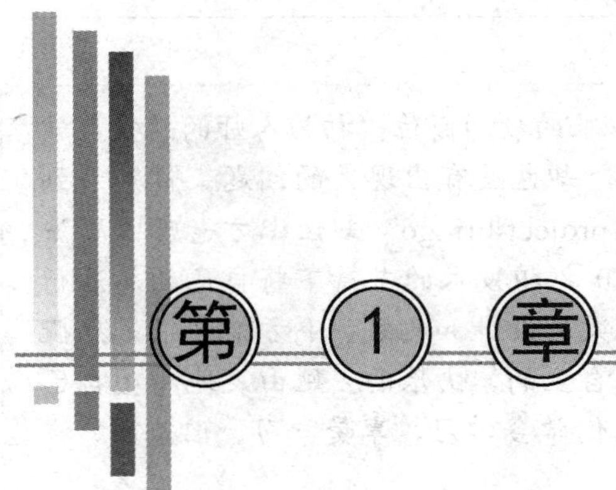

第1章 认识教育技术

在19世纪工业文明蓬勃发展的时代，人们预测了100年后的世界是这样的景象：蒸汽机带动的火车，庞大的房子可以移动。然而，今天并非这样的景象，却远胜于这样的景象。当教育遇见技术，改变悄然发生，我们很难畅想却可以期待未来的教育，正如凯文·凯利所说，技术给教育带来的是改变的精神。教育技术成为推动教育变革的重要动力。那么，教育技术是什么？教育技术能带来什么？如何使用教育技术的“魔力”？让我们从本章开始一步一步寻找答案。

【学习目标】

1. 能够说出教育技术发展的5个阶段，能够阐述每个阶段重要的特征（代表性媒体或事件）和代表性学习理论。
2. 能够说出教育技术的定义和研究范畴。
3. 通过小组活动，能够举例说明现代教育技术在教学中的重要作用。
4. 能够意识到教育技术对推进基础教育改革的重要作用，建立对现代教育技术促进学习改进的兴趣。

引言

小方老师从师范大学毕业后走入了梦寐以求的教师岗位，初为人师的她按部就班地进行传统教学，虽然实践经验不够丰富，却也没有出现大的问题。偶然看到的一个视频“英特尔未来教室宣传片：Intel-project-bridge”却让小方老师心思波动，视频里的孩子们在 3D 打印技术的支持下将自己的想法付诸实际，在实践中探索桥梁的设计和构筑。小方老师很是感慨那些孩子们的学习状态：自主的，快乐的。她由衷地希望自己的教学也能让可爱的学生们学会学习，享受学习。但是，怎样才能做到呢？

英特尔未来教室宣传片

假期参加的教育技术培训让她豁然看到了曙光，原来她想要学习的，能帮助她实现教学创新、在专业发展的道路上插上翅膀的就是现代教育技术。有了专业引领，小方老师决定从认识教育技术开始踏上学习教育技术之旅。

1.1　教育技术的产生和发展

教育技术是在人类社会不断地进步中，充分汲取众多科技成果和科学方法论精华的基础上，逐渐产生和发展起来的。媒体和技术的发展变迁一直推动着教育技术不断向前，自身理论局限的突破，更是成为教育技术发展的主要动力。

教育技术的历史发展源远流长，先后经历了 5 个阶段：萌芽阶段、起步阶段、迅速发展阶段、系统发展阶段、网络发展阶段。

1.1.1　萌芽阶段（19 世纪末）

这一阶段，教育技术借助工业革命的馈赠，开始受到关注并走上真正发展的道路。在以后近 100 年的时间里，教育技术的发展远远超过了前 2000 多年。

1. 教育技术产生的社会历史背景

18 世纪资产阶级革命的成功带来了工业领域里的划时代变革：一方面，工业革命引起生产的巨大发展，推动经济的迅速上升；同时，工业革命又引起人口的集中，乡村城市化的速度加快。工业革命不仅对教育提出了极大的需求，也提供了当时发展教育所需的技术，并带来了教育理论的发展。学校教育规模的扩大、学生人数的增多，以及教师的相对缺乏，使传统的教育技术无法适应时代的要求，教育技术在动力上、理论上、技术上具备了发生质变的可能。

2. 新理论的产生和引入

（1）班级授课

夸美纽斯认为，教师应面向班级授课，一个教师同时教几百个学生是可能的和有益的。他认为，班级教学不仅可以鼓励教师的工作热情，还可对学生产生良好的激励作用，其在著作《大教学论》中称“在学生方面，大群的伴侣不仅可以产生效用，而且可以产生愉快，因为他们可以互相激励，互相帮助”“一个人的心理可以激励另一个人的心理，一个人的记忆也能够激励另一个人的记忆”。夸美纽斯的理论在工业革命后的世界各国得到了广泛的承认和应用。

（2）分段教学

此间，德国教育家赫尔巴特从儿童天性和兴趣入手，着力研究如何利用教学技术提高学生学习的效果。他认为，兴趣是教学的基础，教学必须激发学生掌握知识和加深知识的兴趣。他将兴趣划分为经验、思辨、审美、同情、社会和宗教 6 种类型，并设置了相应的课程。他提出独特的教学法，即叙述教学法、分析教学法、综合教学法，将教学分为 4 个阶段：明了、联想、系统、方法。这些教学技术后来经过其弟子的加工演变为准备、讲授、联想、理解和应用 5 个步骤。赫尔巴特的教学技术在 19 世纪大部分西方国家的教育思想中占统治地位，成为许多国家中小学的标准教学法。

3. 媒体技术的发展

19 世纪 90 年代，幻灯介入教育领域。

4. 教育技术发展的重要史实

19 世纪末，一些学校博物馆通过销售便携式的博物馆展品、立体照片、幻灯片、胶卷、学习图片、图表和其他教学材料而充当了视觉教学中心管理机构。1905 年，第一家学校博物馆在美国圣路易斯开办。此后不久，宾夕法尼亚州的雷丁和俄亥俄州的克利夫兰也开办了学校博物馆。1908 年，美国一家公司出版《视觉教育》一书，这是一本有关幻灯片和立体照片使用方法的小册子。

1.1.2 起步阶段（20 世纪初至 20 年代）

这一阶段，教育技术作为一种教育实践活动，主要是指“视觉教育”和“听觉教育”。它始终关注媒体的使用以及对新媒体的开发利用，因而形成了教育技术的“物理学观”和“设备观”。

1. 教育技术发展的社会历史背景

从夸美纽斯大力强调直观教育起，人们就一直努力使学生看到更多的他们未曾接触过的知识。幻灯教学的“小试牛刀”让教育家和教师看到了媒体在教学中的巨大潜力，但是限于技术方面的原因，能展示在课堂上的内容仍然非常有限。20 世纪初，许多工业技术的发展和突破，使众多视觉性质的仪器专门化，为教育技术的迅速发展提供了有利的条件。同时，随着班级教学的普及，义务教育在各国开始实施。教育质量上的国际竞争开始变得激烈，“什么样的媒体可用于教育？”“怎样有效地利用媒体？”日趋成为讨论和研究的热点。

2. 新理论的产生和引入

众多视觉媒体介入教育领域，使得“视觉教育”一词在教育界广泛传开，吸引了越来越多的教育工作者参与新媒体的研究。1923 年，美国成立了全美教育协会视觉教育部（Department of Visual Instruction），视觉工作者开始发展他们自己的学说，并做出结论：

“视觉经验对学习的影响比其他各种经验都强得多。”1928 年，第一本关于视觉教育的书《学校中的视觉教育》（*Visual Instruction in the Public Schools*）出版。

另外，在此期间出现了教学设计的萌芽思想，美国哲学家、教育学家杜威（John Dewey）于 1900 年提出了应建立一门所谓的“桥梁科学”，以便将学习理论与教学实践连接进来，目的是建立一套系统的与教学活动有关的理论知识体系，以实现教学的优化设计。但由于当时条件的限制，教学设计还仅仅是萌芽状态，并未形成系统的理论体系。

3. 媒体技术的发展

这一时期，许多媒体如模型、地图、动画片、立体画、无声电影、无线电广播等都走进了教育领域，其中以无声电影和广播最为耀眼。1902 年，美国的一些影片公司提供现成的电影短片供学校放映。同时，一些高等学校开始自制教学影片，芝加哥、洛杉矶、纽约等城市相继成立了影片馆，收藏影片，并采用轮流或预约的方法向学校提供影片。

继无声电影之后，无线广播技术也广泛应用到教育技术中，成为跨越地域限制的崭新技术。1920 年，美国匹兹堡的 KDKA 电台正式建成并开始播音，由此掀开了大众通信的历史。1923 年，由于真空电子管的质量提高，无线电广播又有了短波广播，无线电广播开始面向全世界。

4. 教育技术发展的重要史实

1913 年及以后的 10 年里，美国有 5 个全国性视觉教育专业者组织成立，如全国视觉教育学会（National Academy of Visual Instruction）（1920 年成立）、美国视觉教育协会（The Visual Instruction Association of America）（1922 年成立）；20 多个教师培训机构开始设置视觉教学课程；12 所学校成立了视觉教育处，出版了 5 种关于视觉教育的专业性杂志。一些学校如明尼苏达大学、南加利福尼亚大学开始将视觉教育列为正式课程，并计算学分。1920 年，英国马可尼公司剑佛电台开始播出教育节目。1923 年教育播音咨询委员会成立，1929 年学校播音中央评议会成立。1929 年，俄亥俄州广播学校正式成立，1930 年哥伦比亚广播系统建立了美国广播学校，稍后，威斯康星州开办了空中学校。

1.1.3 迅速发展阶段（20 世纪 30～60 年代）

这一阶段，随着媒体技术的不断发展，视觉教育和听觉教育的提法逐渐被视听教育所取代。社会对教育质量越来越高的要求以及人们对教育技术的热情，大量新的理论，如戴尔的经验之塔、行为主义心理学、程序教学、经验论等被引入教育技术领域，使得教育技术不再是单纯的媒体技术和物化形态的技术，教育技术观念从静态的媒体论走向动态的过程论、系统论。

1. 教育技术发展的社会历史背景

尽管视觉教育和听觉教育在提高学习效率、减轻教师工作量、扩大公众受教育机会、克服教学环境和设施上的不足等方面起到了重要的作用，但当有声电影、录音和电视技术出现之后，视觉媒体和广播教学的只听或只看的缺陷逐渐突现，具有视听双重特点的媒体成为受人们欢迎的信息传播载体。教育技术自此增加了新的内容，伴随着视听技术跨入迅速发展阶段。

第二次世界大战的爆发，社会对军队训练和教育的需要骤然大增。在这个时期，不得不采取一些非常措施来对付那些非常的要求。于是，美国政府为解燃眉之急，依靠视听教育技术来完成大量的培训任务。在短短 6 个月内，美国将 1200 万缺乏军事知识的普通民众训练成为陆、海、空各兵种作战部队，把 800 万普通青年训练成为制造军火、船舶的技术工人。第二次世界大战期间将现代技术用于教育的做法及其体现的教育技术的价值，极大地刺激了教育技术的发展，激发了人们研究教育技术的热情，直接促使教育技术在第二次世界大战期间以及以后相当长的一段时间里蓬勃发展。

2. 新理论的产生和引入

（1）“经验之塔”理论

1946 年，美国教育家戴尔在其著作《视听教学法》中提出了著名的“经验之塔”理论，对视听媒体在教学中的作用进行了分析和论证。“经验之塔”把人类学习的经验，依照其抽象程度不同分为做的经验、观察的经验和抽象的经验等三大类共 10 个层次。戴尔的“经验之塔”是一种形象化的比拟，用来说明学习经验从直接参与到用图像代替，再用抽象符号表示的逐步发展过程。他认为“由视听方法所开展的学习经验，既容易转向抽象概念化，也容易转向具体实际化”。他同时指出，教学中所采用的媒体越是多样化，形成的概念就越丰富、越牢固。戴尔的这些观点成为视听教育的重要原理，也是教育技术学的重要理论基础。

（2）行为主义学习理论

在此期间，许多行为主义心理学家开始对教育技术的发展进行反思，他们从研究动物学习来了解人类学习并提出了行为主义学习理论。

1）巴甫洛夫：学习是刺激-反应的联结。巴甫洛夫（I.P.Pavlov）于 1901 年提出了著名的经典条件反应概念。经典条件反应是一种学习类型，在此过程中，有机体会将刺激和反应联系起来。在经典条件反应下，中性刺激与有意义的刺激（无条件刺激）产生联结，并获得诱发类似反应的能力。

在巴甫洛夫经典条件反应概念的基础上，美国心理学家华生（John B. Watson）提出人的行为是可以通过学习和训练加以控制的，只要确定了刺激和反应（即 S-R）之间的关系，就可以通过控制环境而任意地塑造人的心理和行为，即刺激-反应的学习理论。

2）桑代克：学习是“试误”的过程。美国著名的心理学家桑代克用实验法来研究动物的学习心理。他创造了迷路圈、迷箱和迷笼等实验工具，试验鱼、鸡、猫、狗等动物的学习。桑代克据此认为学习的过程是一种渐进的尝试错误的过程。在这个过程中，无关的、错误的反应逐渐减少，而正确的反应最终形成。

在实验的基础上，桑代克提出了 3 条学习定律：准备律（Law of Readiness）、练习律（Law of Exercise）、效果律（Law of Effect）。

桑代克强调刺激与反应形成的一切联结都因应用和满足而增强，因失用和烦恼而减弱。因此教育必须遵循这两条主要的学习定律。教师应当了解有效的学习必须建立在学生对学习有强烈的兴趣和喜悦上。鉴于此，教师应当先将作业中的乐趣讲给学生听，或以自己的热情激起学生的准备；要仔细地规定和严格地控制反应的顺序，通过不断地练习，最终形成所需的习惯；要注意学生在练习过程中是否疲劳和厌倦；要注意学习内容的难易程度，不可使学生感到十分困难，因而导致气馁。

3）学习的强化与程序教学思想。斯金纳（B.F.Skinner）在前人的基础上迈进了一大步，提出了有别于巴甫洛夫的条件反射的另一种条件反射行为——操作性条件反射理论。斯金纳通过实验发现，动物的学习行为是随着一个起强化作用的刺激而发生的。斯金纳把动物的学习行为推广到人类的学习行为上，他认为虽然人类学习行为的性质比动物复杂得多，但也要通过操作性条件反射。他认为，人的一切行为几乎都是操作性强化的结果，人们有可能通过强化作用的影响去改变别人的反应。在教学方面，教师充当学生行为的设计师和建筑师，把学习目标分解成很多小任务并且一个一个地予以强化，学生通过操作性条件反射逐步完成学习任务。

斯金纳根据操作性条件反射和积极强化的理论，提出了程序教学的思想，主要原则有5条：

第一，积极反应。程序教学以问题形式向学生呈现知识，学生在学习过程中能通过写、说、运算、选择、比较等做出积极反应，从而提高学习效率。

第二，小的步子。斯金纳把程序教学的教材分成若干小的、有逻辑顺序的单元，编成程序，后一步的难度略高于前一步。分小步、按顺序学习是程序教学的重要原则之一。

第三，即时反馈。斯金纳认为，在教学过程中应对学生的每个反应立即做出反馈，对行为的即时强化是控制行为的最好方法，能使该行为牢固建立。对学生的反应做出的反馈越快，强化效果就越大，这种强化方式能有效地帮助学生提高学习信心。

第四，自定步调。传统教学总是按统一进度进行，很难照顾到学生的个别差异，影响了学生的自由发展。程序教学以学生为中心，鼓励学生按最适宜于自己的速度学习，并通过不断强化获得稳步前进的诱因。

第五，最低的错误率。错误的反应会得到令人反感的刺激，过多的错误会影响学生的情绪和学习的进度。所以在教学过程中应当根据学生实际水平编写教材和修改程序，使之更适合学生程度，从而把错误率降到最低。

（3）经验论

教育学家杜威从儿童角度考虑教育，其教育理论的基础是经验论。他认为，教育就是经验的改造或改组。教育在它的自身之外没有别的目的。因此，他提出学校即社会，提出教学应该是以学为中心，学生应该在“做中学”。在教学过程方面，杜威提出了“五步教学法”，即创设情景、明确问题、提出假设、解决问题、检验假设。

杜威的教育理论和教育实践对学校“填鸭式”的消极教育技术产生了巨大的冲击，对欧美以及亚洲地区的教育产生了很大的影响。程序教学以其精确组织的个别化、自定步骤的学习，确立了许多有益的指导原则。它建立的一系列学习原则和开发程序教材的系统方法，对教学设计理论模式的发展具有重要的影响。在这一时期，奥苏伯尔的渐进分化的思想，如运用先行组织者，然后呈现一系列具体的下位概念和例子，布鲁纳（J.Bruner）依学生成绩而逐渐提高学习复杂性的思想，马克勒（S.Markle）和墨里

（J.W.Mrooe）等运用教学理论促进概念获得的思想，都对教学设计的发展做出了较大的贡献，对传统教育技术提出了挑战，也为教育技术注入新的活力。

3. 媒体技术的发展

（1）有声电影

1924 年，美国韦斯顿公司制成了有声电影，结束了无声电影时代。1925 年，英国的贝尔德发明了实用电视，第二年又成立了贝尔德电视公司。1937 年，英国首播电视获得成功。1939 年 4 月 30 日，美国播放电视成功。1940 年，美国哥伦比亚广播公司首次播放彩色电视。到了 20 世纪 50 年代，电视技术迅速发展，电视机的质量不断提高。1960 年时，美国的电视机数量达到 5640 万台。到 20 世纪 70 年代初，全球已拥有近 3 亿台电视机。电视机的大量生产，使其价格大幅度下降，促进了电视机在教育领域应用的普及。

（2）教学机器

随着程序教学运动的兴起，教学机器开始进入课堂教学。1924 年俄亥俄州立大学的普莱西制成第一台教学机器。1930 年，彼特逊设计了一种被称作“化学板”的自行记分、即时反馈的装置，激起了人们对自动教学技术的兴趣。在第二次世界大战中，美国军队以普莱西的自动教学机为基础，研制了自动教学装置。1958 年，斯金纳在普莱西教学机器和美国军队自动教学装置的基础上，又设计了一种新的教学机器。自此，各种教学机器相继问世，从不具备信息显示装置的简单教学机器到像克劳德的分支装置那样随机提取信息的教学机器，五花八门。据统计，1962 年，由 65 家工厂生产的各式教学机器达 83 种之多。

限于当时历史条件，教学机器并不能完成比较复杂的教学任务，而且无论是在交互性上还是在教学方法的呈现上都过于简单，所能实现的功能有限，所体现的理论只能是基于行为主义的程序教学理论，也就不可避免地具有机械性和不灵活性，无法通过学习来发展智力，因而受到心理学家和教育学家的指责。此外，由于技术原因，教学机器的设计已趋于穷尽，难以处理复杂的教学内容，这使得程序教学在走过 20 世纪 50 年代末 60 年代初的兴旺时期之后停顿了下来。

4. 教育技术发展的重要史实

1932 年，美国的衣阿华州立大学利用电视进行了教学实验。1947 年，美国教育协会视觉教学部正式改名为“视听教学部”。同时，美国哈佛大学在麻省 3 个城市的中学所进行的实验也证明，用电影教学的学生比不用电影教学的学生成绩高 20.5%。

在电视教学方面，1950 年，美国利用广播电视创办了世界上第一座教育电视台；1953 年，美国在德克萨斯州的休斯敦建立了全世界第一家公共教育电视台；1960 年，建立利用专门频道播放教育节目的电视台已有 50 多家，到 1962 年已有 100 多家教育电视台建立。

1.1.4　系统发展阶段（20 世纪 60～80 年代）

这一阶段，传播论和系统论思想被引入和应用到教育技术学理论中，大大改善了教育技术学理论的发展状况，从此教育技术的应用有了更科学的理论指导，扩大了教育技术概念的内涵，使得教育系统设计成为教育技术的又一重要研究领域。认知心理学逐渐代替行为主义，成为教学设计的指导思想，使得教学设计这门学科不断完善与扩充，把教育技术发展成为研究实现教育最优化理论和技术的一门独立的学科。

1. 教育技术发展的社会历史背景

由于早期的教育技术始终作为视听教育的实践活动，教育技术的概念也自然而然地与视听媒体等物质形态联系在一起。随着视听领域中传播理论的引入和程序教学的影响，对教育技术的研究开始运用系统方法和理论，人们重新对教育技术的概念进行了界定，对教学过程进行系统设计的思想和实践逐渐成为新时期教育技术的重要组成。因此可以说，对教育技术概念的重新反思使教育技术进入系统发展的阶段，也就是在这一时期教育技术才真正成为一门独立的学科。

2. 新理论的产生和引入

在这一历史时期，传播论和系统论的观点和方法被广泛应用于教育技术领域。

（1）传播论

20 世纪 40 年代，伊利诺伊大学出版社出版了香农和韦弗合写的《传播的数学原理》，这本书提出的传播学理论在这段时期内逐渐被教育技术学家借鉴和吸收，使得传播学成为教育技术学发展的基石之一，为教育技术开辟了新的视点。按照传播学的理论，教育也是一种信息传播现象。所以，一切用于教育的传播媒介，作为信息源的教师和作为信息终端的学习者，以及教学双方的关系，教学的全过程都是在传播信息，都是传播学的研究范围。各种传播模式“对于有关传播的其他模式与理论的发展，具有最重要的影响和启迪作用”。

（2）系统论

教育技术发展历程中引入的各种理论和思想，都在当时指导了媒体技术在教学中的应用，但这些理论各有侧重，“经验之塔”理论将研究重点放在媒体的选择上，程序教学理论局限于动物实验的规律，传播理论集中研究信息的生成、选择、处理、储存、检索、传播等问题，它们都无法对教育技术加以宏观的研究，也无法适应第二次世界大战后“第二次浪潮文明”的思维特点。用系统方法来设计教学系统，可以实现教育最优化。因此，在 20 世纪 60 年代逐渐引入教育技术的系统方法，成为教育技术研究的基本趋势，使得系统方法成为指导教育技术的理论基石之一。

系统论认为，教育是一个复杂的系统，是由教育目的、教育内容、教育媒体、教育方法、教育设施和教师、学生、管理人员组成的有机整体，教育媒体只是教育系统的一个要素。教育系统整体功能的最优发挥，不仅需要各个组成部分充分发挥自己的作用，更取决于系统中各要素的最优配合和协调一致。只有用系统的观点对教育的各个部分进行综合的、整体的考虑，对教育过程进行设计，才是实现教育最优化的根本途径。系统观、系统论和系统方法的引入，促使教学系统开发更加完善，在理论上形成了用教育技术学鉴定和解决教育、教学问题的基本思想和方法论。系统方法使得教育技术发展到一个新的阶段，它把教育技术从对教育系统中个别要素的研究扩大到对整个系统进行设计、实施、评价的研究。

（3）认知主义学习理论

20世纪60年代末，认知心理学逐渐代替行为主义，成为教学设计的指导思想。研究者纷纷重新考虑学习理论。影响比较大的如加涅，他把自己的教学设计与认知理论相结合，将学习结果分为五大类；梅里尔也提出教学设计的成分呈现理论性。此外，认知心理学中关于知识生成的研究结论也被应用到教学设计中，这些研究产生了许多针对学习过程的策略，如问题解决策略、信息组织策略、降低焦虑策略、自我控制策略、元认知与招待性策略等。这些新理论的引入，极大丰富了教学设计的理论体系。

3. 媒体技术的发展

（1）双向远程教育

随着前苏联第一颗人造卫星的发送成功，人们逐渐产生了利用卫星开展远程教育的设想。日本的近藤喜美夫教授最早提出了应用卫星网络开展教育合作的设想，并主持开发了基于日本国内商业通信卫星JAST3的校际空中合作系统。美国、印度等许多国家都纷纷利用卫星开展远程教学。我国是卫星教育应用最广泛，也是最早开始试验双向交互卫星系统的国家之一。1988年，北京师范大学利用6Mbit/s带宽的卫星信道分别与加拿大和美国开展了实时双向远程教学的实验；1998年，清华大学率先利用6Mbit/s带宽和卫星信道开展实时双向远程教学。

（2）闭路电视

在学校教育中，闭路电视系统开始得到广泛应用。1956年，由福特基金会支持，马里兰州的哈格斯建立了全球第一家闭路电视教学中心，随后教育闭路电视系统在全世界普及。

（3）语言实验室

语言实验室也在这段时期内风靡全球。语言实验室始于20世纪50年代的美国，到1964年总计拥有8000～9000套语言实验室，法国有152套，日本有200套，英国有近300套。

（4）计算机教育应用

自从1946年第一台数字电子计算机问世以来，许多专家开始了计算机教育应用的探索。最早开发出来的计算机辅助教育系统是由美国IBM公司沃斯顿研究所于1958年研制出的，它由一台IBM650计算机连接一台电传机组成，通过电传打字机向学生呈现教学内容，接收学生的回答与反馈，它的教学内容为二进制算术。随后的若干年，利用巨型机进行教学在全球掀起了热潮。当时的计算机十分昂贵，一般只限于大中型计算机，设备庞大，需要较严格的环境，而且难以使用与维护。此外，计算机的软件、硬件能力也十分有限。例如，图形与动画的描绘和声音发送等均需要专门的设备，且教学方式单一，不利于培养学生的创造能力与发现能力。

20世纪70～80年代计算机教学进入迅速发展时期。20世纪70年代中期出现的微型计算机（个人计算机）价格便宜，使用、维护与管理方便，体积小，速度快，具有一定的容量和丰富的人机会话手段。计算机教育软件也相对丰富。这一阶段，微机全面进入教学领域。无论是发达国家还是发展中国家，都相继提出了自己的计算机教育发展（或实验）计划。1980年，英国开始执行MEP计划，开展计算机教育。据统计，1984年美国中小学已拥有计算机 50 万台，并以每年 20 万～30 万台的速度递增。1986 年，日本投资 20 万亿日元开发计算机教学。20 世纪 80 年代，全球掀起了计算机教学的热潮。这一阶段，计算机辅助教育系统的研制与开发、新技术在教育中的应用、计算机辅助教育的评价与实验研究等方面相对于第一阶段都有极大的提高。更为重要的是，计算机辅助教学的方式或方法也不再局限于基于行为主义的程序教学，技术的发展为之提供了更为广阔的空间，如情景创设、虚拟实验等已开始引入计算机辅助教育系统中。个人计算机的诞生为教育技术的又一次飞跃奠定了物质基础，计算机辅助教育成为近年来教育技术中最为重要的领域之一，为个别化学习翻开了崭新的一页。

4. 教育技术发展的重要史实

1969 年，英国建立了开放大学，成为远程教育的典范。随后，世界各国都先后建立了远程教育大学。

20 世纪 60 年代，美国伊利诺伊大学建立了 PLATO-Ⅰ（Programmed Logic for Automatic Teaching Operation）系统，它使用了专门的终端设备与学生进行教学过程中的会话活动。其于在 20 世纪 70 年代发展成为著名的 PLATO Ⅳ型系统，它通过数据通信网络连接千台以上分布在美国许多州及世界上一些地区的终端。它提供了多种教育传播手段：高分辨率的等离子接触面板显示器除了显示多种文字、图画与动画外，学生还可以用它输入自己的选择与回答；多功能键盘可以输入英、俄等多种文字符号及许多特殊符号，还能控制录音机和幻灯机。

1.1.5 网络发展阶段（20 世纪 90 年代至今）

这是发展最快速的一个阶段，依托于网络技术，教育技术在教育领域大放异彩，有大量新理论的注入，不断有丰富的新媒体支撑先进教育理念的变革、实现。

1. 教育技术发展的社会历史背景

进入 20 世纪 90 年代后，由于现代科学技术的飞速发展，人类知识总量迅猛增长。“人口爆炸”“知识爆炸”成为信息时代的独特风景，知识翻番的时间和知识老化的周期日益缩短，从而对每个社会成员提出了终身学习的要求。要满足这一要求，必须大力推行现代教育技术，才有可能使学习者在较短的时间内学到更多的知识。计算机多媒体技术和网络技术的产生和发展，为现代教育技术的又一次飞跃提供了契机，使教育的全民化、终身化、多样化、自主化和国际化成为可能。

自 20 世纪 50 年代以来，制造和销售电教硬件、软件的企业日益增加，特别是从 90 年代开始，电教产品的市场竞争日趋激烈，如各种多媒体教室、数字硬件电教设备、课件、资源库、网络平台等，使各种教育媒体越来越多地渗入教学领域，从而为教育技术的发展提供了有利条件。与此同时，教育技术的理论也日趋丰富，并朝着综合化、整合化的方向发展。由此可以看出，教育技术的发展一日千里。正因为如此，它也越来越受到各国政府的高度重视，将它看成本国教育信息化、实施素质教育、推动本国教育改革的突破口和制高点。

2. 新理论的产生和引入

随着认知理论的发展，人们越来越强调学习者在学习过程中的主动地位，强调学习者应积极主动地建构对知识的理解，建构主义学习理论逐步进入教育技术领域，并取代行为主义成为教育技术主流思想之一。这段时期，还引入大量新的理论，如绩效理论、集成性技术、行动研究、认知心理学、行为心理学、社会心理学，使得个别化学习大放异彩，协作学习、探究式学习、数字化学习、混合学习和移动学习等新学习方式迅速出现并逐渐占据主要阵地。在这一段时期，指导教育技术的各种理论日趋综合化、整合化，它们相互借鉴，相互取长补短，目的都是促进学习。

建构主义理论对教学设计产生了较大的影响。建构主义学习理论认为每一个学习者都是在自己已有的经验基础上，在特定的情景中，通过特殊的方式构建意义。“情境”“协作”“会话”“意义建构”是学习环境的四大要素。建构主义学习理论认为学习总是与一定的社会文化背景即“情境”相联系的，学习者在学习过程中应面对一个结构不良的问题，并在问题解决的过程中扮演积极的角色，在开发问题解决策略的同时获得知识、习得技能。建构主义同时强调协作对于学习资料的搜集与分析、假设的提出与验证、学习成果的评价直至意义的最终建构所起的重要作用。会话作为协作中不可缺少的环节，亦是共享思维成果、达到意义建构的必要手段。建构主义理论者根据自己对学习的理解，还提出了随机访问教学、抛锚式教学等崭新的教学技术。

3. 媒体技术的发展

互联网作为 20 世纪人类最伟大的发明之一，成为当今世界的发展潮流。历史上还没有哪一项技术像互联网这样，在这么短的时间内影响如此广泛。电话用户达到 5000 万户用了 55 年，广播听众达到 5000 万户用了 38 年，电视观众达到 5000 万户用了 13 年，而互联网用户超过 5000 万只用了 3 年。Internet 是世界上规模最大、影响最广的国际性计算机交互式网络，已连接 200 多个国家和地区。Internet 已成为连接世界各国的信息纽带和向全球提供教育、教学资源的重要网络。随着现代通信技术和多媒体技术的发展，网络无论是从带宽还是内容和交互性上都有了质的飞跃，促使了各种各样的网络课件、网络学习平台风涌云起。以 Internet 为基础的现代远程教育实现了真正的全球无国界学习，互联网正改变着世界……

与此同时，个人计算机性能的不断提高，使得多媒体技术引入教育领域成为可能，集成了文本、动画、音频、视频、虚拟现实等媒体的课件或学习资料大大提高了教学和学习质量。校园网建设铺天盖地，多媒体技术和计算机网络技术紧密结合，人工智能技术、流媒体技术等广泛用于教育教学，为实现真正的个别化教学提供了物质保证。

✎ 课堂练习

结合“教育技术的产生和发展”内容，认真阅读表 1-1 有关教育技术发展史及发展趋势分析的参考文献，以小组为单位讨论教育技术发展各阶段重要的特征（代表性媒体或事件）和代表性的理论，将讨论的结果填写在表 1-2 教育技术发展各阶段的重要特征和代表性的理论中。

表 1-1　有关教育技术发展史及发展趋势分析的参考文献

编号	文献信息
1	南国农. 2010. 中国教育技术发展概述 [J]. 现代远距离教育，(5).
2	傅刚善. 2005. 教育技术发展轨迹探讨 [J]. 电化教育研究，(9).
3	任友群，鲍贤清，王美，等. 2009. 规范与交叉：教育技术发展趋势分析——美国 AERA2009 年会述评 [J]. 远程教育杂志，(5).
4	任友群. 2010. 理论实践方法：21 世纪第二个 10 年中国教育技术研究的趋势展望 [J]. 电化教育研究，(9).
5	李运林. 2015. 教育技术学科发展：走进信息化教育——五论信息化教育 [J]. 电化教育研究，(2).

表 1-2　教育技术发展各阶段的重要特征和代表性的理论

发展阶段	重要特征（代表性媒体或事件）	代表性的理论
发展趋势		

1.2　教育技术的概念

1.2.1　教育技术的名称演变

教育技术在发展过程中曾用到视觉教育、视听教育、视听传播与教育技术等几个具有代表性的名称。

1. 视觉教育

视觉教育被认为是教育技术的发端。17～18 世纪，夸美纽斯和裴斯泰洛齐等人倡导的直观教学主要采用图片、实物、模型等直观教具来辅助教学。20 世纪后，随着科学技术的长足进步，出现了许多机械的、电动的信息传播媒体。最早问世的如照相、幻灯和无声电影等，它们可以向学生提供生动的视觉形象，于是产生了“视觉教育”的概念。视觉教育与直观教育在理念上是完全接轨的，区别在于所涉及的媒体种类不同。

视觉教育倡导者强调的是利用视觉教材作为辅助，以使学习活动更为具体化，主张在学校课程中组合运用各种视觉教材，将抽象的概念作具体化的呈现。由此，也出现过“视觉辅助”和“视觉教具”的名称。

2. 视听教育

视听教育是视听教育媒体教学应用后的产物。20 世纪 30 年代后期，无线电广播、有声电影、录音机先后在教育中获得应用，人们感到视觉教育名称已经概括不了已有的实践，并开始在文章中使用视听教育的术语。1947 年，美国教育协会的视觉教育分会改名为视听教学分会。

从总体上看，视听教育的概念与视觉教育没有质的飞跃，主要是把原先的视觉辅助扩充成了视听辅助工具。然而到 20 世纪 50 年代初，有 2 种并行的新的理论观点开始渗入视听教育领域，那就是传播理论和早期的系统观念，它们逐渐引发了教育技术领域的一次质的飞跃。

3. 视听传播

随着现代科学技术的发展，视听传播更强调对信息传播行为与规律的研究。进入 20 世纪 50 年代以后，西方学校中视听设备和资料剧增，教育电视由实验阶段迈入实用阶段，程序教学和教学机器风靡一时，计算机辅助教育开始了实验研究。这些新的媒体手段的开发和推广使用给视听教育注入了新的血液。同时，由 H.D.拉斯维尔等人在 20 世纪 40 年代创立的传播学开始向相关领域渗透，有人已将教学过程做为信息传播的过程加以研究。

1960 年，美国的视听教育协会组成特别委员会，研讨什么是视听教育。1963 年 2 月，该委员会提出报告，建议将视听教育的名称改为视听传播，并对此做了详细的说明。另外，许多研讨视听教育的文章和著作，也都趋向于采用传播学作为视听教育的理论基础。

至此，教育界利用视听媒体术语取代原来的视听辅助名称，并有了硬件和软件之分；视听教材被视为传递教学信息的媒体，而不仅是辅助教学的工具。这时，比视听媒体术语更具包容性的名词“教学资源”崭露头角。学者们将关注的焦点从原先的视听教具逐渐转向整体的教学传播过程以及教学系统这一宏观层面。

4. 教育技术

由于媒体技术的发展和理论观念的拓新，国际教育界深感原有视听教育的名称不能代表该领域的实践和研究范畴，因此，在当时美国视听教育协会主席 J.D.芬恩的建议下，由伊利领导成立了“定义和术语委员会”，致力于领域范畴、名称和定义的界定。该委员会在 1963 年发表的一份有关专题报告中透露：“视听传播这一名称是为了方便起见而采用的，如果今后有比这更合适的名称，肯定会取而代之。”

果然，该协会 1965 年出版的《视听教学》杂志上，出现了视听教育、教育传播、学习资源、教学媒介、视听传播、教学技术、教育技术等诸多名称并用的现象。1970 年 6 月 25 日，美国视听教育协会经过大会表决，根据多数代表意见，决定改名为“教育传播和技术协会”（Association for Educational and Technology，AECT）。1972 年，该协会将其实践和研究的领域正式定名为“教育技术”（Education Technology）。此后又相继出现了教学技术（Instructional Technology）、学习技术（Learning Technology）等不同的名称。名称的变化在一定程度上反映了概念与理念的变化。但从学科角度而言，教育技术仍然是公认的学科名称。在我国，教育技术被作为教育科学之下的二级学科。

1.2.2　教育技术的定义

从 20 世纪 70 年代出现教育技术的术语以来，很多学者试图对教育技术进行定义，但是至今尚无统一的定义或描述。

根据顾明远先生主编的《教育大辞典》中的定义，教育技术是人类在教育活动中采用的一切技术手段和方法的总和。教育技术包括有形（物化形态）技术的和无形（智能形态）的技术。有形的教育技术又叫硬技术，主要是指教育教学活动中所运用的物质工具，如各种媒体、教具、实验器材等。无形的教育技术也叫软技术，包括在解决教育教学问题过程中所运用的技巧、策略、方法等，如教学过程的设计方法、多媒体课件的设计与开发技巧、利用教学媒体开展教学的方法以及各种教学策略等。

✐ 课堂练习

在你所熟知的教育活动中，有哪些“硬技术”？又有哪些“软技术”？填写在下面的横线上。

硬技术：____

____

软技术：____

____

1. AECT’94 定义

关于教育技术定义，目前比较有影响的主要是美国教育传播与技术协会（Association for Educational Communication and Technology，AECT）在 1994 年所提出的定义，一般称为“AECT’94 定义”。

1994 年，美国教育传播与技术协会出版了西尔斯（Seels）与里奇（Richey）合著的《教学技术：领域的定义与范畴》一书。书中提出了一个较为全面、准确的阐述：

Instructional Technology is the theory and practice of design, development, utilization, management, and evaluation of processes and resources for learning.（教学技术是关于学习过程和学习资源的设计、开发、运用、管理和评价的理论与实践。）

AECT’ 94 定义明确指出了教育技术的研究形态（理论与实践）、研究对象（学习过程和学习资源）以及研究内容（设计、开发、运用、管理和评价）。

2. AECT’05 定义

2005 年，AECT 又给教育技术下了新定义（简称 AECT’ 05 定义）：

Education technology is the study and ethical practice of facilitating learning and improving performance by creating, using, and managing appropriate technological processes and resources.（教育技术是通过创造、使用、管理适当的技术性的过程和资源，以促进学习和提高绩效的研究与符合伦理道德的实践。）

3.《中小学教师教育技术能力标准（试行）》中的定义

我国教育技术学者为了使教育技术定义更为中国化，在 2004 年教育部出台的《中小学教师教育技术能力标准（试行）》中将教育技术定义为：教育技术是运用各种理论及技术，通过对教与学过程及相关资源的设计、开发、利用、管理和评价，实现教育教学优化的理论与实践。

✐ 课堂练习

试将 AECT’94、AECT’05 和《中小学教师教育技术能力标准（试行）》中的定义进行比较，找找它们的共同点和不同点，填写在图 1-1 中。

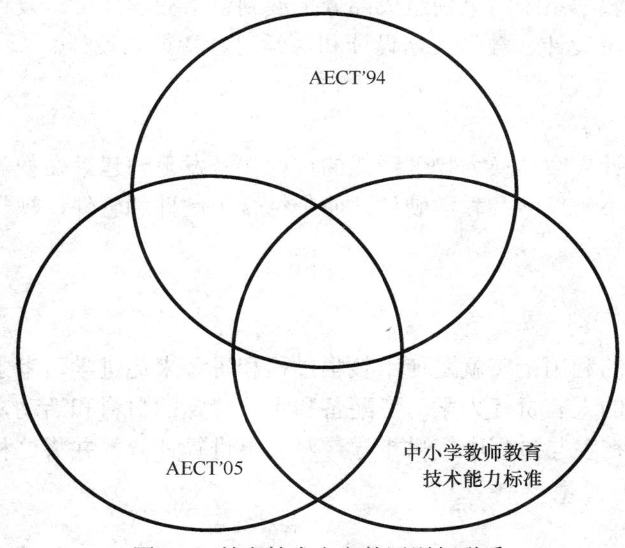

图 1-1　教育技术定义的区别与联系

1.2.3　教育技术的研究范畴

教育技术的研究范畴可用图 1-2 加以说明。

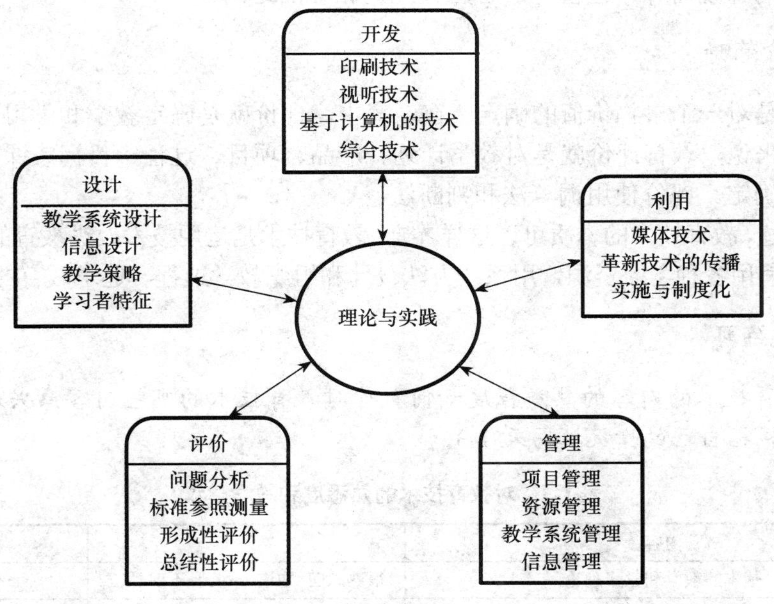

图 1-2　教育技术的研究范畴

1. 设计范畴

"设计"一词有宏观和微观两层含义，它既指系统方法，又指系统方法的一个步骤。

设计是详细说明学习条件的过程，其目的是生成策略或产品。现代教育技术的设计范畴就是从学习资源或教学系统的个别组成部分扩展到整个教学环境。设计的范畴具体包括教学系统设计、信息设计、教学策略设计和对学习者特征的设计。

2. 开发范畴

开发就是把设计方案转换为物理形式的过程。开发范畴包括在教学中广泛使用的各种技术。开发范畴不是仅涉及教学硬件，而是结合了硬件和软件、视觉和听觉以及整合了不同的程序和软件包。

3. 利用范畴

现代教育技术的利用范畴就是使用教学过程和资源来促进学习者学习活动的过程。在教学中从事利用的人有责任为学习者配备和设计特定的材料和活动，使学习者与所选材料进行交互，并在参与过程中提供指导，对结果进行评价，并将这种利用结合到不断的组织过程中。

4. 管理范畴

管理是指通过计划、组织、协调和监督来控制教学的过程。管理范畴是现代教育技术领域不可缺少的一部分，也是许多现代教育技术人员应尽的职责。现代教育技术领域中的人员可能参与教学开发项目管理或学校媒体中心管理等工作。管理活动的真正目的可能会因不同环境而异，但基本的管理技能是相对固定的。

5. 评价范畴

评价就是对一个事物价值的确定。在教育中，评价就是确定教学和学习是否合格的过程。具体来说，教育评价就是对教学计划、产品、项目、过程、目标或课程的质量或价值的正式确定。评价使用调查法和判断法。

综上所述，教育技术的本质可以这样界定：教育技术是运用技术改进教育的一门学科，通过开发和使用各种学习资源，用系统方法设计和组织教学过程，追求教育的最优化。

✎ 课堂练习

你对教育技术的内容的熟悉程度如何？你对教育技术的哪些内容感兴趣或有什么教学建议？根据自己的情况填写表 1-3。

表 1-3　对教育技术的熟悉度和教学建议

内容		熟悉度	教学建议
基本的教学和学习理论		很熟悉□ 知道一些□ 不熟悉□	
信息技术与课程整合		很熟悉□ 知道一些□ 不熟悉□	
教学设计理论与方法		很熟悉□ 知道一些□ 不熟悉□	
教学媒体与信息化教学环境	常规教学媒体的使用	很熟悉□ 知道一些□ 不熟悉□	
	信息化教学环境	很熟悉□ 知道一些□ 不熟悉□	

	数字化教学平台	很熟悉□ 知道一些□ 不熟悉□	
计算机辅助学科教学		很熟悉□ 知道一些□ 不熟悉□	

续表

内容		熟悉度	教学建议
数字化教学资源的获取		很熟悉□ 知道一些□ 不熟悉□	
数字化教学资源的加工	文本资源	很熟悉□ 知道一些□ 不熟悉□	
	图片资源	很熟悉□ 知道一些□ 不熟悉□	
	音频资源	很熟悉□ 知道一些□ 不熟悉□	
	视频与动画资源	很熟悉□ 知道一些□ 不熟悉□	
信息化教学评价		很熟悉□ 知道一些□ 不熟悉□	

1.3 教育信息化与教师专业发展

1.3.1 教育的信息化

人类社会已步入 21 世纪，21 世纪的社会称为信息化社会，21 世纪的教育又称为信息化教育。信息化教育与传统教育的区别如表 1-4 所示。

表 1-4 传统教育与信息化教育的区别

对比项目	传统教育	信息化教育
教育理论	以赫尔巴特等提出的教育理论为依据	以建构主义理论、信息化教学设计理论等为主
教育目标	知识型、能力型	创造型、革新型
教师地位	教师是知识的传播者，是教育的主体	以教师为主导，以学生为主体，教师是学生学习知识的帮助者、辅导者，是知识的领航员
学习环境	以学校、教室为中心	凡能够提供学习环境、学习资源的地方
教学方式	按年级分阶段教学、班级统一教学 说教性的讲授	个别化学习、持续的终身学习 交互性指导
教学内容	很少改变	能即时根据科技发展、社会需要不断调整教学内容
教学过程	以“教”为中心，以教学经验为主	以“学”为中心，重视教学设计
教学手段	仅依靠黑板、粉笔等传统教学手段	充分利用现代信息技术开展教学
学生关系	相互竞争	相互协作、互助
学习方式	注重记忆	强调思考、理解和解决问题的能力
教学资源	以书本为主	以书本、电教教材、网络学习资源等为主
教学设计	单学科、脱离情境的孤立教学模块	带务实任务的多学科延伸模块
教学评价	针对事实性知识和离散技能的评价	基于绩效（面向过程）的评价

由表 1-3 可以看出，信息时代的教育相对于传统教育表现出鲜明的特点：

① 教材多媒化：就是利用多媒体，特别是超媒体技术，建立教学内容的结构化、动态化、形象化表示。已经有越来越多的教材和工具书多媒体化，它们不但包含文字和图形，还能呈现声音、动画、录像以及模拟的三维景象。

② 资源全球化：利用网络，特别是 Internet，可以使全世界的教育资源连成一个信息海洋，供广大教育用户共享。

③ 教学个性化：利用人工智能技术构建的智能导师系统能够根据学生的不同个性特点和需求进行教学和提供帮助。

④ 学习自主化：由于以学生为主体的教育思想日益得到认同，利用信息技术支持自主学习成为必然发展趋势。

⑤ 活动合作化：通过合作方式开展学习活动也是当前国际教育的发展方向。信息技术在支持合作学习方面可以起到重要作用，其形式包括通过计算机合作（网上合作学习）、在计算机面前合作（如小组作业）、与计算机合作（计算机扮演学生同伴角色）。

⑥ 管理自动化：利用计算机管理教学过程的系统叫做 CMI（计算机管理教学）系统，包括计算机化测试与评分、学习问题诊断、学习任务分配等功能。在网络上建立电子学档（Learning Portfolio），其中包含学生身份信息、活动记录、评价信息、电子作品等。利用电子学档可以支持教学评价的改革，实现面向学习过程的评价。

⑦ 环境虚拟化：教育环境虚拟化意味着教学活动可以在很大程度上脱离物理空间的限制，这是电子网络化教育的重要特征。当前已经涌现出一系列虚拟化的教育环境，如虚拟教室、虚拟实验室、虚拟校园、虚拟学社、虚拟图书馆等，这必将带来虚拟教育。在许多建设了校园网的学校，如果能够充分开发网络的虚拟教育功能，就可以做到虚拟教育与实在教育结合，校内教育与校外教育贯通，这是未来信息化学校的发展方向。

教育信息化改变着我们的教学环境，改变着学生获取知识的途径，也改变着教学的理念、方式。

✎ 课堂练习

你切身感受到的教育教学改变有哪些？比如教学环境、学习方式、教学理念等。可以将要点写在下面的横线上。

____

____

____

____

____

1.3.2　教师的专业发展

信息技术和信息社会影响着教育的大环境，对身处其中的教师的专业素质也提出了更高的要求。

1. 教师的专业发展的内涵

教师的专业发展，是指教师作为专业人员，在职业道德、专业思想、专业知识、专业能力、专业品质等方面由不成熟到成熟的发展过程，即由一名专业新手发展成为专家型教师或教育家型教师的发展过程。一般说来，专业素质主要包括职业道德、专业知识与专业能力等各方面，其中职业道德是灵魂，专业知识是基础，专业能力是专业知识外化的综合体现，专业素质是专业知识与专业能力的升华。

教师的职业道德是教师从事教育教学活动时的基本道德规范，是教师对职业行为的自觉追求，也是教师专业发展的道德基础。

教师的专业知识是教师职业区别于其他职业的理论体系和经验系统。教师的专业知识包括：学科内容知识；一般教学法知识；课程知识；学科教学法知识；学生及其特点知识；教育脉络知识；教育目的目标、价值、哲学及历史渊源知识等。

教师的专业能力是教师在教育教学活动过程中运用一定的专业知识和经验顺利完成某种教育教学任务的活动方式和本领。教师的专业能力是教师综合素质最突出的外在表现，也是评价教师专业性的核心因素。教师的专业能力主要包括：教学设计的能力、教学语言能力、教育教学交往能力、组织和调控课堂的能力、教育研究能力及创新能力。

对于信息时代的教师而言，专业能力更多体现在信息素养上，即 ICT（Information & Communication Technologies，信息与通信技术）技能。它包括信息技术的操作能力和运用信息技术解决问题的能力，对软件的应用、评价、开发的能力，对信息和信息资源的搜集、开发、评价、利用、表达、创造的能力，如图 1-3 所示。

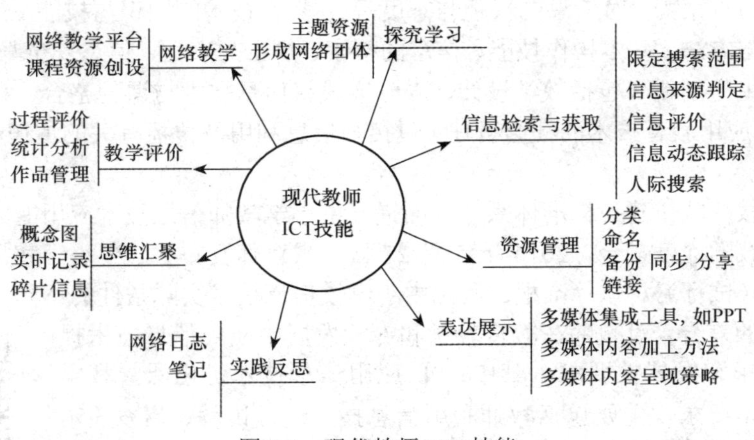

图 1-3　现代教师 ICT 技能

2. 教师的教育技术能力

教师的信息素养反映到教育教学过程中，体现的就是教育技术能力，例如信息化教学设计能力、信息技术与课程整合的水平等，如图 1-4 所示。

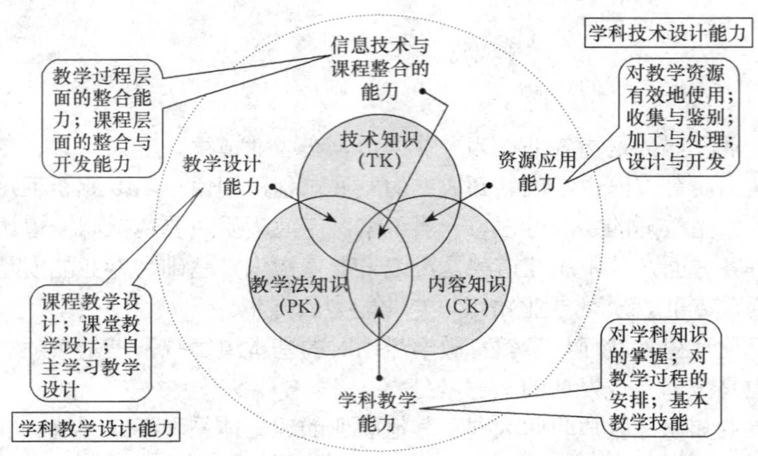

图 1-4　21 世纪教师的教育技术能力结构

为指导开展中小学教师教育技术培训与考核，2004 年 12 月 25 日，教育部印发了《中小学教师教育技术能力标准（试行）》，该标准明确了中小学教师在教育技术方面的专业要求，为进一步开展中小学教师教育技术培养培训，促进教师专业发展提供了重要依据。该标准包括 3 个子标准，即教学人员子标准、技术人员子标准、管理人员子标准。与美国国家教育技术标准（The National Council for Accreditation of Technology Teachers，NETS）一样，其中教学人员子标准也是一个面向所有学科教师的标准。在这个标准中用 4 个能力维度概括了我国教师必须具备的教育技术能力，这 4 个能力素质维度是：应用教育技术的意识与态度（包括信息需求意识、信息应用与创新意识、对信息的敏感性与洞察力、对信息的兴趣与态度等）；教育技术的知识与技能（包括教育技术的基本理论与方法、基本操作技能、信息的检索、加工与表达，信息安全与评价等）；教育技术的应用与创新（包括教学设计、教学实践、信息技术与课程整合、自主学习与协作学习等）；应用教育技术的社会责任（包括与信息利用及传播有关的道德、法律、人文关怀等）。

中小学教师教育技术能力标准（试行）

为构建教师队伍建设标准体系，全面提升中小学教师信息技术应用能力，促进信息技术与教育教学深度融合，2014 年 5 月 27 日，教育部发布了《中小学教师信息技术应用能力标准（试行）》。该标准根据我国中小学校信息技术实际条件的不同、师生信息技术应用情境的差异，对教师在教育教学和专业发展中应用信息技术提出了基本要求和发展性要求。其中：Ⅰ.应用信息技术优化课堂教学的能力为基本要求，主要包括教师利用信息技术进行讲解、启发、示范、指导、评价等教学活动应具备的能力；Ⅱ.应用信息技术转变学习方式的能力为发展性要求，主要针对教师在学生具备网络学习环境或相应设备的条件下，利用信息技术支持学生开展自主、合作、探究等学习活动所应具有的能力。本标准根据教师教育教学工作与专业发展主线，将信息技术应用能力区分为技术素养、计划与准备、组织与管理、评估与诊断、学习与发展 5 个维度。

中小学教师信息技术应用能力标准（试行）

在信息时代中，教育技术理论和实践的学习，研究和应用，将在新型合格教师的培养过程中发挥举足轻重的作用。

✐ 课堂练习

仔细阅读两个标准，将你解读到的信息和你的理解填写在下面的横线上。

学习总结与反思

1. 知识要点

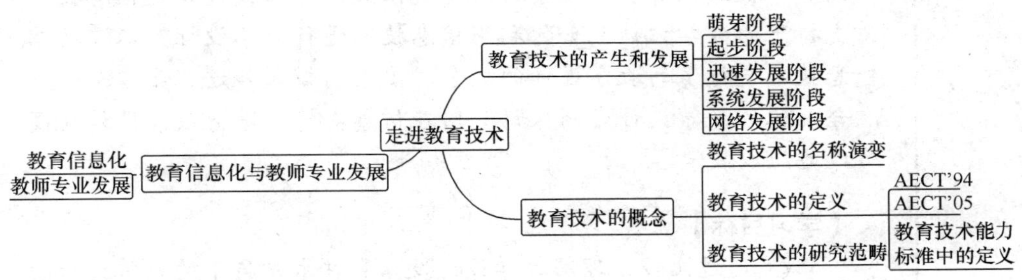

2. 反思

请在这里写下你对于本章内容的疑问、思考、收获……

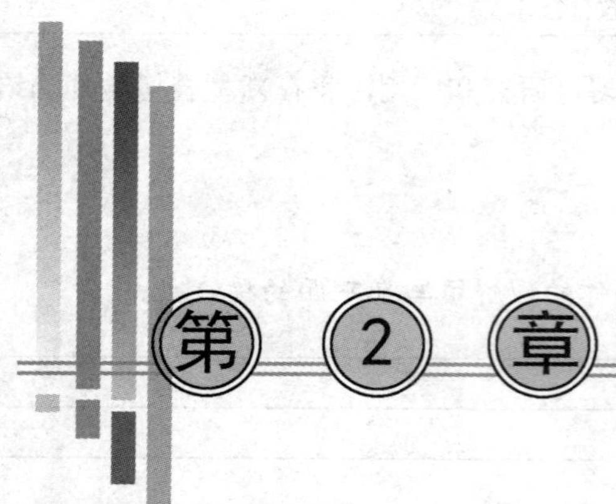

第2章 信息技术支持下的教学设计

随着基础教育改革及“十三五”教育信息化的逐步开展，掌握和利用信息技术支持下的教学设计理论及方法，充分利用信息技术与学科课程深入融合、促进教学改革，对教师教学水平的提高和学校的教育教学改革具有重要意义。那么，什么是信息技术支持下的教学设计？如何利用信息技术进行教学设计？本章从信息技术支持下的教学设计的概念、要素、模式和过程等方面，结合具体的教学设计案例探讨如何在信息支持下进行教学设计、高效地组织教学。

【学习目标】

1. 通过比较，理解教学设计及信息技术支持下的教学设计的含义及关系。
2. 通过对比分析，能制定某一特定内容的教学目标。
3. 能够结合学习任务和学习者，制定或选择有效的教学策略。
4. 能根据特定教学内容，选择恰当的教学媒体。
5. 通过案例分析，掌握信息技术支持下的教学设计的原理及基本过程。
6. 通过案例分析，掌握信息技术支持下教学设计方案的编制。

引 言

通过第 1 章的学习，小方老师理清了教育技术是怎么回事，恰逢此时学校要进行信息技术与课程融合的教学改革，小方老师觉得这是一个践行现代教育技术的好机会，但理论和实践连接的桥梁是什么呢？如何能将信息技术和自己所任教的课程融合，利用信息技术支持教学活动、优化教学效果呢？经过查阅资料、结合所学知识，小方老师了解到要进行信息技术与课程融合，首先要从教学设计入手，将现代化教学理念和信息技术手段融入教学设计，实现信息技术支持下的教学设计。

2.1　揭开神秘面纱——认识信息技术支持下的教学设计

2.1.1　一切从教学设计说起

信息技术支持下的教学设计属于教学设计的范畴，它和教学设计之间又有什么关联呢？一切从教学设计开始说起。

1. 教学设计的概念

教学设计（Instructional Design，ID）又叫教学系统设计（Instructional System Design），不同学者对教学系统设计的含义有不同的理解。

加涅认为，教学是以促进学习的方式影响学习者的一系列事件，教学设计是一个规划教学系统合理有序的过程。

肯普认为，教学系统设计是运用系统方法分析研究教学过程中相互联系的各部分的问题和需求，确定解决它们的方法和步骤，然后评价教学成果的系统化过程。

史密斯-雷根认为，教学设计是运用系统方法，将学习理论与教学理论的原理转换成对教学资料、教学活动、信息资源和评价的具体计划的系统化过程。

乌美娜认为，教学系统设计是运用系统方法分析教学问题和确定教学目标，建立解决教学问题的策略方案、试行解决方案、试行评价结果和对方案进行修改的过程。

学者们对于教学设计都有各自的理解和分析，那么中小学教学中应该从哪些方面去理解呢？

在《中小学教师教育技术能力标准（试行）》中，教学设计是指主要依据教学理论、学习理论和传播理论，运用系统科学的方法，对教学目标、教学内容、教学媒体、教学策略、教学评价等教学要素和教学环节进行分析、计划并做出具体安排的过程。其根本目的是获得解决教学问题的最优方法和策略，促进学生的学习和发展。

看了这么多，小方老师在想教学设计的目的是什么，为什么要进行教学设计呢，什么是信息技术支持下的教学设计，信息技术的特色如何体现？具体来说，可以从教学设计的目的和研究对象、教学设计的核心问题等方面去理解。

（1）教学设计的目的是优化教学效果，促进学生的良好发展

教学系统设计优化了课程结构和资源，提高了教学质量和效率，最终使学生获得良好的发展。教学系统设计，它把课程设置计划、教学大纲、单元教学计划、课堂教学过程、教学媒体等都视为不同层次的教学系统，并把这些教学系统作为它的研究对象。由此可见，

教学设计涉及教学过程的各个方面，对教师而言，整个教学过程都是教学设计的对象。

（2）教学设计强调现代教育观念和运用系统方法

教学设计是受一定的教育观念支配的，教育观念是社会发展对教育的需求以及教育自身发展的集中体现。人类已步入信息时代，同传统的教育观念相比，信息社会的教育观念及价值取向已发生了根本的变化，所以要以现代教育观念作为教学系统设计的指导思想。

2. 不同学习理论视野下的教学设计

教学设计最主要的理论基础是学习理论，根据学习理论的视野不同，其指导下的教学设计可以分为以“教”为中心的教学设计、以“学”为中心的教学设计和“学教并重”的教学设计 3 种。

（1）以“教”为中心的教学

以“教”为中心的教学主要以“传递-接受”教学理论和“刺激-反应”行为主义学习理论为基础。教学过程的指导思想是通过教师的“教”来促进学生的刺激-反应联结。学习内容一般以定论的形式直接呈现出来，教师利用讲解、板书和各种媒体作为教学手段和方法向学生传授知识，学生则主要通过耳听、手记、做题等方式接受教师传播的知识，其教育思想倾向于以教师为中心。

总体上，以“教”为中心的教学最大优点是经济、高效、系统，有利于教师主导作用的发挥。“闻道有先后，术业有专攻”，教师作为教学结构的中心，有利于组织、监控整个教学活动过程，有利于科学知识的系统传授和教学目标的完成，并能充分考虑情感因素在学习过程中的作用，对于全面打好学生各学科知识的基础是很有利的。

但是，如果长期“重教轻学”，完全由教师主宰课堂，而忽视学生的主体地位，以及学生自主学习和主动探究，容易造成学生对书本、教师和权威的迷信，这不利于学生的发散思维、批判思维和创造性思维的培养。

以“教”为中心的教学设计关注的要点是教师的“教”，强调教师在教学中的主导作用，具有循序渐进、按部就班、精细严密、系统性等特点。其基本内容包括：教什么——学习需要分析、内容分析、目标分析；如何教——教学策略；教得怎样——教学评价。

以教为中心的教学设计通常包括以下 7 个环节。

① 确定教学目标。

② 分析教学目标——确定教学内容与教学顺序。

③ 分析学习者特征——确定教学起点，以便因材施教。

④ 在上述分析的基础上，确定教学方法、策略。

⑤ 在上述分析的基础上，选择与设计教学媒体。

⑥ 进行施教，并在教学过程中做形成性评价。

⑦ 根据形成性评价得到的反馈对教学进行修改和调整，或结束教学设计。其教学设计流程如图 2-1 所示。

（2）以“学”为中心的教学

以“学”为中心的教学强调学生是学习过程的主体，是意义的主动建构者，其理论基础主要是布鲁纳的“探索-发现”教学理论和建构主义学习理论。这种教学的优点是鼓励学生进行主动的探索和发现，有利于创造型人才的培养，符合目前我国新课程改革的大方向。但是它强调学生的“学”，往往忽视教师主导或指导作用的发挥，当学生自主学习的自由度过大时，容易偏离教学目标的要求，并且忽视师生之间的情感交流和情感因素在学习过程中的重要作用。此外，探究发现学习的效率偏低，在基础教育阶段，全部学习内容都由学生自主发现、意义建构不太现实。

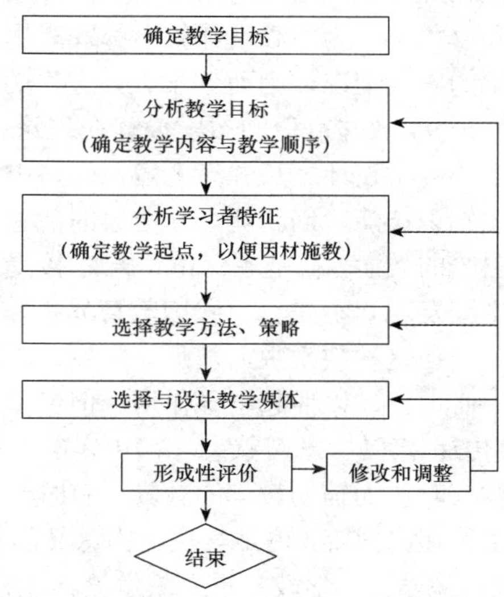

图 2-1　以“教”为中心的教学设计流程图

以“学”为中心的教学设计一般围绕主题或问题展开，通常包括以下 5 个环节。

- 确定学习主题——根据教学计划和教学目标，确定学习的主题和内容。
- 情境创设——创设有利于学生自主建构知识意义的情境。
- 信息资源设计与提供——提供与当前学习主题相关的信息资源（教学资源），以促进学生的自主建构。
- 自主学习策略设计——自主学习策略是诱导学生自主学习、自主建构的内在因素，其作用是为了调动学生学习的主动性、积极性，以达到自主建构的目标。
- 组织协作学习——通过协作交流、思想碰撞、取长补短深化学生的意义建构。
- 组织与指导自主发现、自主探究——在建构知识意义的基础上，通过解决实际问题的发现式学习与研究性学习进一步培养学生的创新精神与实践能力。
- 学习效果评价——根据学生的学习过程，以学生发展为目标，采用科学方法对学生学习的质量和水平进行评测，并予以价值判断。

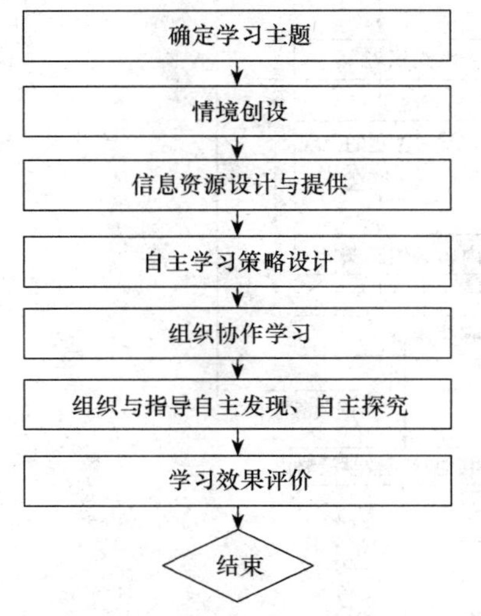

图 2-2　以“学”为中心的教学设计流程图

在建构主义理论指导下，以“学”为中心的教学设计原则包括以学生的学习为中心，强调“情境”对意义建构的重要作用，强调协作学习对意义建构的关键作用、强调对学习环境（而非教学环境）的设计，强调利用各种信息资源来支持“学”（而非支持“教”），强调学习过程的最终目的是完成意义建构而非完成教学目标。以“学”为中心的教学设计主要围绕“自主学习策略、协作学习策略”和“学习环境”两个方面进行。前者是整个教学的核心——通过各种学习策略激发学生去主动建构知识的意义（激发学生的内因）；后者是为学生主动建构创造必要的环境和条件（提供学习的外因）。以“学”为中心的教学设计流程如图 2-2 所示。

（3）“学教并重”的教学设计

近年来，随着对教学实践中出现的问题进行理性反思和“混合学习”（blended

learning）思想逐渐被国际教育技术界所接受，越来越多的人意识到单独以“教”为中心和以“学”为中心设计教学都既有优点，也有一定的缺陷，不能很好地适应我国教育教学的实际情况，因而“学教并重”的教学设计思想应运而生。

“学教并重”的教学设计在理论、方法和过程上兼取以“教”为中心和以“学”为中心教学设计之长并弃之短，既突出学生的主体地位，又重视教师的主导作用，对学生的知识技能、创新能力和健康的情感与价值观培养都有好处。按照这种理论和方法设计出来的教学，在基本保留“传递-接受”的条件下，让学生更多地去主动思考、主动探索、主动发现。它是目前我国教育界积极倡导的方式。

在这种教学中，教师、学生、内容、媒体四大要素各有不同的作用。教师有时处于中心地位，以便起主导作用，但更多的是帮助学生自主探索或协作学习；学生有时处于“传递-接受”学习状态，但更多的是在教师指导下进行积极主动的思考与探究；教学媒体有时作为辅助教学的教具，有时又作为学生自主学习的认知工具；教材既是教师向学生传递的内容，也是学生建构意义的对象，从而形成一种新的教学模式，即“主导-主体”教学模式。“学教并重”教学设计流程如图 2-3 所示。

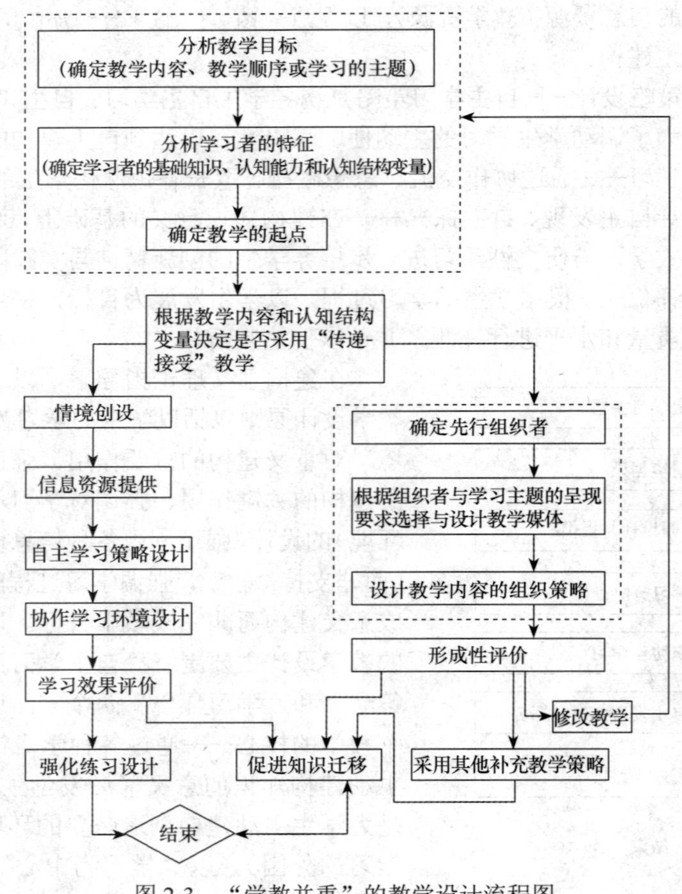

图 2-3　“学教并重”的教学设计流程图

“学教并重”的教学设计过程模式的特点包括：

① 可根据教学内容和学生的认知结构情况灵活选择“发现式”或“传递-接受”教

学分支；

② 在“传递-接受”教学过程中基本采用“先行组织者”教学策略，也可采用其他策略（甚至是自主学习策略）作为补充，以达到更佳的教学效果；

③ 在“发现式”教学过程中也可充分吸收“传递-接受”教学的长处（如进行学习者特征分析和促进知识的迁移等）；

④ 便于考虑情感因素（即动机）的影响。

3. 信息技术支持下的教学设计

关于信息技术支持下的教学设计，有学者认为，在当前的教育信息化背景下，信息化教学设计和信息技术支持下的教学设计可以等同理解。

华东师范大学祝智庭认为，信息技术支持下的教学设计是充分利用现代信息技术和信息资源，科学地安排教学过程的各个环节和要素，为学习者提供良好的信息化学习条件，实现教学过程全优化的系统方法。其目的在于培养学习者的信息素养、创新精神、实践能力和综合能力，从而增强其学习能力，提高学业成就，并使他们最终成为具有信息处理能力的、主动的终身学习者。信息技术支持下的教学设计提倡教师不仅要精通现代信息技术，而且能够掌握如何设计以信息技术为支撑的教学过程，在教学过程中把信息技术、信息资源和课程有机结合起来，促进教学最优化。

上海师范大学黎加厚认为，信息技术支持下的教学设计（信息化教学设计）是运用系统方法，以学为中心，充分利用现代信息技术和信息资源，科学地安排教学过程的各个环节和要素，以实现教学过程的优化。信息技术支持下的教学设计要求教师在自己的教学中培养学生的高级思维能力，激励学生主动探究，通过课程问题来激发学生在教学活动中思考所学的内容。信息技术支持的教学设计关键模块是教学问题设计。

2.1.2 信息技术支持下的教学设计和教学设计的区别

前面了解了教学设计和信息技术支持下的教学设计的概念，读者可能要问，两者之间有什么本质区别呢？信息技术特色体现在什么地方呢？

1. 信息技术支持下的教学与传统教学

1993 年，美国教育部组织了十多位资深专家发布了一份题为《用教育技术支持教育改革》的报告，为如何运用现代化教育技术进行基础教育改革提供了指导性框架。报告提出了革新教学的若干特征，从表 2-1 中可以看出革新教学与传统教学之间的明显差别。

表 2-1　传统教学与信息技术支持下的教学的区别

项目	传统教学	信息化教学
教学策略	教师导向	学生探索
讲授方式	说教性的讲授	交互性指导
学习内容	单学科的独立模块	带逼真任务的多学科延伸模块
作业方式	个体作业	协同作业
教师角色	教师作为知识施与者	教师作为帮助者
分组方式	同质分组（按能力）	异质分组
评估方式	针对事实性知识和离散技能的评估	基于绩效的评估

由表 2-1 不难看出，在传统教学中，教师是主要的信息源，控制着学生对信息的访问。而在信息化教学中，教师不再维持自己作为专家的角色，而是通过帮助学生获得、解释、组织和转换大量的信息来促进学习，以解决实际生活中的问题。在这种模式中，学生承担着自我学习的责任，通过异质协同作业、自主探索等方式进行主动的知识建构。

2. 信息技术支持下的教学设计与传统教学设计的区别

信息技术支持下的教学设计具有单元化、问题化、活动化、信息化等特点。

（1）单元化

开展信息技术支持下的教学，需要跳出传统的课堂视野，采取中观的教学设计思路，除了精心设计在教室空间（人为设计的物理空间）的学习活动外，还需要考虑虚拟空间（由信息技术支持的）和现实空间（社会和自然的）的活动设计，进行全空间的学习活动策划，从单一的教室空间扩展开来，为信息技术所支持的学习活动提供更广泛的空间。

（2）问题化

问题是学习者学习或探索的对象，是建构的指向、思维聚焦的核心。在信息技术支持的教学设计中，问题化学习始终是基本的学习策略：围绕主题，为学习者提供相关的案例、资源和工具；带着问题，学习者展开问题化探究活动。

（3）活动化

问题化的学习过程，表现为基于信息技术资源和工具的活动过程。在单元化的设计中，学习过程的活动也必然是多样化的。

（4）信息化

体现为信息技术资源和工具对学习活动的支持。

另外，传统课堂教学设计的产品是教学设计方案，侧重教授知识的梳理以及对教材的重新组织。而典型的信息化教学设计的产品通常是一个教学设计单元包。教学设计单元包更侧重于教学活动与教育资源的设计，除了教学设计方案，还要包括活动、资源、评价量表等一切与教学相关的材料。教案与教学设计单元包的比较如图 2-4 所示。

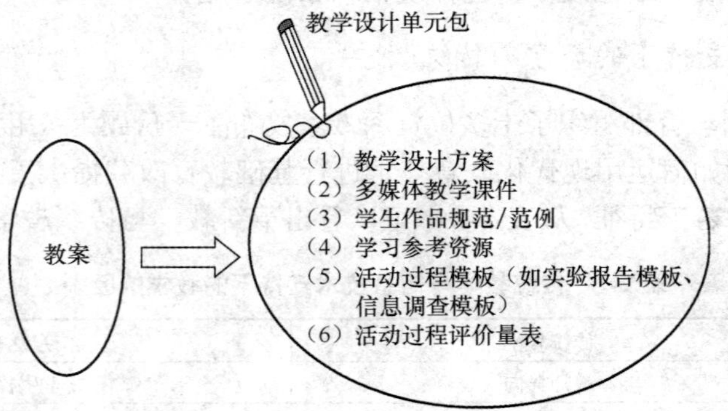

图 2-4　教案与教学设计单元包比较

我们也可以从 CAI（Computer Aided Instruction，计算机辅助教学）的角度来看看信息技术支持的教学设计与经典 CAI 的区别，如表 2-2 所示。

表 2-2　经典 CAI 设计与信息化教学设计特点比较

项目	经典 CAI 设计	信息化教学设计
设计核心	教学内容设计，以课件开发为中心	教学过程设计，重视学习资源的利用
学习内容	学科知识点	交叉学科专题
主要教学模式	讲授/辅导	探究/研究型学习
	模拟演示	资源型学习
	操练/练习	合作型学习
教学周期	以课时为单位	以单元为单位（短至一星期，长至一学期）
教学评价	依据行为反应	依据电子作品集

由此可见，虽然经典 CAI 中的主要教学模式从广义上讲属于信息技术支持下的教学模式，但信息技术支持下的教学设计是更强调以学为中心，促进学习者综合能力的教学模式。

和传统教学模式相比，信息技术支持下的教学模式具有如下特点：

① 信息源丰富，知识点非线性排列，有利于情境的创设。现代教育技术手段为课堂教学所提供的教学环境，使得课上信息的来源变得丰富多彩，教师和课本不再是唯一的信息源，多种媒体的运用不仅能够扩大知识信息的含量，还可以充分调动学生的多感观，为学生提供一个良好的学习情境。

② 有利于提高学生的主动性、积极性。现代教育技术手段的加入，尤其是多媒体计算机和网络的加入，教师的主要作用不再是提供信息，而是培养学生自身获取知识的能力，指导学生的学习探索活动，让学生主动思考、主动探索、主动发现，从而形成一种新的教学活动进程的稳定结构形式：在整个进程中教师有时处于中心地位，以便起主导作用，但并非自始至终。如此，学生有时处于“传递-接受”学习状态，这时教师要特别注意帮助学生建立“新知”与“旧知”之间的联系，以便使学生实现有意义的学习，但更多的时候是在教师指导下进行主动思考与探索；教学媒体有时作为辅助教学的教具，有时作为学生自主学习的认知工具，教材既是教师向学生传递的内容，也是学生建构意义的对象。可见，这样有利于提高学生的主动性和积极性。

③ 个别化教学，有利于因材施教。计算机的交互性给学生提供了个别化学习的可能，学习可以通过多媒体技术完整呈现学习内容与过程，自主选择学习内容的难易、进度，并随时与教师、同学进行交互。在现代教育技术手段所构造的教学环境下，学生可逐步摆脱传统的教师中心模式，学生由传统的被迫学习变为独立的主动学习，在学习过程中包含更多的主动获取知识、处理信息、促进发展的成分，有利于因材施教。

④ 培养协作式学习。计算机网络的特性有利于实现培养合作精神并促进高级认知能力发展的协作式学习。在网络的帮助下，学习者通过互相协同、互相竞争或分角色扮演等多种不同形式来参加学习，这对于问题的深化理解和知识的掌握运用很有好处，而且对高级认知能力的发展、合作精神的培养和良好人际关系的形成也有明显的促进作用。

⑤ 有利于培养创新精神和信息能力的发展。多媒体的超文本特性与网络特性的结合，为培养学生的信息获取、信息分析与信息加工能力营造了理想的环境。众所周知，因特网是世界上最大的知识库、资源库，它拥有最丰富的信息资源，而且这些知识库和资源库都是按照符合人类联想思维的超文本结构组织起来的，因而特别适合于学生进行“自主发现、自主探索”式的学习，这样就为学生发散性思维、创造性思维发展和创新能力的孕育提供了肥沃的土壤。

✎ **课堂练习**

同教学设计相比，你觉得信息技术支持下的教学设计最突出的特征是什么？结合具体学科，在学科教学中哪些地方可以体现信息技术的支持，将结果填写在表 2-3 中。

表 2-3　信息技术支持下的教学设计特征分析

信息技术支持下的教学设计最突出的特征：	
学科教学内容	信息技术支持

2.1.3　信息技术支持下的教学设计背后的学习理论

通过前面的了解，小方老师知道了什么是信息化教学设计，那它是怎么产生发展而来的呢？让我们来看看它背后的强大基石，信息技术支持下的教学设计的理论基础。

教学设计主要以学习理论、教育传播理论、视听教育理论、系统科学理论为理论基础。信息技术支持下的教学设计的相关理论基础也是由教学设计理论基础发展而来，以下几种学习理论对信息技术支持下的教学设计具有指导作用。

1. 建构主义学习理论

（1）建构主义学习理论的主要观点

建构主义（constructivism）也译作结构主义，其最早由瑞士心理学家皮亚杰提出。

① 学生是教学情境中的主角。传统教学偏重教师的教，现代教学侧重视学生的学。学生是学习的主体，教师不能代替学生学习。因此，教学情境中要尊重学生的主体性，学生只有在成为教学情境中的主角以后，才会积极主动地参与教学过程。

② 教学是激发学生建构知识的过程。既然知识是学习者自我建构的结果，那么教学就不是传授、灌输知识的活动，而是一个激发学生建构知识的过程。教学就是要创设或者利用各种情境，帮助学生利用先前的知识与已有的经验在当前情境中进行学习和认知。

③ 教师是学生学习的引导者、辅助者、资料者提供者。关于教师，大家可能认同“传道、授业、解惑”的说法，所以在传统教学实践中，教师多是知识的传授者、班级的

管理者。但在建构主义看来，教师的价值就体现在能否激动学生以探究、主动、合作的方式进行学习，教师应该是学生的引导者、辅助者或咨询者和学习的资料提供者。

④ 教学活动体现为合作、探究方式。传统教学是一种管理活动，强调规范和纪律，而学生的学习反被淹没了。教学要能引导学生主动参与知识的学习，一方面使学生面对问题情境，刺激他们思考、探究，另一方面营造人际互动、互激的情境，让学生学会在合作中学习。

⑤ 教学活动的展开是一个过程。教学应该注重过程而不是结果。学生因为疑难、困惑而引起主动、探究学习，学生的冲突、混乱实质上代表了学生的学习活动，所以，教师职责不是给学生提供现成的答案，而是在忍耐、观察中，引导学生成长，这是一个过程。

⑥ 教学评价要趋于多元化。传统教学中，无论是常模参照评价或标准参照评价，多以纸笔测验为主，以学生记住多少教师教的所谓知识为基本依据和结果。但既然知识是学生的一种建构结果，获取标准的答案显然是不合适的。教育部新提出的“学习档案袋评价”就是一种多元化、重过程的评价。

⑦ 学生的学习不仅限于教科书。传统教学过程中，教学就是教师教授一本一本的教科书。但既然学习是一种积极知识建构过程，教学就不应该仅仅局限于教科书或相关的辅助材料，整个社会文化及学生在生活中的所有问题和情境都有助于学生的学习和知识建构。

（2）建构主义学习理论指导下的教学

建构主义的学习观点对教学有什么指导意义，在教学中如何更好地体现建构主义的思想呢？

当代建构主义的教学策略主要包括支架式教学策略、抛锚式教学策略和随机进入式教学策略等。

① 支架式教学。支架式教学（scaffolding instruction）被定义为：支架式教学应当为学习者建构对知识的理解提供一种概念框架（conceptual framework）。这种框架中的概念是为发展学习者对问题的进一步理解所需要的，为此，事先要把复杂的学习任务加以分解，以便于把学习者的理解逐步引向深入。

支架式教学由以下几个环节组成：

- 搭脚手架：围绕当前学习主题，按“最邻近发展区”的要求建立概念框架。
- 进入情境：将学生引入一定的问题情境（概念框架中的某个节点）。
- 独立探索：让学生独立探索。探索内容包括：确定与给定概念有关的各种属性，并将各种属性按其重要性顺序排列。探索开始时要先由教师启发引导（例如演示或介绍理解类似概念的过程），然后让学生自己去分析。探索过程中教师要适时提示，帮助学生沿概念框架逐步攀升。起初的引导、帮助可以多一些，以后逐渐减少，越来越多地放手让学生自己探索。最后要争取做到无须教师引导，学生自己能在概念框架中继续攀升。
- 协作学习：进行小组协商、讨论。讨论的结果有可能使原来确定的、与当前所学概念有关的属性增加或减少，各种属性的排列次序也可能有所调整，并使原来多种意见相互矛盾且态度纷呈的复杂局面逐渐变得明朗、一致起来。在共享集体思维成果的基础上达到对当前所学概念比较全面、正确的理解，即最终完成对所学知识的意义建构。

- 效果评价：对学习效果的评价包括学生个人的自我评价和学习小组对个人的学习评价。评价内容包括：自主学习能力，对小组协作学习所做出的贡献，是否完成对所学知识的意义建构。

课堂练习

为了更好地理解支架式教学，小方老师找来了教学案例，请大家和小方老师一起分析，在这个案例中教学的支架是如何设计的？

教学“支架”是：

支架式教学案例：《故乡》

本课的教学目标是：

1. 学习本文运用对比的手法进行肖像描写的技巧。
2. 认识《故乡》所反映的社会现实和作者所要表达的思想主题。
3. 体会作者对故乡的深情和在小说末尾对故乡寄予的深沉的希望。

围绕这一目的老师设计了四个课时。

第一课时在进行常规教学之余，从本文的基本内容引导学生进行了讨论：“小说写的是什么故事？”学生明白本文的基本内容是 “写故乡 20 多年以来发生了巨大变化的故事”之后，再把这个大的故事分解成了两方面六个小故事：

20 多年前的故事：

1. 20 多年前“我”家的故事。
2. 20 多年前“我”的朋友闰土的故事。
3. 20 多年前豆腐西施杨二嫂的故事。

20 多年后的故事：

1. 20 多年后“我”家的故事。
2. 20 多年后“我”的朋友闰土的故事。
3. 20 多年后豆腐西施杨二嫂的故事。

在公布问题之后，请同学围绕这六个故事，默读课文，找出相关的描写，等候回答问题。

第二课时和第三课时主要是从六个故事的角度引导学生进行理解。

在回答问题的过程中，老师能体会到，学生对这样的建构还是十分满意的。因为这样做实际上解决了以下几个问题:

1. 教学中教师与学生的共同话题的问题。

2. 教学设计的每一个问题都能与学生的认知水平相关。

3. 教学设计的过程便于教师和学生进行控制。也就是说，教师在教时，不会因为问题太难而启发不了学生，学生也不会因为问题太难而无从下手。

4. 六个故事的对比度相当高，这样意义理解的可能性就加大了。

当老师在引导学生思考故乡变化的原因时，学生几乎不用思考就能回答出来。

② 抛锚式教学。抛锚式教学（Anchored Instruction）要求建立在有感染力的真实事件或真实问题的基础上。确定这类真实事件或问题被形象地比喻为“抛锚”。因为一旦这类事件或问题被确定了，整个教学内容和教学进程也就被确定了（就像轮船被锚固定一样）。

抛锚式教学由这样几个环节组成：

- 创设情境：使学习能在和现实情况基本一致或相类似的情境中发生。
- 确定问题：在上述情境下，选择出与当前学习主题密切相关的真实性事件或问题作为学习的中心内容（让学生面临一个需要立即去解决的现实问题）。选出的事件或问题就是“锚”，这一环节的作用就是“抛描”。
- 自主学习：不是由教师直接告诉学生应当如何去解决面临的问题，而是由教师向学生提供解决该问题的有关线索（例如需要搜集哪一类资料、从何处获取有关的信息资料，以及现实中专家解决类似问题的探索过程等），并要特别注意发展学生的自主学习能力。自主学习能力包括：确定学习内容表的能力（学习内容表是指为完成与给定问题有关的学习任务所需要的知识点清单）；获取有关信息与资料的能力（知道从何处获取以及如何去获取所需的信息与资料）；利用、评价有关信息与资料的能力。
- 协作学习：讨论、交流，通过不同观点的交锋，补充、修正、加深每个学生对当前问题的理解。
- 效果评价：由于抛锚式教学要求学生解决面临的现实问题，学习过程就是解决问题的过程，即由该过程可以直接反映出学生的学习效果。因此对这种教学效果的评价往往不需要进行独立于教学过程的专门测验，只需在学习过程中随时观察并记录学生的表现即可。

✎ 课堂练习

请阅读下面的抛锚式教学案例，分析这个案例中的问题设计有什么特点？将分析内容填写在下面的横线上。

____

____

____

抛锚式教学案例：高中语文《纪念刘和珍君》的教学设计及设计思路。

问题提出：

1. 既然文章是纪念刘和珍的，那么，刘和珍一定有很多特异的事迹。请找出这些事迹。

2. 既然作者相当看重这篇文章，寄予了深厚的情感，那么除了刘和珍的平凡之外，还应当有她的伟大之处。请找出刘和珍不平凡的事迹。

3. 既然这篇文章浓缩了作者的真切感情，那么，我们就有可能搞清楚这种情感是什么。请找出作者在文中寄予的深厚感情。

以上问题相当于为学生设计相应的有感染力的真实事件或真实的问题。而这些问题都是学生比较感兴趣的，并且也能从课文中寻找答案。有了这些设计，学生理解课文就容易多了。于是得出以下结论：

刘和珍是“我”的学生（“在四十余被害的青年之中。刘和珍是我的学生。”），艰难的生活并没有阻止她毅然预定“我”编辑的《莽原》（“凡我所编辑的期刊……销行一向就甚为寥落，然而在这样的生活艰难中，毅然预定了《莽原》全年的就有她。”）；在北师大风潮中，她担任学生自治会的主席，带头反抗广有羽的杨荫榆校长，被开除出校……这就不能不令人恨从中来。

事件清楚了，作者的思想感情基调就一目了然，而文章的难点教学问题也迎刃而解：

首先，是针对刘和珍及其他勇士的，既有惋惜又有敬重（文中这样的例句很多）。

其次，是针对段祺瑞政府及其反动帮闲文人的。既有愤恨又有鞭挞（文中这样的例句也不少）。

最后，是针对革命者未来的热切希望而言的，在此倾吐了作者内心强烈的时代感和社会责任感，揭露了反动军阀的凶残卑劣及其走狗文人的阴险无耻，激励人们继续战斗（这是鲁迅先生一贯精神的表露）。

而这样的结果比起单纯讲解课文，学生接受要容易得多。

在整个教学环节中，老师紧紧抓住以学生为中心这个环节，从学生的认知可能出发，把繁杂的问题降低梯度，使学生容易接受。学生普遍反映，这种方法既激发了他们的学习兴趣，又挖掘了他们的学习潜力。

③ 随机进入式教学。随机进入式教学亦可称作随机通达教学。随机进入式教学主要包括以下几个环节：

- 呈现基本情境：向学生呈现与当前学习主题的基本内容相关的情境。
- 随机进入学习：取决于学生“随机进入”学习所选择的内容，而呈现与当前学习主题的不同侧面特性相关联的情境。在此过程中，教师应注意发展学生的自主学习能力，使学生逐步学会自己学习。
- 思维发展训练：由于随机进入学习的内容通常比较复杂，所研究的问题往往涉及许多方面，因此在这类学习中，教师还应特别注意发展学生的思维能力。
- 小组协作学习：围绕呈现不同侧面的情境所获得的认识展开小组讨论。在讨论中，每个学生的观点在和其他学生及教师一起建立的社会协商环境中受到考查、评论，同时每个学生也对别人的观点、看法进行思考并做出反映。

- 学习效果评价：包括自我评价与小组评价，评价内容与支架式教学中相同。

✎ 课堂练习

建构主义的教学方法尽管有多种不同的形式，但是又有其共性，请思考上述3种建构主义的教学策略在教学中有哪些相同的环节，这是由建构主义理论的什么特征决定的？体现了信息化教学的什么特征？填在表2-4中。

表2-4　建构主义的教学策略分析

相同的教学环节	建构主义理论特征	信息化教学特征

建构主义认为知识不是通过教师传授得到的，而是学习者在一定的情境下，借助其他人（包括教师和学习伙伴）的帮助，利用资料，用意义建构的方式而获得的。所以，联系建构主义，在教学设计中应该多注意学生的活动性，多设计情境，让学生利用“协作”（如小组活动）、“会话”（如交流）、“意义建构”（如找联系、自我总结）去完成课堂教学。简而言之，就是把课堂交给学生。

学习了建构主义学习理论，小方老师觉得建构主义对教学设计还是挺有意义的，在教学中可以通过活动等方式来激发学习者的学习兴趣和参与的积极性，让学生真正成为学习活动的主体，使知识能顺利地迁移应用于实践情境。

2. 情境学习理论

情境学习（Situated Learning）是由美国加利福尼亚大学伯克利分校的莱夫（Jean Lave）教授和独立研究者爱丁纳·温格（Etienne Wenger）于1990年前后提出的一种学习方式。

情境学习理论的精髓就是：知识在现实生活中怎样应用，就应当怎样去学。在真实的学习环境中所获得的知识才可能是活性知识，才具有迁移力和生存力，而不像在去情境化中所学的知识是惰性的缺乏迁移能力。

情境学习理论的主要内涵可以概述如下：

① 情境是一切认知学习和行动的基础，强调情境的真实性。

② 知识是一种应用工具，是真实的活动结果，知识是一种社会建构，并表现在人们的行动和共同体互动中。

③ 学习是一个学习者积极参与学习共同体和实践共同体，并与之进行积极互动的过程。

④ 强调认知工具根源的运用和知识的协作社会性建构。

⑤ 要求学习者在学习的过程中清楚地表达、理解和反思。

⑥ 教师的主要角色是帮促者。

⑦ 强调真实性的评价。

以情境学习理论为基础的教学设计思维框架应包括：

① 按照知识在现实生活中应用的方式，创设真实的情境。

② 提供真实的活动。

③ 提供方便的专家支持和过程示范。

④ 提供多元化的角色和观点。

⑤ 支持协作性的知识建构。

⑥ 促进对所形成的观点进行反思。

⑦ 促进阐释清晰地表达，以使隐性知识转化为显性知识。

⑧ 教师在关键的时候提供指导和支架。

⑨ 对任务中的学习实施真实性的评价。

信息技术支持下的教学设计强调知识产生于问题和情境，在情境中分析解决、学习，最终将结果应用于真实情境、解决实际问题。这样可以提高学习者对知识的迁移和应用能力、对问题的分析解决能力。

✎ 课堂练习

小方老师现在要讲授小学四年级“路程、速度、时间”这三者之间的关系，她创设了这样一个任务情境：

暑假快到了，同学们可以结伴去从西安去北京、杭州、南京游玩。大家要明确以下几个问题：第一，从西安去北京、杭州、南京的路程各有多远？第二，坐火车还是坐飞机，车票多少钱？第三，路上要花多少时间？请大家规划一个旅行路线，并制订自己的旅行计划。

读者也练练手吧。请根据下面的内容，创设教学情境：

小学三年级同学认识人民币单位元、角、分，以及千、万、百万这些数量单位。

创设的教学情境：

2.2　跟我来设计——信息技术支持下的教学设计的过程

信息技术支持下的教学设计是在传统的教学设计基础上以信息技术为依托发展而来，其目标是帮助教师在自己的日常课堂教学中充分利用信息技术和信息资源，培养学生的信息素养、创新精神和问题解决能力，增强学生的学习能力。

2.2.1　信息技术支持下的教学设计的基本原理

1. 信息化教学设计的基本原则

信息化教学设计强调充分利用信息技术手段进行基于资源、基于合作、基于研究、基于问题等方面的学习，使学习者在意义丰富的情境中主动建构知识。其基本原则包括以下几点：

① 以学为中心，注重学习者学习能力的培养。教师作为学习的促进者，引导、监控和评价学生的学习过程。

② 充分利用各种信息资源来支持学习。学习资源是指可为教和学所利用的资源，是指一切与教学者和学习者有意义联系的客观条件，是教学者和学习者进行学习的物质基础。信息化学习资源是学习资源的重要构成部分，它是数字化资源，是借助现代化信息技术传播的资源。

③ 以任务驱动和问题解决作为学习和研究活动的主线，在相关的有具体意义的情境中确定和教授学习策略与技能。

④ 强调协作学习。这种协作学习不仅指学生之间、师生之间的协作，也包括教师之间的协作，如实施跨年级和跨学科的基于资源的学习等。

⑤ 强调针对学习过程和学习资源的评价。信息化学习资源种类繁多，为了有效地利用信息化学习资源，必须对资源进行评价。

2. 信息技术支持下的教学设计的评价标准

在评价一个信息化教学设计的优劣时，可以从以下几个方面加以考虑：

（1）教学设计是否有利于提高学生的学习效果

① 学习目标是否明确，表述是否清楚。

② 是否所有的学习目标都符合相关的课程标准要求。

③ 教学设计中是否考虑到学生的个体差异，并明确说明如何调整成效标准以适合不同的学习者。

④ 教学设计是否能激发学生的兴趣，符合学生的年龄特征，并有利于学生的学习以及高级思维能力的培养，是否有利于学生在信息处理能力方面的培养。

（2）信息技术与教学的整合是否合理

① 技术的应用和学生的学习之间是否有明显的关联。

② 技术是否是使教学计划成功的必不可少的一部分。

③ 把计算机作为研究、发布和交流的工具是否有助于教学计划的实施。

（3）教学计划的实施是否简单易行

① 教学计划是否可以根据具体教学情况的差异很容易地进行修改，以便应用到不

同的班级。

② 教师是否可以比较轻松地应用教学计划中所涉及的技术，并获得相应的软硬件支持。

（4）是否能够有效评价学生的学习

① 教学计划中是否包括一些评价工具，用于务实的评价和评估。

② 学生的学习目标和学习成果评估标准之间是否有明确的关系。

2.2.2 信息技术支持下的教学设计过程

信息技术支持下的教学设计的一般过程通常由单元教学目标分析、教学任务与问题设计、信息资源查找与设计、教学过程设计、学生作品范例设计、评价量规设计、单元实施方案设计、评价修改 8 个模块构成，如图 2-5 所示。在此设计模式中，对各步骤的分析和操作通常是按顺时针方向进行，必要时也可以跳过某些步骤或重新排序。

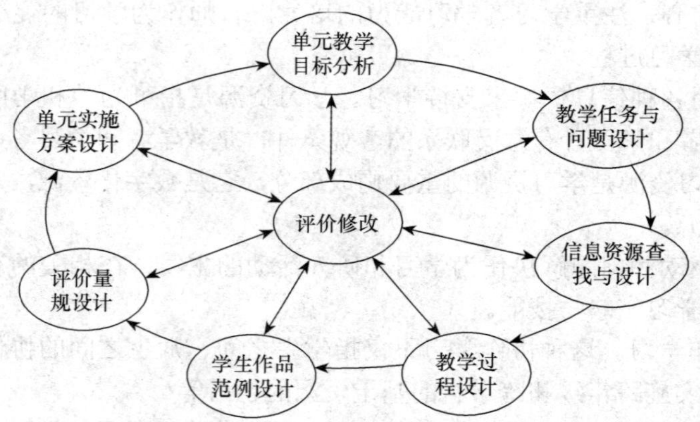

图 2-5　信息技术支持下的教学设计的基本过程

1. 单元教学目标分析

教师通过对单元教学目标进行分析，确定学生应该达到的水平或获得的能力。其中内容设计确定了学生应该掌握的具体知识和能力，目标设计则要综合考虑知识与技能、过程与方法、情感态度与价值观 3 个维度。在保证学生掌握一定知识的基础上，还要培养其一定的情感要素、协作能力和实践能力，培养其良好的人格品质。

2. 教学任务与问题设计

根据单元教学目标，设计真实的任务和有针对性的问题。所设计的教学任务与问题要使学生的学习活动能与大的任务或问题相结合，以探索问题来引发和维持学习者的学习兴趣和动机。

3. 信息资源查找与设计

根据任务和问题以及学生的学习水平，确定提供资源的方式。提供给学生的资源方式应该是多样化的、多媒体化的、立体化的，不要局限于书本知识，也不能只想到网络资源而忽视其他资源类型。在此环节，教师可以要求学生自己按照学习目标查找资源，也可以提供现成的资源给学生。如果是前者，教师要设计好要求，避免学生无目的地查找；如果是后者，教师则要寻找相关的资源，并对资源进行认真的评价，确保学生可以得到真实、可靠的信息。如果需要，教师还要制作相关的资源列表，以方便学生查阅，提高学习效率。

4. 教学过程设计

对整个教学过程进行梳理，使之合理有序。在教学过程设计上，坚持适应性、新颖性原则，在组织课堂教学、活动设计和使用教具等方面简便易行、多样化，以满足不同学生的需要。一般情况下，仍需将教学过程落实成文字呈现的信息化教案。

5. 学生作品范例设计

在教学过程中，如果要求学生以完成电子作品的方式进行学习，教师应事先做出电子作品的范例。这个范例应该从学生角度出发，以学生应该达到的制作水平为标准进行设计，方便学生更好地理解呈现方式。有了教师展示的范例，学生浏览后就会对自己将要完成的任务有一个感性的认识。但在呈现范例时，教师要注意避免给学生造成思维定式，扼杀学生的创造性和个性。

6. 评价量规设计

在评价信息化学习时，特别是其产生电子作品时，结构化的评价工具——量规提供了比较科学的方法。利用这种结构化的定量评价标准，从内容、技术、创意等方面来评价学生的作品，可以提高评价的可操作性和准确性。量规的设计应该考虑到整个学习过程及最后的电子作品等多方面的因素，既可以让教师评价，也可以让学生自评和互评。

7. 单元实施方案设计

对教学的具体实施方案进行设计，包括实施时间表、分组方法、上机时间分配、实施过程中可能用到的软硬件（如不具备，应采取什么方法解决）以及其他必要文档的准备等。

8. 评价修改

由于学习过程中各种因素的复杂变化性，在教学设计过程中，评价修改是随时进行的，并伴随设计过程的始终。只有在评价基础上对教学各个环节进行合理调控，才能获得最优化的教学效果。

以上学习了信息技术支持下的教学设计过程，下面提供一个案例，大家可以参照设计。

✎ 课堂练习

这是一个信息化教学设计的范例，大家可以参照学习，然后对照信息技术支持下的教学设计过程填写在表 2-5 中。

表 2-5　教学设计范例分析

信息技术支持下的教学设计过程	范例中对应内容
单元教学目标分析	
教学任务与问题设计	
信息资源	
教学过程	
学生作品及要求	
评价量规	

【范例】

单元计划标题：影子——测量身高及其身高的投影，展示身高和影子。

设计者：Laurie Nordahl。

学校：Sunny Hill。

学科领域：数学，科学。

年级：小学 3～5 年级。

【单元概述】

在校的某一天，学生们记录影子的测量值，并每隔 1 h 或 0.5 h（取决于老师的选择）绘制天空中太阳的位置。使用诸如 Microsoft Excel 这样的电子表格程序，让学生用所测得的影子数据来创建图表。学生们利用"画图"程序制作一个人或一个事物的画像。通过拍摄数码照片来检查所绘影子的准确性。将在春天记录的影子测量值同其他每个季度的影子测量值相比较。学生将利用诸如 PowerPoint 的应用程序来创建一个电子讲稿展示他们所了解的有关影子的信息。通过网友将信息发送出去，并接收来自本国其他地方的影子数据，然后作比较。

【单元目标】

在这一单元中，学生将：

（1）就他们收集的数据，使用电子表格程序制作一个图示。

（2）应用太阳运动的概念，使用"画图"程序来制作一个准确的影子。

（3）把画出的影子与一张拍摄学生自己影子的数码照片进行比较，检验他们制作出的影子图画的准确性。

（4）将春秋两季测量到的影子进行比较，了解地球的自转是如何影响影子的。

（5）通过因特网与网友共享影子数据，并与本国某个地方的影子数据作比较。

（6）制作一个电子讲稿来交流他们的学习成果。

（7）通过共享电子讲稿、将电子讲稿发布到网上，以及发送给网友等方式与其他学生进行交流。

【所需时间】

由于要对学生进行技术上的培训，这个项目将持续一个学年。如果学生已经掌握了技能，培训时间可以缩短或省略。如果只测量某一个季度的影子，本项目需要 4～6 周。

【必备技能】

学生需要熟悉计算机的基本操作，如鼠标、键盘的使用、打开/关闭程序和保存文件等。他们还需要熟悉柱状图，懂得如何进行测量，了解有关地球围绕太阳公转的背景知识。

【需要材料和资源】

技术方面：一台（或多台）计算机、投影设备、扫描仪、打印机、数码相机、因特网连接、多媒体软件、字处理软件、网页制作软件、桌面印刷软件、数据库或电子表格软件、因特网 Web 浏览器、光盘版百科全书。

印刷材料：用于阅读和学习有关太阳/地球转动和影子的各类书籍和参考资料。

学习用品：纸、笔、卷尺

有用的 Internet 资源：

http://www.omsi.edu

http://www.exploratorium.edu

http://web.physics.twsu.edu/stampede/slinks.htm

http://cc.owu.edu/~mggrote/pp/physics/sundials2.html

http://www.lalc.k12.ca.us/laep/smart/Sunrise/k3plan.html

http://www.geocities.com/Heartland/7134/Shadow/groundhog.htm

http://www.mos.org/sln/wtu/activities/patterns.html

http://liftoff.msfc.nasa.gov/kids/Earth/Sundial.html

【学习过程】

（1）在秋季的一个晴天，学生在同一个地点轮流相互测量，他们记录影子的测量值以及每次测量的时刻。让学生们画上地平线和从测量点看到的风景，也要画上那个时刻他们所看见的地平线之上太阳的位置。将记录的数据创建在一个名为 sunmap 的目录下，数据将被保存起来，与春天相应的数据作比较。

（2）在春、秋两季之间的时间，学生将接受完成这个项目所需要的各种技能的培训。

挑选 18 个学生参加技术培训，使他们成为小老师。其中，5 个人将用 1～2 周的时间学习如何使用电子表格 Microsoft Excel，学习如何输入数据，并将数据转化成柱状图。另外 5 位学生将用 1～2 周时间学习如何使用“画图”程序 Microsoft Paint。另外 5 名学生将用 3～4 周时间学习如何使用 PowerPoint 演示程序和操作数码相机，并学习如何将拍摄到的图像下载到计算机中。其余 3 名学生将用 3～4 周时间学习基本的网页设计技能，以便制作一个简单的网页，并学习如何使用电子邮件。每一组受训的小老师将教会班级里的其他学生使用他们已经学会的每个部分。当全班已学会如何使用电子表格程序的时候，就把秋天的影子数据制成相应的图表（图 2-6）。当全班学生都已学会电子邮件的时候，学生们就可以在一个学年内与网友共享、交流。小老师还将走进其他教室，去培训将成为小老师的学生。

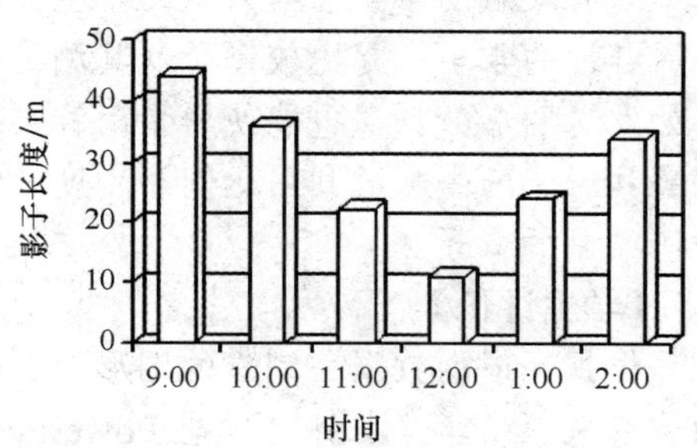

图 2-6　根据学生一天内影子的变化绘制的图表

（3）当春天来临时，所有学生都已经掌握必要的技术，可以像秋季一样走到户外去测量影子。此外，学生需要与网友进行交流，这样就能够比较国内不同地区影子的数据。学生可将收集到的影子数据通过 E-mail 寄给他们的网友。他们也将在电子表格程序中输入信息，并生成一个柱形图，用长度表示不同时间的影子。当学生们从网友那里获得影子数据时，如果发现网友没有将数据图形化，则可以将得到的数据制作成图表。两地的网友可以扫描各自的太阳图画，并寄给对方。

（4）让每个学生共享他们的发现，解释他们的柱形图，讨论与太阳位置图画有关的影子研究结论。让学生比较春、秋两季的数据，结合影子的变化，比较不同季节太阳与地球相对位置的差异。学生们还要就影子测量值、太阳位置图画与网友数据的比较情况进行讨论。

（5）利用“画图”程序，每个小组将画一个画像（人或物体）。为该画像制作影子。这时，为每对学习伙伴指定白天中的一个时刻，他们的任务是画出与该时刻相应的有着不同尺寸和位置的影子，当用计算机完成影子的绘制之后，让学生在相应的时刻走到户外，用数码相机拍摄实际的影子，将画出的影子与实际的影子作比较。

这样，合作伙伴就可以利用他们的图形、计算机图画和数字化的影子来制作一个 PowerPoint 电子讲稿，与班级的其他同学共享。利用太阳位置图画、影子测量值、计算机图画和演示软件，学生能够制作一个富有动感的演示文稿，该演示文稿反映了一天中影子是如何变化的，这些也可以寄给他们的网友浏览。

（6）在网站管理员的帮助下，学生可以选择一个主题信息，并制作网页。可以选择利用数码照片和“画图”程序制作的影子图像，也可以选择将春、秋两季作比较的影子图表，还可以选择当地和其他地区的影子图表，或是选择 PowerPoint 电子讲稿。无论选择什么，学生们都应当在网页图像旁附上简短的说明（1～5 句话）。当网页制作完成后，学生就可以上传网页，还可以将这个项目登入学校的校报或网站，同时邀请家长来访问网站或观看学生的电子讲稿。

【学习内容和方法的调整】

对有特殊需要的学生：有特殊需要的学生可能需要使用一个固定物体，诸如一个盒子或木棒，来代替人进行影子的测量。此外，活动可以被简化，如只测量合作伙伴中的一个人并生成一组数据，然后复制这组数据。根据能力和时间的差异，有特殊需要的学生可能参与少量的活动。当学生分组时，将有特殊需要的学生与合适的伙伴结成小组。

对有天赋的学生：有天赋的学生能够比较世界各地特定时间的影子。让这些学生与世界各地的学生一起比较影子及其测量值。他们能够制作一个电子讲稿共享研究成果，例如发送图形数据，也能使用指南针画出更为准确的太阳位置图。学生能够测量自己的身高和影子的高度。利用比例和刻度，他们能够制作更精确的影子或使用这个知识来检验所绘制的影子。

【学生评价】

根据完成的数据、制作的图形、在绘图程序中描述影子的准确性以及发布在网页上的信息来评价学生。评估学生 PowerPoint 电子讲稿的评价量表如表 2-6 所示。

表 2-6　**PowerPoint 影子演示文稿评价表**

姓名：__________

我有一个标题幻灯片			
我的图带有标记，并且显示了我所有的信息			
我介绍了我的图画和我的影子			
我的数字化照片表明我的图画是正确的			
我介绍了我从影子中学到的知识	 我介绍了 3 个以上内容	 我介绍了 2 个以上内容	 我介绍了 1 个以上内容

2.2.3　信息技术支持下的教学设计的典型模式

信息技术支持下的教学设计在实际应用的过程中产生了一些典型的应用模式，如 WebQuest 和英特尔未来教育等。

1. WebQuest

WebQuest 是信息化教学设计的一种典型模式，由美国的伯尼·道治（Bernie Dodge）和汤姆·玛蒂（Tom March）两位教授首先提出。其主要方法是在网络环境下，由教师引导，并以一定的任务驱动学生进行自主探究学习。

这种活动有以下主要特点：第一，有一个明确的主题或问题（可派生出多个具体问题）；第二，这类问题可通过寻求信息而得到解答；第三，问题的解答没有唯一性。WebQuest 是面向学习者的。一个典型的 WebQuest 包括情境（引言）、任务、过程、资源、评价和成果（结论）6 要素。

① 情境（引言）：为问题解决和项目任务完成提供了可信的具体情境。在典型的情境中，学生扮演某一特定的社会角色。“情境”要素的作用是吸引学生的学习兴趣，它还往往以外显的形式提出需要学生回答的基本问题，使学习者对学习目标有更清晰的认识。

② 任务：包括一套设计好的提问，通过回答这些问题，学习者还可以获取用来回

答本质问题所需的一些事实信息。

③ 过程：主要描述在探究活动中学生应当遵循的活动步骤和相关建议，包括小组角色、任务分配、工作流程、进度控制等。

④ 资源：为学生提供解决问题或完成项目任务所需的各类网络资源。如果是短期WebQuest，最好能为学生提供特制的资源网站，以便于学生高效率地获取能够解决基本问题的材料。

⑤ 评价：通过量规实现对学生的学习过程、学习成果等方面的评估。

⑥ 成果（结论）：这是整个 WebQuest 的结束部分，多用于学生展示其探究结果，其作用在于提供总结经验的机会，鼓励学生对过程进行反思，扩展并概括所学知识。

✐ 课堂练习

下面是小学四年级数学“身边的行程问题”的教学设计，请大家参照学习。

1. 情境

五一节即将来临，同学们可以结伴出游南京、杭州或北京。你必须为你的假日旅行做出一个计划。

2. 任务

学习者通过单元活动，制订自己的假日旅行路线和旅行计划，并说出理由。

通过本活动使得学习者:

(1) 能利用“速度、时间、路程”的关系，解决日常生活中遇到的问题，感受数学与现实生活的密切联系;

(2) 在活动中能用适当的方式提出数学问题，并利用计算机、网络等多种方式探索解决问题的方法;

(3) 能把活动的过程及结果用恰当的方式表达出来，充分培养学生应用数学知识解决实际问题的能力，并培养学生互相协作的品质。

3. 过程

(1) 展示地图及 3 个城市的图片资料，也可以通过网站对这 3 个城市的景点进行介绍，让学生对所到之地的方位及特点有一个感性了解。

(2) 组织讨论出行前要明确的问题。例如：去杭州、北京、南京各有多远？坐火车去还是坐飞机去？车票是多少钱？路上要花多少时间？

(3) 明确本活动要解决的几个问题:

A. 你打算去什么地方?

B. 你打算选择什么交通工具去目的地？选择的理由是什么？

C. 请你用合适的方式对整个活动的过程及结果进行简单的整理。

(4) 学生分组进行网络环境下的协作学习。学习中学生自行分工，有人查询路程，有人查询时刻表及票价，有人记录数据，有人进行数据整理、比较，并计算结果。

(5) 选择经济、舒适，又适合自己的出行方式。

(6) 同组整理数据，交流意见。了解本组同学查询到的各种信息，利用这些信息可以计算出什么，运用哪个数量关系？然后同组学生讨论解决本活动提出的 3 个问题。

（7）小组汇总对活动的发现及其他问题（可以在提供的软件中完成）。

A. 一份对本活动提出的3个问题的解决方案；

B. 一份对此次出游的目的及过程的简单描述；

C. 一份填满各种发现及问题的文件。

（8）全班同学进行交流汇总。学生在小组内探索、交流、思考后，提出了很多方案及想法：去南京的学生说为了节省时间可以走高速公路；去北京的学生说为了省钱可以乘火车；去杭州的学生则说可以乘轮船，一路上还可以领略京杭大运河的美景。学生分析得颇有见地，也较为合理。

（9）延伸：在这个活动过程中你还存在什么问题，或有什么发现想进一步进行探索研究的，请（或和你的学习伙伴一起）继续完成。

4. 资源

（1）软件：电子表格、绘图软件、文字处理软件、PowerPoint等。

（2）网址：

A. 火车时刻查询

http://www. 12306. cn/mormhweb/

http://www. huoche. net/

B. 飞机时刻、票价查询

http://flights. ctrip. com

C. 各城市交通查询

http://map. baidu. com/

http://ditu. amap. com

（3）搜索引擎：如百度（http://www.baidu.com）

（4）到旅行社进行咨询，以获得更加具体的信息。

5. 评价

学生根据要解决的问题上网查询信息，最终利用信息解决实际问题，体现了学生的主体地位，培养了学生的创新思维。因而，对这个实践活动的评价本人认为可以从以下几方面着手：

（1）分析问题，提出解决问题的初步设想，形成解决方案的能力；

（2）运用各种途径（特别是多媒体网络）获得所必需的信息的能力；

（3）对信息进行整理、分析的能力（包括数学计算的能力）；

（4）随时发现数学问题、使用各种方式解决问题的能力；综合汇总、比较、评估的能力。

2. 英特尔未来教育

英特尔未来教育（Intel Teach to the Future）是英特尔公司为支持计算机技术在课堂上的有效利用而设计的一个全球性的培训项目。该项目的目标是对一线的学科教师进行培训，使他们懂得如何促进探究型学习，能够将计算机的使用与现有课程密切结合，最终使得学生能够提高学习成效。它是信息化教学设计成功的典范。其主要特点是采用问题设计的方法来完成教学，通过将计算机、网络等现代技术融入教学来加强学生的学习。此模式重在落实学生的主体地位和教师的主导作用。教师精心的教学设计和协作学习过程中对学生画龙点睛的指导，充分体现出教师主导、学生主体的有机结合。教师在教学过程中是真正的组织者、指导者、帮助者、促进者；学生则是问题的发现人，是疑问的解决人，是演示的操作人，是作品的创作人和剖析人，最终成为学习的主人。其主要内容包括以下几个方面：

① 策划单元计划，设计课程框架问题。教师在讲课前，根据单元教学目标，围绕着一个基本问题设计出若干个相关的单元问题。

② 给学生布置明确而具体的任务。通过“介绍我的单元”演示文稿，向学生阐明该单元的学习内容、学习目标、课程标准等。

③ 创建单元支持材料。单元支持材料即学生或教师在教学活动中需要用的 Word 文档或模板（如调查问卷、读书报告、观察报告、实验报告、教学进度等）。教师还要向学生提供一份《学生学习支持材料》，作为学生学习的支架。例如，一些文字资料、图片素材、网上资源的站点链接等。

④ 用 PowerPoint 创建学生多媒体演示文稿范例。在这里，教师要以学生的身份创建学生多媒体演示文稿来报告对课程问题的基本问题和单元问题的研究过程与结果。学生多媒体演示文稿范例和学生网站范例的创建实际上是为了向学生展示研究性学习活动的过程和方法，同时也为学生创建多媒体演示文稿和网站提供样板。

⑤ 创建学生多媒体演示文稿评价工具。该评价工具用来评价教学实施中学生创建的多媒体演示文稿。创建时要注意评价工具的可操作性。评价工具要从教学目标出发，它的设计非常重要，既是对学生学习的评价，也是对学生学习的引导和支持。

⑥ 评价单元计划。教师应用“英特尔未来教育”提供的单元计划项目评价量规对自己的单元计划项目进行评价，若有问题，应进行必要的修正。

⑦ 修改单元计划。在创建每一项作品（如学生多媒体演示文稿范例、学生多媒体评价工具、单元支持材料、学生网站范例、学生网站评价工具、教师支持材料等）后，教师都要修改单元计划（包括学习目标、课程标准、教学过程等）。单元计划是在教学设计过程中逐步修改、不断完善的。

✎ 课堂练习

表 2-7 是用“英特尔未来教育”的模式设计的教学设计方案《神奇的升力》，大家可以参考学习。

表 2-7 “英特尔未来教育”的教学设计方案

教案标题	神奇的升力		
所属学科	中学物理	适用年级	初中
对应教材	■有 □无		
覆盖范围	□单元 □课 □其他		
说明：（实施此教案所需的时间，如：45 min，4 h，1 年等）			
实施此教案需 2 天时间			

续表

概述（在这里简要地描述教学目标、实施过程、成果要求等内容）

气体压强与流速的关系的知识在日常生活和生产中都有广泛的应用，学生对与这些知识相关的物理现象较为熟悉，但对其道理却若明若暗，因此学生对这些知识有极强的求知欲望，这就给教师的发挥、调动学生进行探究教学打下了较好的基础。课堂上一方面通过互联网等的信息收集，开拓视野，扩展知识层面，广泛的信息源促进学生从感性认识开始逐渐升华，另一方面通过参与从生活走向物理科学探究活动，观察物理现象，归纳简单的科学规律。让学生真切地感受到科学的真实性，初步体验探索问题时的喜悦，领略它的美妙与和谐

涉及学科（在相关学科复选框内打勾）

说明：本教案所涉及的学科领域，建议不要超过4门学科

□思想品德	□语文	□数学	□体育
□音乐	□美术	□外语	□物理
□化学	□生物	□历史	□地理
□信息技术	□研究性学习	□社区服务	□社会实践
□劳动与技术	□其他		

学习目标：

说明：清楚地描述你希望学生在经过本阶段的学习后所能达到的具体目标

（一）物理学习目标：

1．了解气体的压强与流速的关系

2．了解飞机机翼升力产生的原因

3．了解生活中跟气体的压强与流速相关的现象

4．学会通过实验的方法研究物理规律

（二）能力目标：

1．通过活动和实验加强学生动手实践能力

2．提高学生信息素养，运用信息技术和资源来搜集、整理资料和独立研究问题的信息处理能力

（三）情感目标：

1．初步领略气体压强差异所产生现象的奥妙，获得对科学的热爱和亲近大自然的体验

2．培养学生用物理学知识分析解决实际问题的探索精神

3．在与他人沟通、交流的研究过程中，培养学生的团队精神和资源共享的现代意识

框架问题	基本问题	是什么让飞机能在天空翱翔
	单元问题	1．古人很努力想飞上天空，为什么不能成功 2．为什么空气能举起飞机 3．升力的原理在我们生活中还有哪些应用
	内容问题	1．流体是什么 2．流体的压强与流速有什么样的关系

过程（教学或学习过程）

说明：在这一部分，清晰地描述教学步骤以及相应的活动序列。请注意体现教学活动与框架问题的针对性并说明各活动所需的具体资源及环境。在用到自己制作的文档时，请注明文件名并设置相应链接。

单元教学过程：

第一阶段：

1．学生准备实施此单元计划所必需的计算机方面的知识和技能，包括互联网搜索及PowerPoint、FrontPage、Word、Excel等软件的使用

2．对学生分组，提出要求

第二阶段：

1．教师提出问题，让学生搜集古往今来关于飞机的资料

2．小组内相互交流，共享所搜集的信息，制作各自任务的PowerPoint演示文档

3．全班交流演示文档，集体讨论各小组的方案，引导学生认识神奇的升力

4．将问题拓展到升力的原理，并让学生通过网络资源、图书资料进行查找，获取实际资料，并整理分析，了解流体压强与流速的关系。同时，学生初步建立网站

续表

过程（教学或学习过程）	
第三阶段： 1．在课堂上通过一系列的物理实验来验证规律，让学生围绕流速与压强的关系设计飞机的机翼，通过演讲阐述自己的认识与看法，教师加以评点 2．教师将该流速与压强关系的规律扩展至生活的其他方面，通过学生分组搜索，集体讨论整合，进一步提高学生对自然科学的兴趣。预留时间让学生完成网站建设 第四阶段： 1．讨论修改评价量规，共同评定小组成果 2．根据评定结果再评出“最有创意”“最佳制作”“团结合作”“观点鲜明”研究小组 学生多媒体演示过程： 学生的演求文稿可以单独完成，也可以小组合作，至少包含有 6 张幻灯片，要求学生能清晰地表达自己的寻找历程，把寻找的结果展现给大家 学生网页学习过程： 学生制作网页以小组为单位，一方面进一步加强培养团队合作精神，另一方面通过网页向外发布，可以共享信息资料，体现这次活动的成果，他人也可以通过网页向小组提供信息	
所需资源	
说明：在这一部分介绍可以用于帮助学生完成学习任务的材料或参考网址（建议在每个网址后写上一句话，简要介绍该网站适用于本教案的内容）	
印刷材料	
参考网址	1．http://baike.baidu.com/view/19405.htm（飞行器） 2．http://www.sirenji.com/article/201309/41439.html（飞行物理常识） 3．http://www.kepu.com.cn/gb/beyond/aviation/knowledge/index.html（中国科普博览/航空知识） 4．http://baike.baidu.com/item/%E6%B0%B4%E7%BF%BC%E8%89%87/6916027（水翼艇）
其他	
评价方法或工具	
说明：说明在本教案的实施过程中将用到哪些评价工具，如何评价，以及目的是什么。请注明这些评价工具对应的文件名并设置相应链接	
对学习过程或活动	
对学习成果	
其他评价	
作品集路径说明	
说明：按以下文件夹结构存放你所提交教案的各个文件，并建立相应的链接，以方便评审专家进行评价。教案提交者可以在以下文件夹结构的基础上增加所需行，以便将文件的位置如实表现出来，但不得删除。如在所列文件夹下不存在文件，则只需填“无”即可	

文件夹名		内含文件名	内容概要
student_samples	Stu_ppt		
	Stu_pub		
	Stu_web_site		
unit_support	evaluation_tools		
	student_support		
	teacher_support		
	unit_plan		
student_outcomes	Stu_ppt		
	Stu_pub		
	Stu_web_site		
design_report			
Practice_report			

学习了信息技术支持下的教学设计过程，你会编写信息技术支持下的教学设计方案了吗？让我们来试试吧。

✐ 课堂练习

结合本章的内容，全班5人为一个小组，协作完成一份教学设计方案。选择中小学教材中的任意一课或者一个教学单元，编写一份信息技术支持下的教学设计方案。

方案评价：按照《教学设计方案评价量表》，将上面活动中设计的信息技术支持下的教学设计在小组间进行评比。最终推选出3份优秀的教学设计方案，在全班展示。

2.3　学以致用——信息技术支持下的教学设计在教学中的应用

学完了教学设计和信息技术支持下的教学设计，小方老师已经基本上会进行教学设计了。小方老师想，前面学习了这么多教学设计案例，似乎也没有统一的格式，那实际编写教学设计方案的时候按照怎样的格式呢？这里要注意，课堂教学设计方案没有统一的格式，大家可以根据自己的习惯和爱好选择、设计相应的格式。下面就为大家展示几种典型的课堂教学设计案例，供大家参考。

2.3.1　多媒体辅助以"教"为中心的课堂教学设计案例

《大河之舞》教学设计

【整体思路设计】

《大河之舞》是爱尔兰著名的大型歌剧，也是风靡全球的踢踏舞经典之作。根据五年级学生的年龄特点和知识水平，把踢踏舞的节奏作为主脉贯穿整个课堂。

在整首舞曲中，同样的旋律在不断地重复着。但每一次旋律出现的时候，舞蹈演员都会采用不同地踢踏方式，舞步越来越快，节奏变化越来越丰富，这也让欣赏者的情绪随之越来越兴奋，越来越激动。在整个教学中，设计了感受节奏——表现节奏——创造节奏——成品展示这一层层递进的过程。在这个过程中，舞曲的旋律总在学生的耳边不断回响，同时也达到了记住舞曲主旋律的目的。

本节课选用了小提琴作为课堂教学乐器，既尊重了原曲本身就是由弦乐演奏这一特点，也便于师生之间进行更加密切的交流。

力求让学生通过本节课的学习，能够真正喜欢踢踏舞这一艺术形式，为课后进一步欣赏、探究这部大型的艺术盛宴做好一个入门的引子。

【教学目标】

1．感受踢踏舞的热烈情绪，在欣赏旋律的同时体会节奏变化带来的快感。

2．能够积极主动地表现、创造音乐节奏。

【教材与学情分析】

《大河之舞》是人民教育出版社出版（以下简称人教版）的义务教育课程标准实验教科书五年级上册第四单元内容。它是一部精彩绝伦的舞蹈作品，其结合了踢踏舞、音乐与歌剧的艺术形式，以传统爱尔兰民族特色的踢踏舞为主，融合热情奔放的西班牙佛拉门戈舞，并吸取古典芭蕾与现代舞的精华，共同营造出一场气势如宏、异彩纷呈的佳作。学习者为五年级学生，在之前对西班牙舞蹈的基本理论内容有一定的基础知识。

【教学重点】

1. 听辨舞步的节奏变化。
2. 跟随音乐即兴敲击节奏。

【教学媒体及资源】

1. 踢踏舞视频、图片、多媒体课件。
2. 小提琴、计算机、投影仪、音响等。

【课时安排】共计1学时。

【教学过程】

1. 课前游戏——模仿节奏的游戏。

设计思路：通过模仿节奏的游戏，拉进师生之间的距离，并将新授的部分节奏作了一个有效的渗透。

2. 组织教学——师生问好。

3. 听辨导入——播放踢踏舞录音，学生猜声音。

设计思路：用猜声音的方式激起学生的好奇心和求知欲，强化学生对新知识的需求。

4. 简介踢踏舞的发展，出示课题。

（1）踢踏舞起源于18世纪，是当时的美国黑人在闲暇时做的一种脚下的游戏。

（2）这种游戏被越来越多的美国人所喜欢，到了19世纪，踢踏舞被正式搬上了舞台。

播放美式踢踏舞视频，让学生谈感受。

播放杨丽萍的《雀之灵》，学生观察并谈出两种舞蹈的区别。

（3）目前，踢踏舞已经风靡全球，它影响了世界上许多国家的舞蹈，但最为著名的就是爱尔兰的《大河之舞》。

设计思路：首先，让学生知道踢踏舞最初是玩出来的，这使孩子们更乐于接受这种艺术形式，并使他们情绪放松，为后面的即兴创编做好铺垫。其次，通过观察美式踢踏舞，并与《雀之灵》相比较，引导学生谈出美式踢踏舞是自由、随意的风格；踢踏舞非常注重脚下的节奏变化；踢踏舞演员不仅仅是舞蹈的表演者，同时也是舞蹈音乐的演奏者。

（4）《大河之舞》的“大河”指的是爱尔兰的里菲河。里菲河是爱尔兰民族的母亲河，就像我们中华民族的黄河一样。

设计思路：介绍里菲河，通过音乐让学生了解相关文化。

5. 欣赏《大河之舞》经典片断。

（1）感受舞蹈内容

整体感受：播放《大河之舞》。学生思考并谈论这段爱尔兰踢踏舞带来的感受，以及与美式踢踏舞的区别。

感受旋律：老师用小提琴演奏主旋律；学生跟随琴声哼唱旋律；听音乐，找出主旋律在舞曲中一共出现了几次。（6次）

设计思路：课堂上，学生只要能够跟随教师的琴声把这段旋律用“la”音模唱下来即可，不需要演唱乐谱。选用小提琴作为课堂乐器，是出于两点考虑：①这段旋律本身就是弦乐演奏的；②小提琴很便捷，可以走到学生中间演奏，更加激发学生的学习兴趣。

（2）表现踢踏舞的节奏

旋律在不断重复着，但每一次音乐的出现，舞蹈演员都采用了不同的步伐，因此也让我们产生了不同的感受。

① 听辨旋律出现的前 4 次，舞蹈演员分别踏出了哪些节奏。

设计思路：课件中的图谱很形象地展示了旋律出现的前 4 次舞步的变化，通过图谱可以很直观地看出，节奏越来越丰富，速度越来越快。

② 按照旋律的节奏用接龙的方式敲击第五次和第六次出现的主旋律。

第五次：每小组敲击两个小节，4 个小组循环 1 次。

第六次：每小组敲击一个小节，4 个小组循环 2 次。

教师一边拉小提琴，一边引导学生敲击旋律的节奏。

③ 即兴创造节奏。听音乐，学生即兴敲击，全班形成多声部节奏的演奏。

设计思路：创设平台让学生自由、大胆地创编节奏，提高学生的学习兴趣，让学生在玩的过程中获得快乐和成就感。

【成品展示】

跟随《大河之舞》视频，全班共同表演。（拍手—跺脚—跳简单舞步—拍桌子）

设计思路：拍手—跺脚—跳简单舞步—拍桌子这一连串越来越激烈的表达方式，使学生体会到观众的情绪随着踢踏节奏的变化，越来越兴奋，越来越激动。

向学生介绍这部大型舞剧还融合了许多其他艺术元素，如歌剧、音乐、弗拉明戈舞、芭蕾及现代舞的精华，鼓励学生课后到网上下载完整的视频进行观看。

【拓展内容】

播放西藏踢踏舞《扎西德勒》。学生一边谈感受，一边随音乐拍击节奏。

设计思路：一段藏族踢踏舞不单单是让学生产生一种民族自豪感，更是让他们知道踢踏舞还有许许多多的知识等待着我们去探究。

【课堂小结】

今天，我们共同感受了踢踏舞带给我们的热情与快乐。

为学生提供“踏破铁鞋”网站网址：http://baike.baidu.com/view/36113.htm。

设计思路：学生在课后可以继续浏览观看有关踢踏舞的更多知识和最新的发展动态，有效地将课堂内容延伸至课堂以外。

学生踏着踢踏舞的节奏走出教室。

【自我点评及教学反思】（课后完成）

这节课首先树立了“踢踏舞是舞者在奏乐”的观点。老师根据小学五年级学生的年龄特点和认知特点，避开踢踏舞的舞蹈学习这一难度较大的知识点，根据学生的兴趣点以及踢踏舞所特有的节奏特点，本着由浅入深的原则，把节奏作为本节课学习的切入点，以节奏为主线，围绕孩子对踢踏舞节奏的感受和体验、模仿参与、团结协作和创造拓展进行教学设计。在整个教学过程中，不只是让学生感受了节奏、表现了节奏、创造了节奏、组合了节奏，而且是通过节奏的学习聆听了音乐、学习了音乐、了解了音乐。课堂环节清晰，设计合理，教具运用准确，真正做到了在教师和学生共同的、不断的修正中，达到教学目标。

教师善于等待学生，等着学生发现问题，然后带领学生一起去解决问题。教师整节课都能够及时关注到学生的表现和感受。教学设计符合音乐的特点，适合学生的年龄特点，学生始终在浓厚的音乐氛围中有序地进行着音乐的活动、音乐的创造，是音乐在引领着老师和学生。新的课程教学理念已经转化成教师的教学行为。在这种教学行为中，可以看到孩子在这个过程中体验着、创造着快乐，这种快乐在孩子们走到台下的时候还在延续着。

教师以小提琴演奏、伴奏和学生敲击节奏的方法，让学生真切地感受和体验了节奏在音乐中的重要作用。教师高超的小提琴演奏和与学生近距离的情感交流，营造了良好的学习氛围，激发了学生的学习兴趣，使学生的参与性和能动性得到极大增强。用手替代脚，由不会到会，很快准确地敲打出《大河之舞》的强烈节奏，深深地感受到音乐艺术的强大魅力。这节课小提琴作为课堂教学乐器的选用，既尊重了由弦乐演奏的原曲，又利用了它操作灵活的特点，在师生之间架起了一道音乐沟通的桥梁，使教学目标一步步实现，取得了近乎完美的效果。

中国藏族踢踏舞《扎西德勒》的呈现，既拓展了本课知识，又开阔了学生视野，还巧妙地增强了学生的民族自豪感和对踢踏舞的学习兴趣，为学生的自我发展起到了很好的引导作用。

课堂练习

请同学们分析以上《大河之舞》的教学设计案例，回答在本案例中多媒体是如何体现和应用的。

2.3.2　以“学”为中心的教学设计案例（表 2-8）

表 2-8　“机械的基本电气控制电路”课堂教学设计

学科 ________	授课班级 ________	学校 ________	教师姓名 ________
教学分析与目标设计			
章节名称	第六章　工作机械的基本电气控制电路	计划学时	2
学习内容分析	主要授课内容为工作机械电气控制电路，建立电气控制电路图等。根据实际情况，将教材 130 min 内容压缩为 2 课时，学生对实物熟悉也比较感兴趣		

续表

学习者分析	整体分析：授课对象为在校大学生，思维敏捷、分析能力强，有学科专业水平，有些人已经熟练掌握了计算机多媒体的知识和操作能力，但多数还不够熟练 个体分析：个体状况参差不齐，这是因为少数人对本课程内容所述方法已有了较好的操作功底，还有少数人不懂得操作，大部分人一知半解
教学目标	知识与技能目标： （1）了解教育电能的分配、使用和控制应用 （2）了解掌握的电动机的控制电路 （3）安装电力拖动控制：启动、正反转
	过程与方法目标：（应用创新） （1）体验利用本课知识收集、甄别、整合、应用与工厂车间相关实验资料的操作过程 （2）通过合作交流、相互帮教活动，调整个体操作水平参差不齐的矛盾，研究更简易有效的电动机控制方法
教学目标	情感态度和价值观：（社会责任） （1）形成良好高校的获取电能、电工学知识的习惯 （2）使不同学科、不同水平的学生通过本节课的学习均能受益、有效实现实际操作问题 （3）乐于表达自己的观点，愿意谈论自己的好朋友，善于沟通、交流、分享
教学重点及解决措施	重点是操作技能和能力：安装电动机电力拖动控制电路 解决措施：给出相应任务，动手操作体验
教学难点及解决措施	针对不同的作业任务，如何快速高效的掌握电动机控制理论，安装电动机电力控制电路的方法。 解决措施：小组交流操作体会，总结归纳最有效的方法
依据理论	做中学、基于问题的学习、自主学习、小组合作学习、任务驱动式学习

信息技术应用选择

知识点	学习水平	媒体内容与形式	使用方式	使用效果
基本控制环节组成	用归纳思维方式理解低压电器分类及特点	多媒体教学课件	利用计算机网络	形象直观 一目了然
自锁、连锁	掌握利用电机的自锁、连锁控制	文字、图片等素材	利用挂图、课件	快捷、准确、可靠、直观
电气控制图	熟练掌握电机控制的原理和安装方法	实验、动手操作	利用实物、平台显示内容	快捷、直观、感染力强

教学设计过程

教学环节	教学内容	时间 /min	教师活动	学生活动	设计意图
导入	幻灯片展示教学实物，进行教学导入	5	协作、引导、展示	带着问题进入本课学习	任务驱动
知识点 1：低压电器	转入第 1 步，组织研讨，交流日常生活中所使用的低压电器	15	以 PPT 举例，列举常用低压电器的类别及特点	小组研讨，填写表格，并派出代表演示成果	让学生了解低压电器的作用分类
知识点 2：控制电器	转入第 2 步，组织研讨，交流车间内控制电器的使用方法	20	以 PPT 列举使用方法，引导学生讨论	小组研讨，填写表格，并派出代表演示成果	让学生了解控制电器的使用方法
知识点 3：自锁、连锁	转入第 3 步，首先将模块建立电动机启动控制，本节讲授	15	以 2 个实例导学，引导学生举例	学生研讨，交流使用实物方法，并动手操作	让学生了解自锁、连锁电气控制
知识点 4：	转入第 4 步，参照实物示例样式，建立电气控制电路图	25	板书、挂图、实物、实验	小组动手操作、演示集体成果	掌握识读电气控制电路图方法
课堂提问、交流讨论	就课内所涉及的教学中的相关问题，请学生提出，引发大家展开讨论并思考	8	组织、引导、提问	课堂拓展，解决问题，主要就教学与资源提问、研讨	解决一些教学实际问题、引发理性思考

续表

教学设计过程					
本课小结	总结本课内容，并对全体学生的学习情况做出初步评价	2	对学生的学习做出初步评价，归纳知识点，并布置作业	完成课后作业	提升学习思维
课堂教学流程图	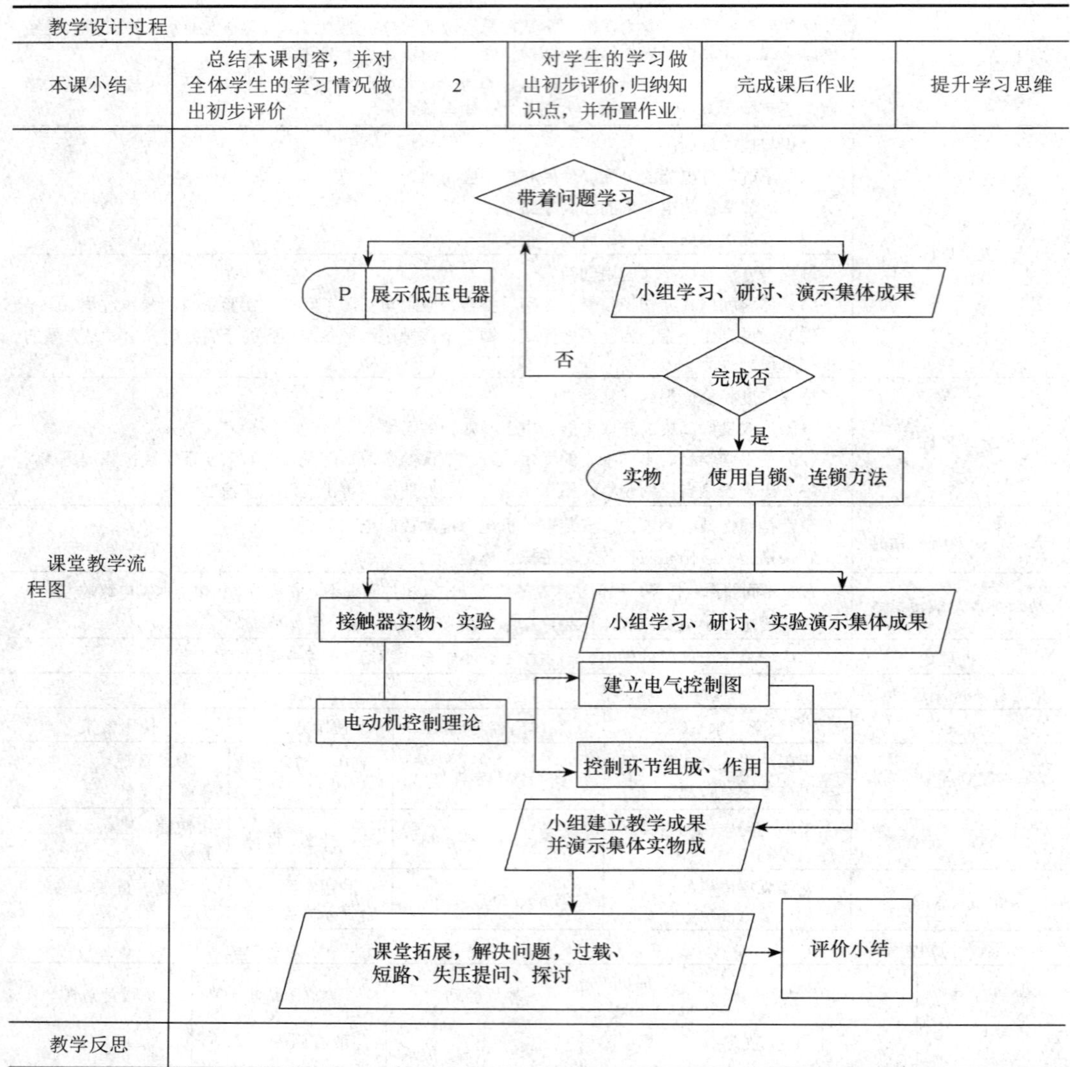				
教学反思					

2.3.3　基于网络资源学习的教学设计案例

基于网络资源的“摄影与图像处理”课堂教学设计

【教学内容】摄影与图像处理。

【教学目标】正确理解拍摄曝光；掌握数码相机的拍摄技巧（曝光、用光和景深）。

【教学对象】大学本科教育技术学专业。

【教学过程】

1. 教师提问

（1）曝光量对影响质量产生什么影响？

（2）拍摄曝光量的多少会受哪些因素影响？

（3）光圈和快门分别具有什么作用？确定光圈系数和快门速度应该考虑哪些因素？

（4）影响景深的因素有哪些？影响规律如何？

（5）设置数码相机的感光度高低主要考虑哪些因素？

2．学生带着问题在线学习

摄影专题网址：http://www.fengwiao.com/

摄影教学网址：http://www.sheyou114.com/

3．学生回答问题

每个学生使用电子文档写出所有问题答案。

4．分组选择一个讨论对象

人们对影像画面构图有什么共性要求？

采用不同的受光方向（顺光、测光、逆光）各有什么特点？在拍摄时，要注意什么问题？

不同的拍摄距离（景别）；拍摄方向，拍摄高度（镜头的仰、平、俯），画面各有什么特点？

前景和背景在拍摄中各有什么作用？

运用前景和背景各需要注意什么问题？

5．小组汇报

以小组为单位对所选问题做出演示文稿并讲解。

6．教师小结

学习资源

摄影学习网址：http://www.fengwiao.com/

摄影教学网址：http://www.sheyou114.com/

摄影构图网址：http://www.fsbus.com/

专题摄影网址：http://academy.fengniao.com/tlist.html

7．作品展示

✎ 课堂练习

请同学们结合上面的案例，分析基于网络资源学习的教学设计对教师、学生、教学环境有哪些要求，适合哪个阶段的教学？

2.3.4 基于翻转课堂的教学设计案例

随着翻转课堂的不断发展，在课堂教学中逐渐形成了较为成熟的翻转课堂学习模式。在学习基于翻转课堂大家教学模式之前，先来了解一下翻转课堂的基本知识。

传统的教学模式是老师在课堂上讲课，布置家庭作业，让学生回家练习。与传统的课堂教学模式不同，在翻转课堂式教学模式下，学生利用教师提前录制好的教学视频在家完成知识的学习，而课堂变成了老师与学生之间和学生与学生之间互动的场所，包括答疑解惑、知识的运用等，从而达到更好的教育效果。传统教学模式在课堂上学习知识，在课外内化知识，而翻转课堂将传统课堂翻转，在课外学习知识，课堂上内化知识。

翻转课堂和传统课堂相比，具有以下特点：

第一，学生的学习过程在课外利用教学视频来完成，教学视频要短小精悍。

第二，在教学视频中，教学信息以比较清晰明确的方式呈现。

第三，重新建构学习流程。传统课堂中，学生的学习过程由两个阶段组成：第一阶段是“信息传递”，是通过教师和学生、学生和学生之间的互动来实现的；第二个阶段是“吸收内化”，是在课后由学生自己来完成的。由于缺少教师的支持和同伴的帮助，“吸收内化”阶段常常会让学生感到挫败，丧失学习的动机和成就感。“翻转课堂”对学生的学习过程进行了重构。“信息传递”是学生在课前进行的，老师不仅提供了视频，还可以提供在线辅导；“吸收内化”是在课堂上通过互动来完成的，教师能够提前了解学生的学习困难，在课堂上给予有效的辅导，同学之间的相互交流更有助于促进学生知识的吸收内化过程。

第四，复习检测方便快捷。学生观看了教学视频之后，是否理解了学习的内容，视频后面紧跟着的4～5个小问题，可以帮助学生及时进行检测，并对自己的学习情况作出判断。教学视频另外一个优点，就是便于学生一段时间学习之后的复习和巩固。

了解了什么是翻转课堂及特点之后，通过下面的案例来看看翻转课堂如何设计。

《激素调节》第二课时教学设计

1. 教学内容分析

本节内容是人教版《生物学》七年级下册第四单元第六章“人体生命活动的调节”中的第四节，人体生命活动的调节是由内分泌系统和神经系统共同完成，这部分内容是在前面的“人体的神经调节”的基础上，主要介绍人体主要的内分泌腺及其分泌的激素，重点介绍几种主要激素调节生命活动的意义。教材将激素调节放在本章的最后，目的是强调人体生命活动主要受到神经调节的影响，其次才是激素调节，使学生对“人体生命活动的调节”全章内容有一个更加全面和深入的认识。

2. 教学对象分析

（1）一次学情分析——教学准备前

在学习本节课之前，学生大多已进入青春期，身体发生了明显的变化，对于性激素的有关知识有所了解，加上对日常生活中一些现象有强烈的好奇心，对激素调节具有很强的求知欲望，学习的主动性较强。学生对激素调节虽有一定的认识，但对人体激素如何参与生命活动的调节却知之甚少，还缺乏一定的抽象思维、逻辑思维能力，这需要教师使用一定的手段将抽象问题直观展示，由浅入深地引导学生对这个问题的思考，潜移默化地渗透思维训练，培养学生的高阶思维能力，有效突破难点达成目标。

通过一个多学期的培养，学生的阅读能力、自主学习能力和提出问题的能力都有所提高，可以顺利完成云课堂中的自学任务并提出有价值的问题，可以开展翻转课堂教学。但学生设计探究实验的能力还需要进一步培养，无法独立完成关于"尝试设计对照实验，探究某种激素功能"的教学目标，需要教师在课堂中组织小组合作探究活动实现这个目标。

（2）二次学情分析——课堂活动前

通过学习平台生成的反映自然状态下学生自主学习轨迹的大数据，发现学生对本节课内容非常感兴趣，自主学习效率较高，基本能掌握人体内分泌腺的种类和分泌的激素。但通过分析自测数据发现，部分学生在准确判断腺体类型及主要激素的功能方面遇到一定的困难，题目失分率较高，需要教师在课堂活动中加强引导。此外，学生在激素调节与神经调节的关系方面也存在一定的疑惑，可通过引导学生举出实例进行分析，解决此难点。

3．教学目标

（1）知识与技能

① 说出人体内分泌腺的特点、种类和它们所分泌的激素。

② 举例说明人体激素参与生命活动的调节。

③ 举例说明激素调节与神经调节的关系。

（2）过程与方法

① 能运用列表比较的方法分析内外分泌腺的区别、主要激素的功能及分泌异常的表现。

② 通过模仿临床观察和尝试设计对照实验，体验探究激素功能的基本方法，增强小组合作意识。

（3）情感态度与价值观

① 树立敢于质疑、勇于创新的科学态度。

② 通过了解班廷和胰岛素的故事，使学生感受到科学研究的伟大成就和科学家勇于探索、不为名利的科学精神。

③ 通过了解部分激素分泌异常时的表现，增强同学们珍爱生命的意识。

4．重难点

（1）教学重点

① 人体内分泌腺的特点、种类和它们所分泌的激素。

② 几种激素的主要功能及分泌异常时的表现。

（2）教学难点

根据一次学情分析确立的难点（教学准备前分析）：

① 人体的激素参与生命活动的调节。

② 尝试设计对照实验，探究某种激素的功能。

根据二次学情分析确立的难点（课堂活动前分析）：

① 根据内外分泌腺的特点判断腺体类型。

② 胰岛素的主要功能及分泌异常时的表现。

③ 激素调节和神经调节的关系。

5. 教学方法

课前微课中内容的呈现主要运用言语传递法，通过讲解或提问引导学生深入思考。对于本节课的重点内容——内分泌腺的功能和缺乏症，借助精选的图片和资料，运用形象感知法、启发法和实例分析法来引导学生获取知识。

课堂活动中，主要采用自主合作探究法，通过组织小组讨论学生课前提出的疑难问题以及尝试设计探究实验，充分发挥学生的主观能动性，促使学生在学习中解决问题，培养学生团结协作的精神以及分析解决问题的能力。同时，还穿插使用游戏教学法，以游戏的形式教学，使学生在轻松的氛围中，在欢快的活动中，甚至在激烈的竞争中，不知不觉地内化巩固所学知识，有效集中学生注意力，活跃课堂气氛，大幅提高课堂效果。

6. 教学过程

【课前自学阶段】

活动 1 **【讲授】**自主学习任务

利用教材或教师提供的学习资源进行自主学习。

（1）人教版七年级下册第 96～100 页。

（2）《激素调节》系列微课。

根据对教学目标的分析及学情分析，教师录制了 3 个微课分别解决“内分泌腺的特点和种类”“激素的作用”“神经调节和激素调节的关系”的知识点。

（3）自主学习任务单。

活动 2 **【测试】**自学检测

自学测试题一共 12 道选择题，学生可以直接在云平台上通过单击正确答案完成测试后立刻显示分数和正确答案，供学生了解自身的学习达成度及调整自学策略。所有习题都是教师根据知识点精心挑选的，学生的完成度可以体现出他们在某一知识点上的漏洞和误区。

活动 3 **【作业】**提出疑问

通过平台向教师提出自学过程中的疑惑。

【课堂教学阶段】

教学活动:

活动 1 热身游戏导入课程

（1）组织游戏活动：我说你指你最棒。

学生两人一组跟教师一起拍手，教师按节奏喊出“我说你指你真棒，我说你指甲状腺”每次说到腺体的名称，学生要立刻手指身体相应位置并说出激素名称，慢者被淘汰，幸存者获胜。

（2）教师引导同学们思考：人体参与这项活动时，主要受到哪个系统的调节？根据学生的回答，人体的生命活动主要受到神经系统的调节，还受到激素调节的影响。引出本节课题《激素调节》。

设计意图：通过热身游戏迅速激活学生思维，激发学习兴趣和热情，以饱满的状态迎接课堂学习。值得一提的是，此游戏还对应“内分泌腺的种类和激素”的教学重点，教师通过学生游戏中的表现可以迅速掌握学情，学生也可以通过游戏巩固课前所学。

活动2　超级自习室——自学情况反馈

同学们在课前已经在云课堂里完成了自习，我们来到超级自习室里看一下自习情况。

（1）教师查看学生课前上传到电子书包作品库的自学笔记，选出具有示范作用的笔记推送到学生端供学生浏览学习。

（2）组织学生谈自学收获，教师板书梳理本节课知识框架。

（3）展示学生疑问和自测题反馈，将问题按照知识点归类。

设计意图：此环节是为了对翻转课堂的自学阶段进行有效的反馈，分清楚哪些学生已经掌握，哪些还存在问题，为接下来的课堂活动做好准备、找准目标。另外，因学生在课前主要利用微课进行碎片化学习，知识较为零散，非常有必要对知识进行梳理，理顺知识点之间的关系。

活动3　互助讨论区

教师将自学反馈通过电子书包推送给学生，组织学生通过小组合作就课前学习发现的问题按照知识点归类进行讨论，找出疑问背后的知识，用学到的知识解决问题。

根据问题不同，教学过程以及教师引导策略有所不同，但基本的疑问解决过程分成以下几类：

类型一：学生通过讨论已经解决了相关问题，能挖掘出问题背后的知识点。

关于胰岛素为什么不能口服的问题，学生已经了解到胰岛素的成分是蛋白质，很快就给出了答案。教师进一步提出问题：你能想到什么方法可以让胰岛素口服吗？这是一个知识与生活联系的应用类目标，并且也是科学领域正在解决的真实问题。通过教师的引导，学生做出猜测并说出理由，极大地锻炼了学生的思维能力和创新能力。此后，教师又引导学生通过互联网查阅相关资料，学生的猜测得到了验证，成就感油然而生。教师适时进一步将科学精神传达给学生。

类型二：学生通过讨论可以根据学到的知识解决相关问题，但没有答出关键点。

关于神经调节和激素调节的特点，学生可以答出它们之间的关系，能根据自己的理解说出神经调节的作用更大，教师顺势点拨“大”或者“小”表现在哪些方面，引导学生通过实例分析得出神经调节更快速高效但短暂的结论。

类型三：学生通过讨论无法解决的问题，或者只能说出结果讲不出原因。

关于胰岛素为什么能降低血糖，学生只能说出胰岛素具有调节血糖的作用，却说不清楚具体缘由。教师通过补充资料，深入浅出地讲解胰岛素的每一种调节作用所起的效果。

设计意图：通过小组合作探究，将课前疑问各个击破，学生可以解决的由他们自行解决，不能解决的在教师引导点拨下查阅相关资料解决，体现了以学生为主体的教学思想。在整个过程中，教师注重引导学生对问题背后的知识点进行分析，并适时强调重难点，体现了教学的目标性和有效性。

活动4　科学实验室——探究能力提升

教师提出任务，请学生设计对照实验验证甲状腺激素能促进蝌蚪的生长发育。

（1）提出问题：甲状腺激素能促进蝌蚪的生长发育吗？

（2）做出假设：甲状腺激素能促进蝌蚪的生长发育。

（3）制订计划：①准备实验材料；②控制变量的方法。

小组合作通过 Flash 动画完成模拟实验设计，分析变量的控制方法，掌握探究实验设计的一般原则。

（4）实施计划：观察 Flash 动画出示的模拟实验结果。

（5）得出结论：甲状腺激素能促进蝌蚪的生长发育。

（6）表达与交流。

设计意图：教师在教学准备时考虑到现有的实物条件不具备后，发挥自身优势根据科学原理设计了模拟实验动画，学生可以按照科学探究实验设计的一般步骤，利用动画提供的虚拟实验材料完成探究实验设计和模拟实验，Flash 动画的互动性和趣味性大大提高了学生的学习体验，快速掌握设计实验的一般原则，突破本节课难点。

活动 5　开心游乐园——游戏巩固训练

游戏一：抽图判断游戏

两人一组，利用教师自己设计的抽图 Flash 随机抽取人体腺体，向同伴说出腺体类型及分泌物，轮番完成，说错停止，全班 PK 1 min 完成次数。因此部分内容既难又枯燥，使用游戏可以激发兴趣同时巩固。

设计意图：此游戏是围绕“根据内分泌腺的特点判断内外分泌腺”这个学习目标设计的，这也是学生学习过程中的难点。学生通过随机抽图，快速判断内外分泌腺，在与同伴的良好互动下，用游戏活动调动起学生参与学习的热情和积极性，让学生在轻松、愉快积极的环境下进行学习，促进知识内化，突破难点。

游戏二：小医生日记 Flash 游戏

学生作为实习医生在医院内分泌科实习，患者进来看病，医生要根据患病原因判断疾病，正确加分，限时 1 min，按照积分升级，最高等级为医院院长。

设计意图：此游戏是围绕“说出几种激素的主要功能及分泌异常时的表现”这个学习目标设计的，这部分内容较多，记忆起来较枯燥。通过游戏中的角色扮演活动，学生可以将琐碎的知识点一一内化。通过这部分知识点的内化过程，学生能体会到激素在参与生命活动调节中的重要作用，有效突破本节课重难点。

游戏三：丛林射手

电子书包内置的游戏练习，根据本节课的学情分析设置的 5 道达标测试题，全部答对者即可通关。教师 Pad 可以及时收到反馈数据，再有针对性进行指导。

设计意图：利用电子书包平台内置的游戏练习，将达标测试题用游戏情境进行表现，大大提高了学生的兴趣和做题体验。同时电子书包平台可以将学生做题数据第一时间反馈给教师，可以快速掌握学生本节课的知识目标达成情况，评价学生的学习效果。

活动 6　总结收获目标达成

出示本节课学生需要达到的学习目标，先给学生 30 s 时间静心反思，然后通过投票功能统计学生对自己目标达成度的评价并分析，鼓励学生进一步开展学习活动。

设计意图：以学生为中心的教学要求课堂评价应是多种评价方式的有机融合，教师评价与学生评价相结合，以学生评价为主。基于上一个游戏练习中对学生效果的评价，本环节安排了学生自评活动，学生通过反思和自评的过程，能够根据自己的学习效果调整相应学习行为和学习策略，对其学习能力的提升促进效果明显。

✐ 课堂练习

请同学们 5 人一组，分组讨论以下两个问题:

1. 翻转课堂是从国外引入的，它是否适合中国的教育现状呢?
2. 翻转课堂适合哪个阶段的学习过程呢?

学习总结与反思

1. 知识要点

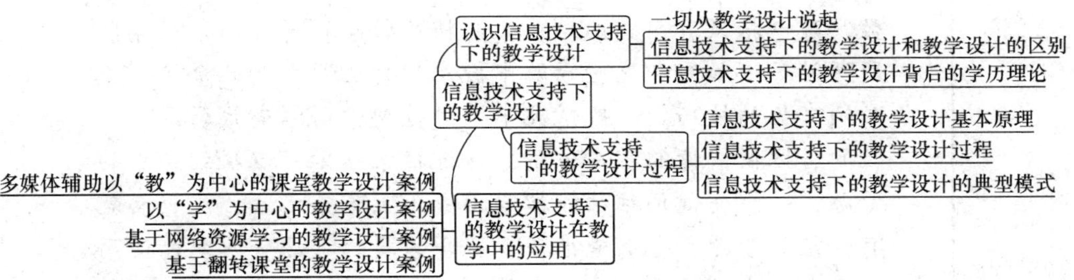

2. 反思

请在这里写下你对于本章内容的疑问、思考、收获……

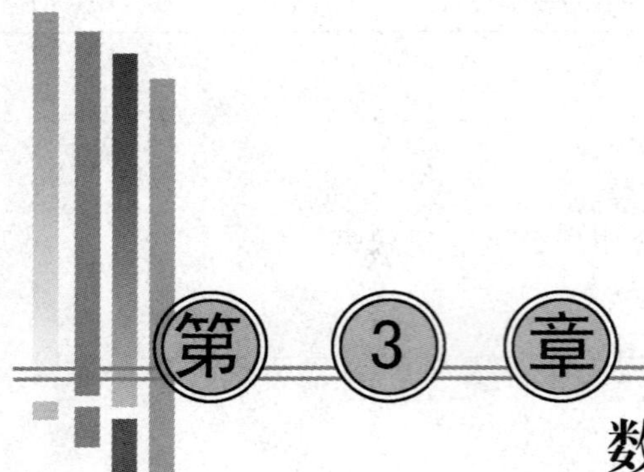

第3章 数字化教学资源的检索与获取

在教学中使用的资源，通常可以通过教育教学专业网站和资源网站高效地找到。目前互联网上中小学教学资源网站数不胜数，既包括教育门户网站，又包括各种学科资源网、教学网、主题网站……如何在这些资源中检索到自己所需要的资源，是教师必须掌握的技巧。一般情况下，通过搜索引擎查找资源是一种有效的、方便快捷的常用方法。通过搜索引擎可以找到大量的教育资源，一个关键词往往能搜索出成千上万条记录，这里面既包括有价值的资源，也有着很多不符合需要的资源，所以，使用者需要学会更有效地使用搜索引擎，或另辟蹊径寻找合适的资源。本章主要介绍基于搜索引擎检索和下载教学资源的技巧和方法。

【学习目标】

1. 了解搜索引擎的原理。
2. 掌握数字化学习资源的检索方法。
3. 掌握文本、图形、声音、视频等数字化资源的下载。
4. 学会使用计算机有效组织和管理学习资源。
5. 掌握利用网络学习平台等方式交流、共享学习内容的过程。
6. 了解数字化学习资源的评价机制。

引 言

在学习信息技术支持下的教学设计的相关内容后，小方老师认为，信息技术的支持不论从教学手段、过程和结果方面都极大地促进了自己的教学，但她又面对一个新问题，如何才能有效地获取这些信息技术资源来支持教学？网络资源丰富多彩，有没有更好的方法来帮助小方老师呢？带着这些问题，我们一起来学习数字化教学资源的检索与下载方法。

3.1　数字化教学资源的检索

数字化教学资源是指经过数字化处理，可以在多媒体计算机及网络环境下运行的多媒体教学材料。按信息的呈现方式划分，数字化教学资源可分为数字化图文、数字化音频、数字化视频、数字化网上教学资源等。

3.1.1　搜索引擎

1. 什么是搜索引擎

搜索引擎是指根据一定的策略、运用特定的计算机程序从互联网上搜集信息，在对信息进行组织和处理后，为用户提供检索服务，将与用户检索相关的信息展示给用户的系统。搜索引擎包括全文索引、目录索引、元搜索引擎、垂直搜索引擎、集合式搜索引擎、门户搜索引擎与免费链接列表等。百度（http://www.baidu.com）和谷歌（http://www.google.com）是搜索引擎的代表。

2. 全文搜索引擎

全文搜索引擎是目前广泛应用的主流搜索引擎。它的工作原理是计算机索引程序通过扫描文章中的每一个词，对每一个词建立一个索引，指明该词在文章中出现的次数和位置，当用户查询时，检索程序就根据事先建立的索引进行查找，并将查找的结果反馈给用户的检索方式。这个过程类似于通过字典中的检索字表查字的过程。

3. 目录索引

目录索引，顾名思义就是将网站分门别类地存放在相应的目录中，因此用户在查询信息时，可选择关键词搜索，也可按分类目录逐层查找。

在默认搜索模式下，一些目录类搜索引擎首先返回自己目录中匹配的网站，如国内搜狐、新浪、网易等；而另外一些则默认为网页搜索，如 Yahoo。

4. 元搜索引擎

元搜索引擎（meta-search engine）是在前述搜索引擎基础上建立的可以同时查询多个搜索引擎的 WWW 站点，其英文原意是“搜索引擎之后或之上的搜索引擎”，因而也可以叫做后搜索引擎。

5. 搜索引擎工作原理

搜索引擎的基本工作原理包括如下3个过程：首先在互联网中发现、搜集网页信息；同时对信息进行提取和组织建立索引库；再由检索器根据用户输入的查询关键字，在索引库中快速检出文档，进行文档与查询的相关度评价，对将要输出的结果进行排序，并将查询结果返回给用户，如图3-1所示。

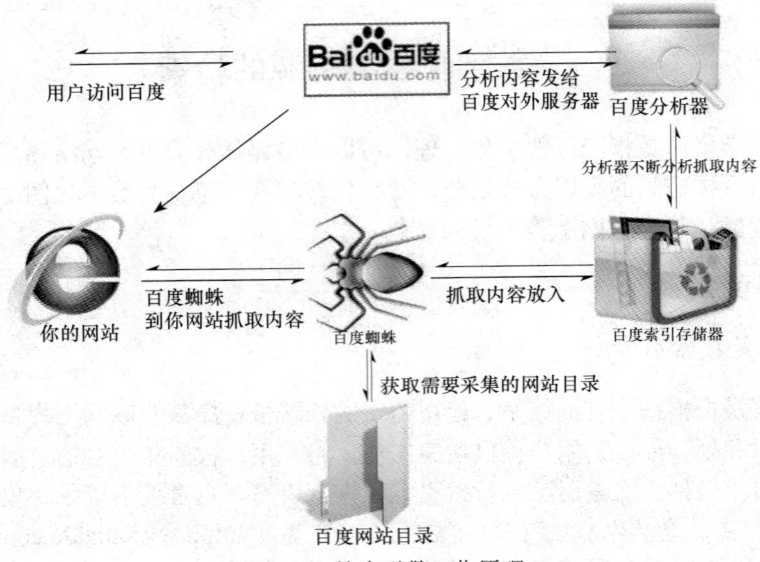

图3-1　搜索引擎工作原理

3.1.2　网络资源检索

1. 启动浏览器并打开搜索引擎界面

① 启动IE浏览器。

② 输入网址。在地址栏中输入网址（域名）www.baidu.com，按回车键打开百度搜索引擎主页。

2. 网络资源查询

若不加任何限定，以“西安”为关键词进行检索，搜索引擎返回的结果有1亿条，如图3-2所示。面对这么多的查询结果，我们需要的信息往往命中率不高，很难找到。如何将自己的关键词组合成适当的提问表达式来重新检索资源就显得至关重要。

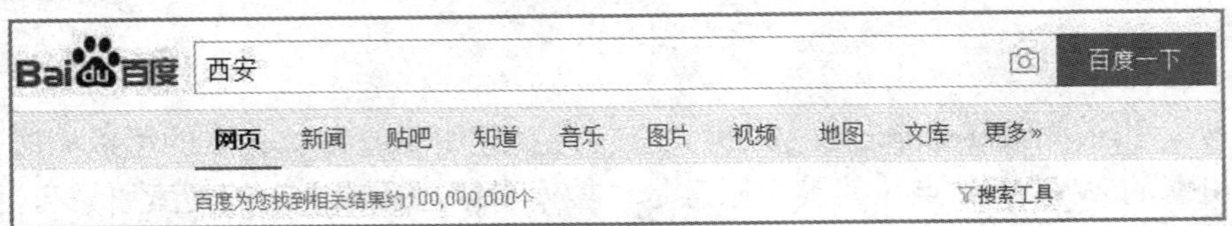

图3-2　百度查询结果

【拓展】 网络资源搜索的第一步不是选择搜索引擎，而是分析提问内容，从提问内容中提取最能表达提问主题的若干个关键词，再将这些提问关键词组合成最适合表达提问内容的提问表达式。

3. 网络资源检索技巧

（1）使用布尔逻辑功能检索

利用搜索引擎提供的布尔逻辑功能进行检索的方法如下：

① 逻辑与：AND/*。逻辑与（AND 或*）含义是只有 AND 或*前后的两个提问关键词全部出现时，所检索到的结果才算符合条件。这是具有概念交叉关系和限定关系的一种组配，可缩小检索范围，提高资源检索的准确率，例如，西安 AND 旅游景点，如图 3-3 所示。

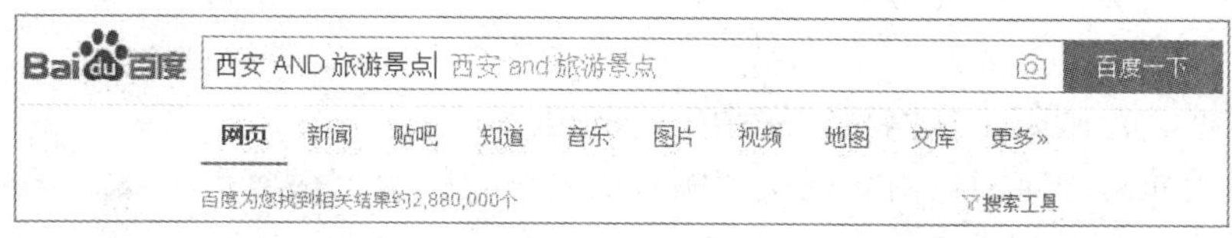

图 3-3　“逻辑与”检索

② 逻辑或：OR/＋。逻辑“或”是并列概念关系的一种组配，通常用运算符为“OR”或“＋”表示，其含义是只要相“或”的提问关键词中有任何一个出现，所检索到的结果均算符合条件。用于扩大检索范围防止漏检，例如，西安 OR 旅游景点，如图 3-4 所示。

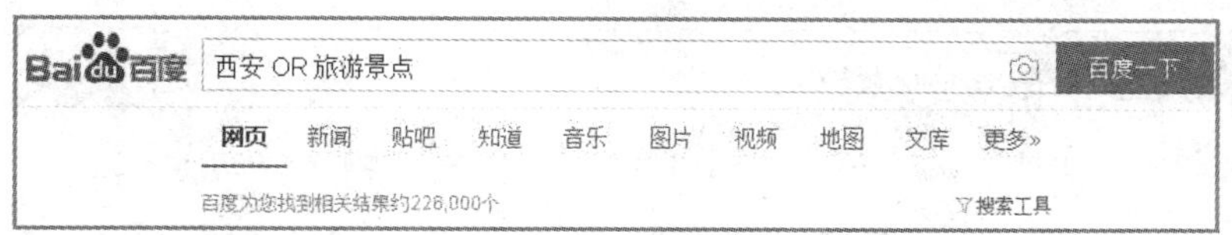

图 3-4　“逻辑或”检索

③ 逻辑非：NOT/－。表达检索词间的排除关系，其含义是搜索结果中不应有“NOT”后面的提问关键词，所检索到的结果均符合条件，主要是为了缩小检索范围可缩小检索范围，提高查准率，例如：西安 NOT 兵马俑，如图 3-5 所示。

【拓展】 在分析提问内容时，需细化提问内容的主题，提取多个符合提问内容的关键词，这样可以获得较有效的检索结果。

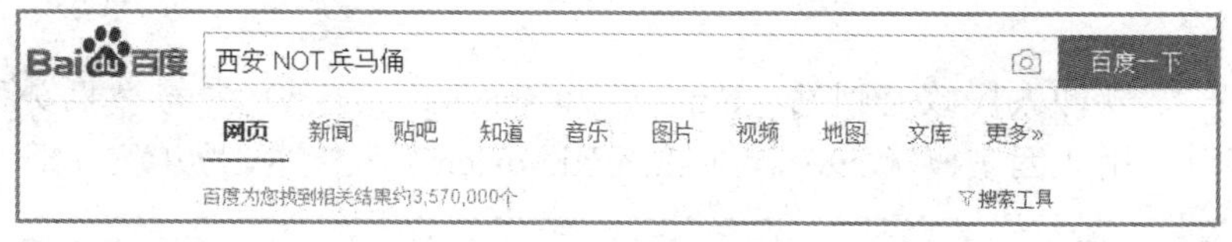

图 3-5　“逻辑非”检索

（2）搜索关键词的选择技巧

关键词，就是输入到搜索框中的文字，也就是命令搜索引擎寻找的相关信息。可以命令搜索引擎寻找任何相关内容，所以关键词的内容可以是：人名、网站、新闻、小说、软件、游戏、星座、工作、购物、论文、视频等。那些对文献主题无实质意义的词汇，如冠词、介词、连词、某些副词及某些形容词均不能作为关键词。

（3）专用语查询功能

用句子做关键词，必须加英文引号（**注意：**不使用过长的词组或短语）。

【例 3.1】在搜索引擎中输入搜索《再别康桥》的前两句“轻轻的我走了，正如我轻轻的来”，并加上英文双引号，就可以查找到完整的诗句。

【例 3.2】给关键词加引号（必须在半角状态下输入），可以进行不分散型查询。如“西安兵马俑旅游”，在查询到的文档中将作为一个整体出现，如图 3-6 所示。

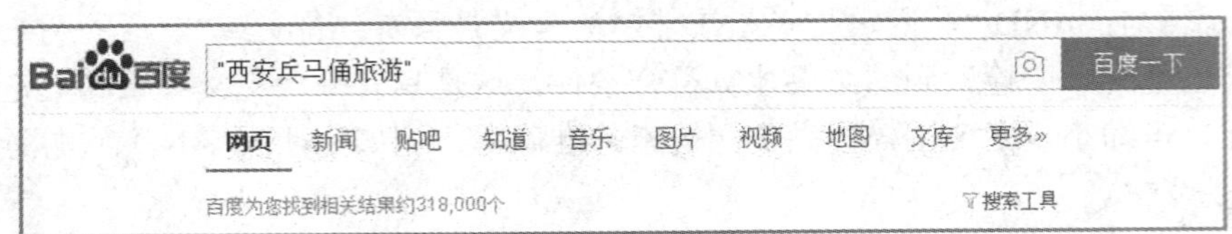

图 3-6　专用语查询

（4）把搜索范围限定在网页标题中——intitle

网页标题通常是对网页内容提纲挈领式的归纳。把查询内容范围限定在网页标题中的格式如下：

关键字 intitle：关键字

例如搜索“西安旅游 intitle：陕西旅游”（冒号在英文状态下输入），那么搜索引擎就只会在所有标题中包含“陕西旅游”这个词的网页中查询出了“西安旅游”这个关键字的结果，如图 3-7 所示。

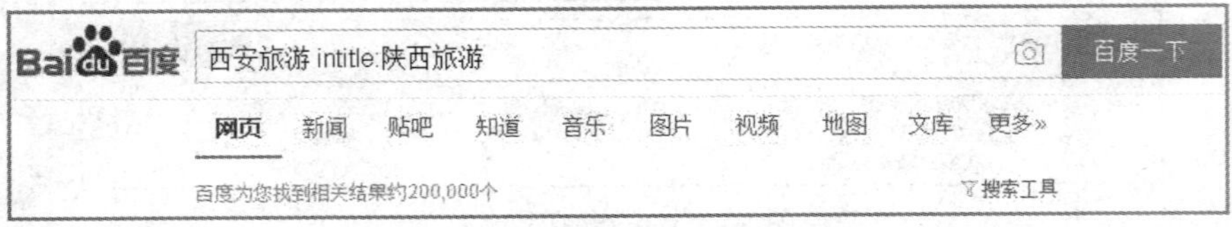

图 3-7　使用 intitle 限定检索范围

（5）把搜索范围限定在特定站点中——site

有时，如果知道某个站点中有自己需要找的信息，就可以把搜索范围限定在这个站点中，提高查询效率。使用的格式如下：

关键词 site：站点域名

【拓展】“site：”后面跟的站点域名，不要带 http://。另外，“site：”和站点名之间不要有空格。

例如，检索陕西人民政府网站（http://www.shaanxi.gov.cn）中与“西安简介”相关的内容，可以使用“西安概况 site:www.shaanxi.gov.cn”来检索，如图 3-8 所示。

图 3-8　使用 site 限定检索范围

（6）限定文件类型检索——filetype

很多有价值的资料，在互联网上并非普通的网页，而是以Word文档、PowerPoint文档、PDF文档等格式存在。谷歌等搜索引擎支持对Office文档（包括Word、Excel、Powerpoint）、Adobe PDF文档、RTF文档进行了全文搜索。要搜索这类文档，需要在普通的查询词后面，加一个“filetype:”进行文档类型限定。“filetype:”后可以跟以下文件格式：DOC、XLS、PPT、PDF、RTF、ALL。其中，ALL表示搜索所有文件类型。使用格式如下：

关键词 filetype:文档扩展名

例如，检索网络中关键词为“西安简介”的PPT文档，则检索语句为：

西安简介 filetype:ppt

如果只想搜索某一网站的某类文件（如新浪）就可以使用site命令结合，例如要检索新浪网（http://www.sina.com.cn）中关于“西安简介”的Word文档，Google搜索引擎的检索语句是：

site:sina.com.cn filetype:doc 西安简介

检索结果如图3-9和图3-10所示。

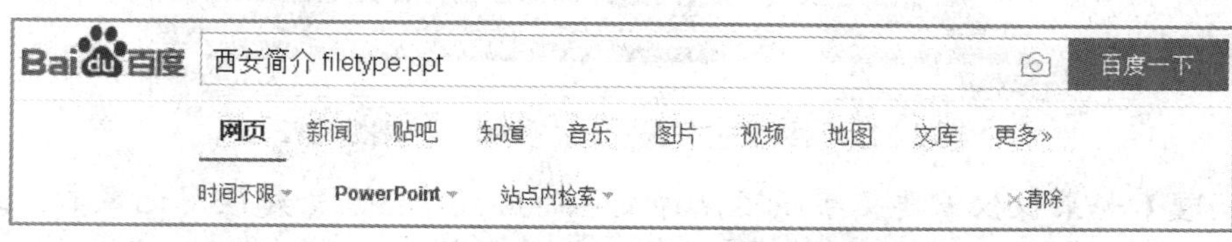

图3-9　使用filetype限定文档类型

图3-10　使用site＋filetype限定文档类型

【拓展】除了上面提到的适用于各类搜索引擎的检索方法，百度还提供了全方位的搜索服务，在搜索页面顶部单击“更多产品”，可以实现不同类别的资源搜索。

3.2　数字化教学资源的下载

网络资源下载是指通过网络传输文件，把互联网或其他计算机上的信息保存到本地计算机上的一种网络活动。下载可以显式或隐式地进行，只要是获得本地计算机上所没有的信息的活动，都可以认为是下载，如在线观看。

3.2.1　文本资源下载

1. 网页文本

网页是由文字、图片、动画等多种元素组成的，文字是平时阅读网页的最主要形式和内容载体之一。所以，对于网页上的文字的下载是最常见的。

（1）“复制”|“粘贴”法

当需要从网页中下载所需文字时，先用鼠标拖动将文字选中。然后右击，选择“复制”命令，随后打开记事本或 Microsoft Word，执行“编辑”|“粘贴”命令或右击，选择“粘贴”命令，这样即可将所选文字复制到图文本处理工具中，如图 3-11 所示。之后可以进行编辑、保存。

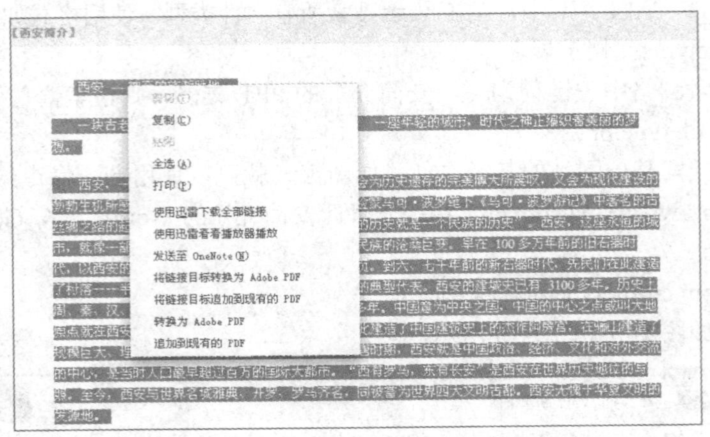

图 3-11　网页文字下载——“复制”|“粘贴”法

【拓展】如果仅仅需要文字而不保存文字的格式等信息，建议用记事本，或者在 Word 中进行“选择性粘贴”，并在对话框中选择“无格式文本”形式，这样可避免将无用的文字修饰信息也保存；如果需要格式或保存内容中有表格等，则建议直接保存在 Microsoft Word 文档中，在记事本中不能保存表格信息。

（2）巧破禁止下载

有些网页文字既不能使用鼠标选中，也不允许弹出右键快捷菜单，对于这些选中或弹出右键快捷菜单的网页文本，可以采用查看源代码或禁用活动脚本的方式下载。

① 查看源代码。首先，打开需要复制的网页文字，然后选择“查看”|“源文件”命令，在打开的记事本文件中选取想要复制的文本，粘贴到 Word 或记事本等应用软件中编辑、保存即可。

② 禁用活动脚本。打开需要复制的网页，选择浏览器菜单栏中的“工具”|“Internet 选项”命令，在弹出的“Internet 选项”对话框中切换至“安全”选项卡，单击“安全级别设置”区域中的“自定义级别”按钮，在弹出的“安全设置”对话框的列表框中找到“活动脚本”选项，将其设置为“禁用”，如图 3-12 所示。按提示单击“确定”按钮，回到打开的网页文字界面，刷新网页后即可采用“复制”|“粘贴”法复制文本。

（3）保存网页再编辑

在某些网页中，使用鼠标无法选中文字，当然也就不能进行复制操作了，不过，只要网页可以保存，则可以采取先保存网页文件再编辑的迂回办法来实现对文字的复制：先在 IE 的“文件”菜单中执行“保存”或“另存为”命令，将网页保存为一个文件，为简化起见，建议直接保存为“文本文件（*.txt）”，如图 3-13 所示。如果是其他格式，则需要用 Word 或 FrontPage 来编辑。余下的操作就是对保存的文件进行编辑修改了。

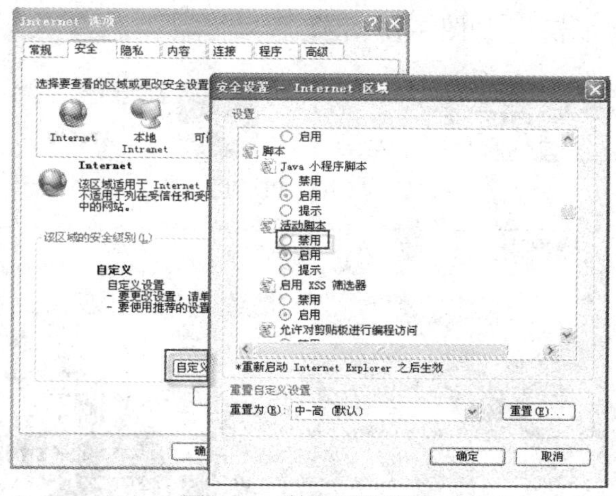

图 3-12　禁用活动脚本

【拓展】当复制完成后需要将活动脚本设置为启用状态，否则会导致部分网页无法正常显示。

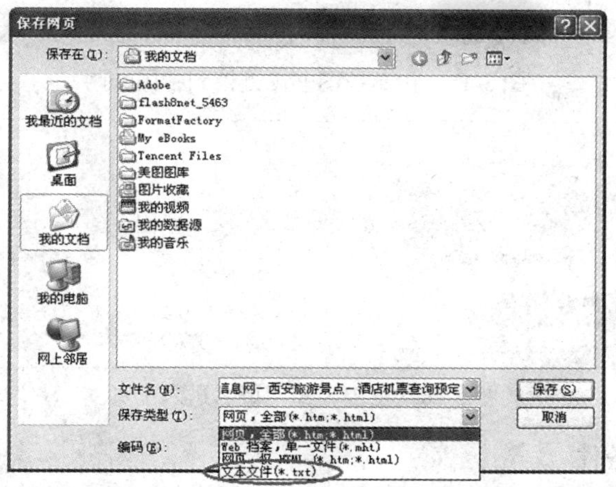

图 3-13　“保存网页”选项

2. 期刊论文

当用户想要了解某一学科领域现有的学术研究论文或研究动态，可以通过网络下载期刊论文电子版来阅读。目前提供这种服务的有中国知网、万方数据等。下面以“中国知网”（www.cnki.net）为例，说明具体下载过程。

（1）阅读器安装

中国知网提供的电子期刊论文格式一般为 CAJ 或 PDF 格式，对于首次下载论文的用户来讲，需要先安装这两种文件的阅读器才能正常浏览下载的期刊论文，如图 3-14 所示。

（2）进入检索界面

由用户所在高校图书馆主页的“电子期刊”栏目下的相关链接进入中国知网镜像主页（校内免费），如图 3-15 所示。或通过“中国知网”的域名 www.cnki.net 直接进入中国知网主页（需付费下载），如图 3-16 所示。

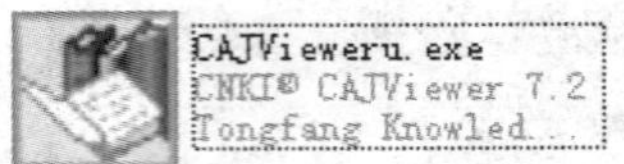

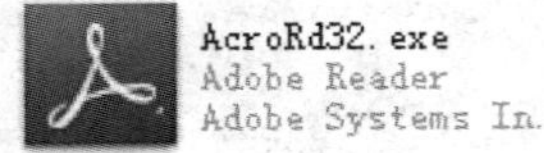

图 3-14　CAJ、PDF 阅读器

图 3-15　由高校图书馆链接到中国知网

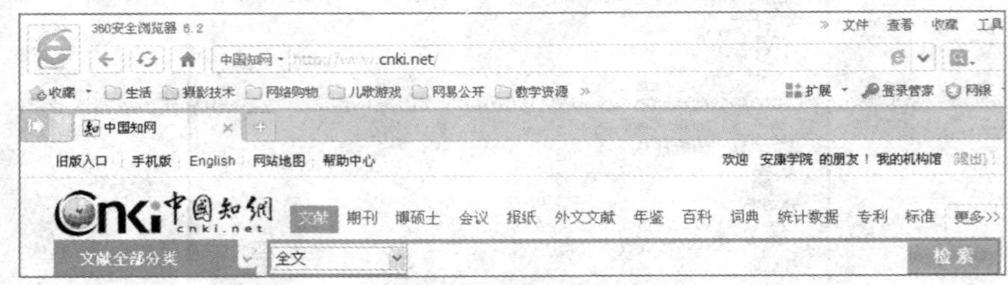

图 3-16　由中国知网域名进入主页

（3）输入检索条件

单击“期刊”或“全文电子期刊”，就可以进入“中国知网”检索页面，如图 3-17 所示。

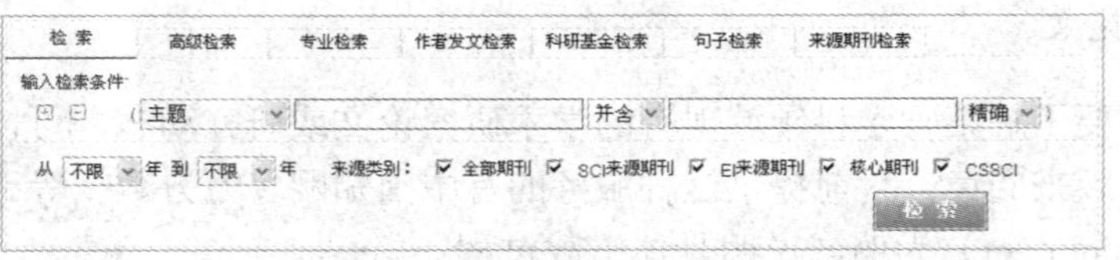

图 3-17　“中国知网”检索页面

① 在页面左侧“文献分类目录”中选择需要检索的学科领域，系统默认为所有学科全部选中。如果只需在某些学科中检索，可先单击“清除”按钮，然后选中需要的学科，如图 3-18 所示。

② 选择检索方式，默认为标准检索。用户可以根据自己的需要选择“高级检索”“专业检索”等方式。

③ 输入检索范围控制条件，如发表时间、核心期刊等。

④ 选择检索项，即需要在文献的哪些部分进行查找，如主题、篇名、关键词、作者。选择结果的匹配方式：模糊、精确。

⑤ 输入检索的关键词，单击“检索”按钮，就可以检索出需要的文档。

（4）筛选文章

在筛选结果页面可以设置“分组浏览”方式，如“学科”“发表年度”“研究层次”等，可以缩小文献的范围，提高查准率；同时，还可以按照“主题”“发表时间”“被引”“下载”几种方式对检索结果排序，有助于用户优先找到高质量的期刊论文，如图 3-19 所示。

文献分类目录
选择学科领域　全选　清除
基础科学
工程科技Ⅰ辑
工程科技Ⅱ辑
农业科技
医药卫生科技
哲学与人文科学
社会科学Ⅰ辑
社会科学Ⅱ辑
信息科技
经济与管理科学

图 3-18　“中国知网”文献分类目录

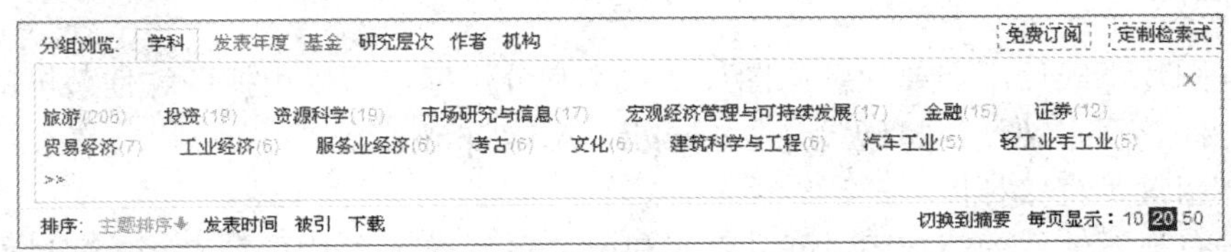

图 3-19　检索结果分组浏览与排序

（5）全文下载

得到检索结果后，找到想要的文章，单击文章的篇名，进入到文献下载页面，单击“CAJ 下载”或“PDF 下载”链接，就可以下载并保存到本地计算机硬盘，如图 3-20 所示。

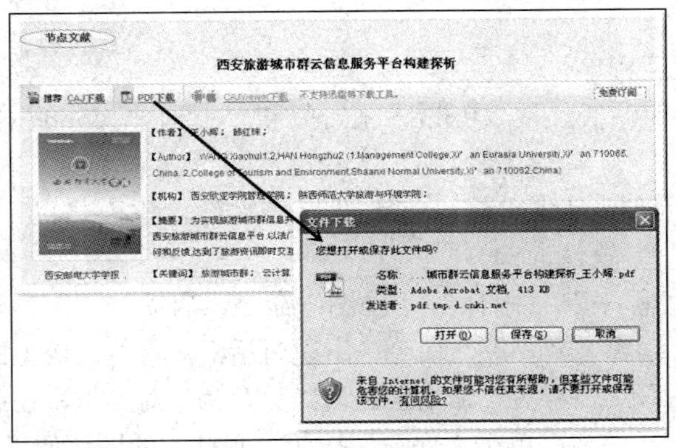

图 3-20　检索结果下载保存

3.2.2　图形、图像资源下载

网页中的图片包括由各种几何线条和形状组成的矢量图形，也包括由像素点组成的位图图像，不管是图形还是图像，都可以下载并保存到本地计算机硬盘。

1．下载——“图片另存为”

对于网页中的图形和图像信息，一般情况下都可以利用右键快捷菜单下载，方法如下：

首先，打开需要下载的图形图像资源所在的页面，在图像上右击，在弹出的快捷菜单中选择“图片另存为”命令，如图 3-21 所示。在弹出的对话框中为图片命名、指定资源保存的位置即可。

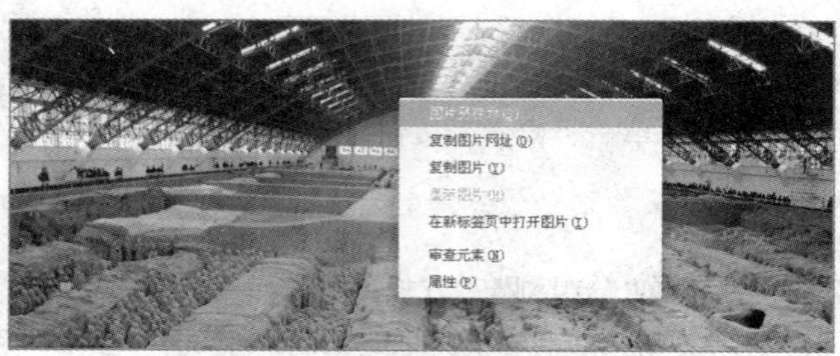

图 3-21　“图片另存为”命令

2. 抓图

如果图片下载后不需要保留原图尺寸大小和分辨率，可以用抓图软件截屏的方式将图片文件保存至本地计算机硬盘，如 Snagit、All Capture 等。

（1）用键盘直接抓图

在没有抓图软件的情况下，可以直接利用 Windows 系统中的剪贴板，通过快捷键的操作进行抓图。

〈Print Screen〉：将当前屏幕上的内容复制到剪贴板

〈Alt＋Print Screen〉：将当前屏幕上的活动窗口复制到剪贴板

【例】抓取整个 Windows 桌面，并将其打开、存盘。

操作步骤：

① 关闭所有应用程序。

② 截取图像至剪贴板。按〈Print Screen〉键，此时当 Windows 桌面的图像已被复制到剪贴板中。

③ 将截取的图像保存成文件。将图像存成文件，需要借助一些绘图软件，现以 Windows 中的“画图”软件为例。

执行“开始”|“程序”|“附件”|“画图”命令，启动“画图”软件，其会自动新建一个空文件；执行“编辑”|“粘贴”命令，出现对话框，将剪贴板上的图像粘贴到当前的空文中；执行“文件”|“另存为”命令，出现“另存为”对话框，在此对话框中选择保存文件的路径，并输入文件名，单击“保存”按钮，则截取的图像便以.bmp 格式保存。

（2）用工具软件截取屏幕图像——SnagIt

SnagIt 可以通过菜单、配置文件按钮、热键进行图像、文字、视频及网络的捕获，并且针对每种模式提供了多种不同的捕捉方式。SnagIt 在进行捕捉时都提供了详细的操作提示。

SnagIt 共提供了 4 种捕获模式，分别是：图像、文字、视频及网络捕获。

【拓展】在 QQ 已经登录的情况下，可以按〈Ctrl＋Alt＋A〉组合键，利用 QQ 的截图功能抓取想要的任意图像。

① 区域捕获：在捕捉方案中选择“区域”，按热键〈PrintScreen〉或单击窗口右下角的“捕获”按钮捕获。捕获完毕后，程序就会进入图片编辑界面，如图 3-22 所示。单

击工具栏上的“完成”按钮或“另存为”按钮进行图像保存。

图 3-22　区域捕获

在打开的“保存”对话框中选择图像的存储位置、输入文件名，然后选择格式进行保存。

② 窗口捕获：在 SnagIt 程序主界面单击“窗口”按钮，再按快捷键或单击“捕捉”按钮进入捕获状态，此时移动鼠标指针到需要抓取的窗口上，单击即可进行窗口捕获。保存捕获图片的方法与区域捕获方法相同。

③ 全屏捕获：全屏捕获就是抓取当前屏幕上的整个画面。在 SnagIt 程序主界面单击“整个屏幕”按钮，再按下快捷键或单击“捕获”按钮即可完成捕获。

④ 滚动窗口捕获：首先在主界面单击“滚动窗口”按钮，然后按下快捷键或单击“捕获”按钮进入抓图状态，将鼠标移动到需要抓取的窗口上，按照需要单击“捕获水平滚动区域”“捕获整个滚动区域”“捕获垂直滚动区域”3 种方案中任意一种即可开始捕获，稍等片刻屏幕便会自动开始滚动，直到滚动到最后一页停止下来，此时便可单击左键完成所有的画面捕获，如图 3-23 所示。

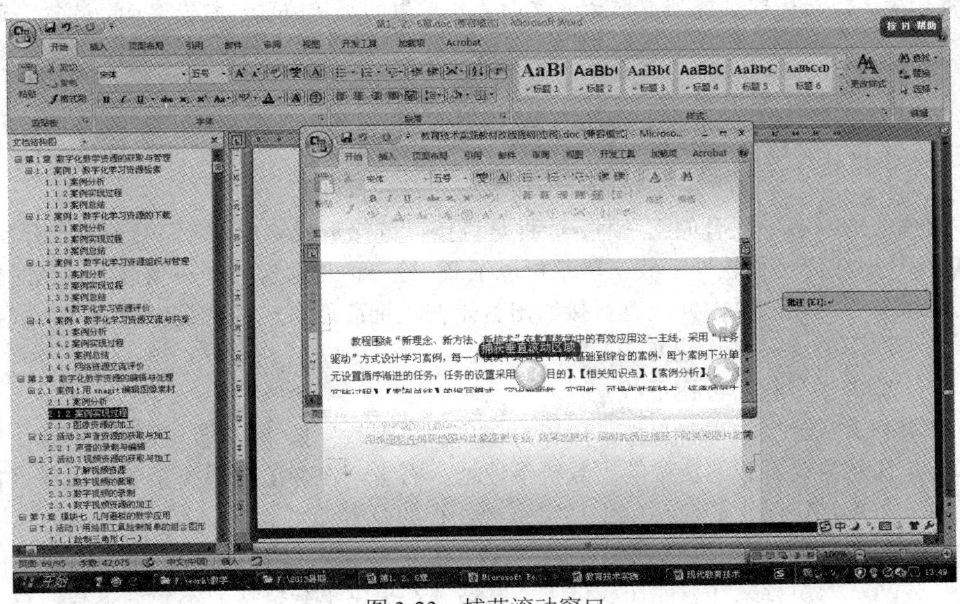

图 3-23　捕获滚动窗口

⑤ 视频捕获：在程序主界面单击“录制屏幕视频”按钮，然后在下方的“输入”菜单中根据需要选择捕捉方式，如图 3-24 所示。

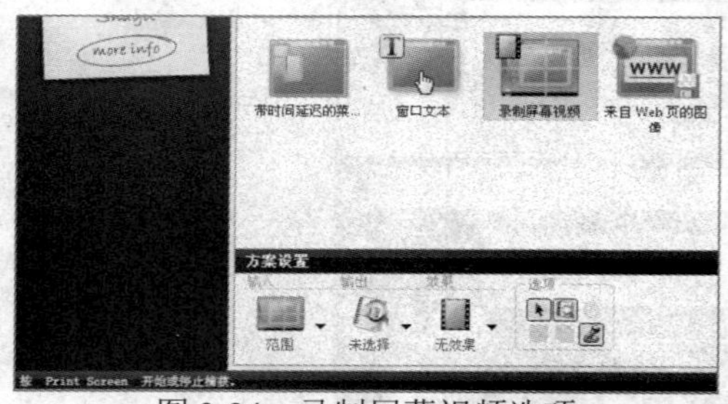

图 3-24　录制屏幕视频选项

设置完毕后，按快捷键或单击界面右下角的“捕获”按钮进入动态捕获模式，然后移动鼠标确定捕获的范围。单击“开始”按钮开始录制，如图 3-25 所示。

当用户想终止捕获视频时，只需再次按热键或单击右下角的系统托盘图标，在弹出的对话框中单击“停止”按钮，即可终止捕获，如图 3-26 所示。然后在 Snagit 编辑器中单击保存按钮保存视频。

Snagit 视频捕获
捕获统计
已捕获的帧：0
丢弃的帧：0
文件容量：0 字节
视频长度：0 秒
捕获长度：0 秒
开始(S)
停止(P)
继续(R)
捕获属性
帧尺寸：652 x 380
帧率：15.0 帧/秒
颜色：真彩色
编码器：Microsoft Video
录制音频：已开启
请按 Print Screen 停止捕获
取消(C)

图 3-25　Snagit 视频捕获对话框

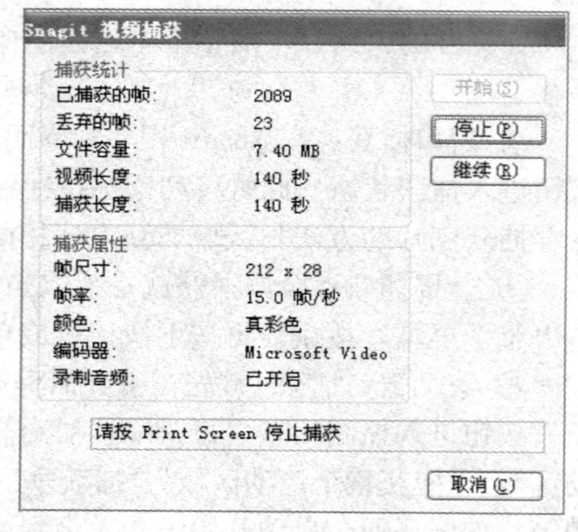

图 3-26　停止视频捕获

【**拓展**】捕获后的视频播放时若是黑屏，可采用的解决办法：右击桌面，选择“属性”命令，依次选择“设置”｜“高级”｜“疑难解答”，把硬件加速从“全”拖到“无”。

3.2.3　音视频资源下载

1. 音频资源下载

网页中的声音一般有如下几种：一种是直接以链接形式给出，它们的下载十分简单，用 IE 或其他任何一种软件下载工具都可以下载；另一种是隐含的——当进入网页时就会听到音乐，不过在网页中并没有直接给出音乐的地址；还有一种就是以流媒体形式提供的（参见后面的流媒体下载方法）。

（1）单击“下载”按钮下载

对于有下载链接的声音文件，可以直接单击“下载”按钮下载，或利用右键快捷菜单下载：找到需要下载的资源的下载链接地址，右击，在弹出的快捷菜单中选择“目标另存为”命令，在弹出的对话框中指定资源保存的位置即可。

（2）在 Internet 临时文件夹中查找

有些网站的声音文件只能在线试听，网站并不提供下载链接或不允许下载，对于这样的声音文件，可以在 Windows 7 等操作系统的临时文件夹中查找。

打开声音文件所在的页面并缓冲浏览声音文件，等缓冲完成后在 IE 浏览器中单击“工具”｜“Internet 选项”命令，在“常规”选项卡中单击“浏览历史记录”下的“设置”按钮，在打开的对话框中单击“查看文件”按钮，在打开的临时文件夹中按照文件大小排序，即可找到缓冲浏览过的音频文件，如图 3-27 所示。

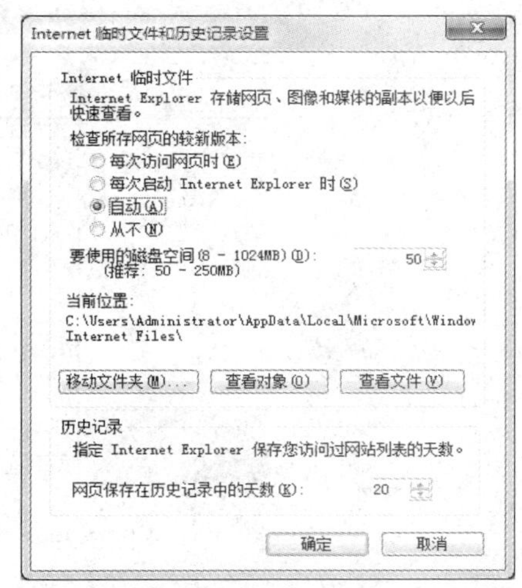

图 3-27　“Internet 临时文件和历史记录设置”对话框

（3）通过音乐播放器客户端下载

以“酷狗音乐”为例说明。打开酷狗音乐盒，出现音乐盒界面，可以根据歌手或者分类，搜索自己想要的音乐，也可以在顶部的搜索框中找到自己想要下载的音乐。以古巨基的《匆匆那年》为例：在搜索框中输入“古巨基-匆匆那年”，会出现所有以“古巨基-匆匆那年”为名的歌曲，选择要下载的歌曲，单击“下载”按钮，选择所需的音质和下载位置，单击“立即下载”按钮即可，如图 3-28 所示。

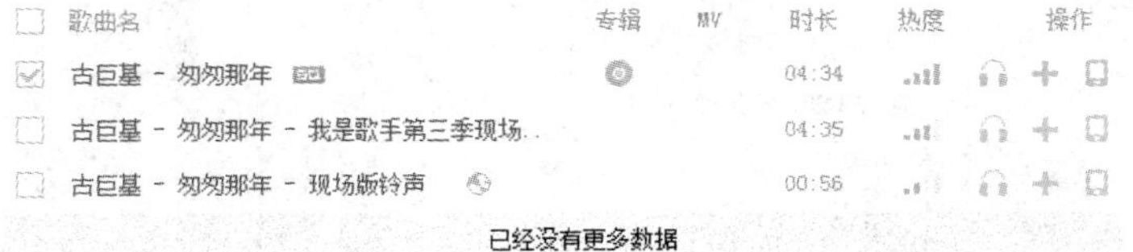

图 3-28　酷狗音乐下载界面

通过音乐播放器客户端下载

2. 视频资源下载

除了网页文字、图片、声音、动画、软件之外，在网上能够引起用户兴趣的就是视频了。如果是用传统方式（HTTP/FTP）提供的电影、视频等，参照后面将要介绍的软件下载方法即可将它们下载下来。

（1）HTTP 方式下载

对于提供“下载”按钮的视频文件，可以直接单击下载，或利用右键快捷菜单下载：找到所需要资源的下载链接，右击，在弹出的快捷菜单中选择“目标另存为”命令，在弹出的对话框中指定资源保存的位置即可。

（2）维棠下载

对于一些不提供下载链接的视频文件，可以通过“维棠 FLV 视频下载软件”来下载。

① 下载并安装维棠视频下载软件。软件界面如图 3-29 所示。

② 单击“新建”按钮，在弹出的对话框中将“视频网址”设置为要下载的视频所在网址，并指定视频下载后存放的路径，单击“确定”按钮，视频即开始下载，如图 3-30 所示。

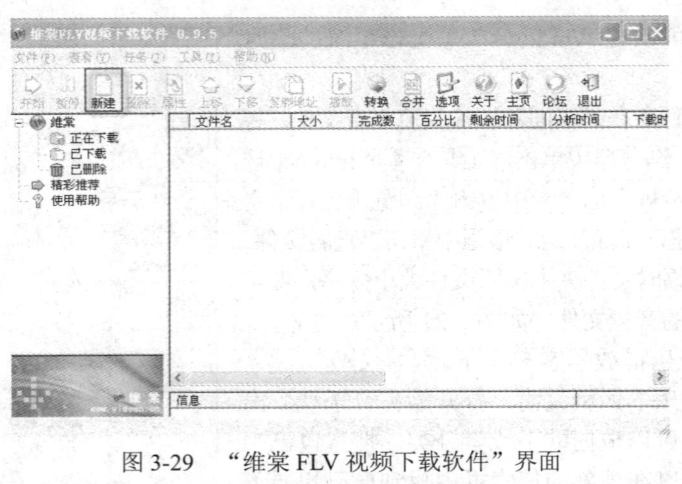

图 3-29 “维棠 FLV 视频下载软件”界面

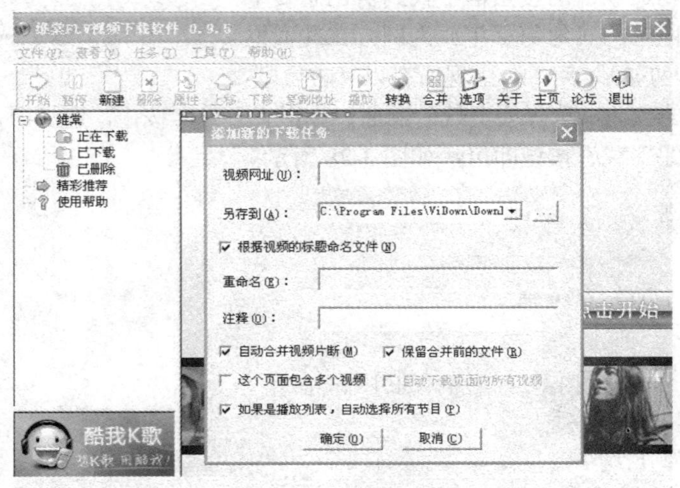

图 3-30 新建下载任务

【拓展】“维棠 FLV 视频下载软件”下载的视频一般为.flv 格式或.mp4 格式，如果个人计算机环境无法正常播放而需要转换为其他格式，只需要单击“转换”按钮进行格式转换。可转换为的格式有：.3gp、.avi、.wmv、.mpg 等。

（3）通过视频网站客户端下载

以“优酷 PC 客户端”为例说明。下载安装并启动后，可以在上方的搜索框输入视频关键字进行搜索，也可以单击“精选”分类列表分类查找视频。找到视频后，单击“下载”按钮即可，如图 3-31 所示。

图 3-31 “优酷 PC 客户端”下载视频

通过视频网站客户端下载

3.2.4 软件下载

软件也是因特网上最多的一种信息资源，几乎每一个网络用户都需要下载软件。软件的下载方式有很多种，其中，HTTP 方式是最简单和常用的方法之一。

1. HTTP方式下载

以HTTP方式提供软件下载是目前最常用的软件提供方式，如国外知名的http://www.download.com，国内知名的天空软件站（http://www.sky.com）、华军软件园（http://www.onlinedown.net）等。

当用浏览器打开软件所在页面时，窗口中会指明要单击的下载链接，对于这些链接，可以直接用IE来下载。

（1）“目标另存为”法

在浏览器中，右击某个软件的下载链接，会弹出一个快捷菜单，从中选择“目标另存为”命令，将提示选择文件的保存位置并要求输入保存文件名，按要求设置好后软件将开始下载，依据软件大小和站点的限制，下载所用时间可长可短。

（2）直接单击下载链接

此法和“目标另存为”思路相似，只是不用右击链接而是直接单击，后面的操作与“目标另存为”完全相同，如图3-32所示。

图3-32 单击“立即下载”按钮下载

【拓展】 以上方法是直接在浏览器中实现的，用浏览器直接下载的方便之处是不用额外安装下载工具，但缺点也是很明显的，如速度慢、受网络阻塞影响明显，一旦遇到断线就会使下载失败。因此，一般是在上网条件好且所下载的目标文件不大时使用。

2. 用迅雷等工具下载

实际上，多数网络用户是使用专用的下载工具来代替直接下载的，此类工具如迅雷、网络蚂蚁、快车等，它们支持断点续传，不用担心断线后要重新下载（即下载了多少就保存多少，下次只要接着下载后续部分即可）。而且，使用专门的下载工具可以多线程下载，也方便对下载文件的管理、分类，因此这事实上已经成为多数人的下载方法。

以迅雷下载为例，当在浏览器中找到要下载的软件所在链接后，用户可以采取多种方法将其添加到迅雷中下载，例如：

启动迅雷软件并将主窗口关闭，屏幕上会显示一个悬浮窗，直接将下载链接拖动到此悬浮窗中，会自动弹出“新建下载任务”对话框，或者可右击“立即下载”按钮，在弹出的快捷菜单中选择“使用迅雷下载”命令，弹出“新建任务”对话框，如图3-33所示。设置好保存位置等参数后确定，软件会自动开始多线程下载软件。

图 3-33　使用迅雷下载

3.2.5　压缩与解压缩

从网络上下载的资源，大多数是压缩文件，即以 RAR 或 ZIP 格式保存。要想打开这类文件，就需要使用解压缩软件，这里介绍一种最常用并且大多数计算机都安装的压缩/解压缩软件 Win RAR，其他类似软件操作方法与 WinRAR 相似。

解压缩软件 WinRAR 有两个最重要的用途：

① 捆绑文件，使多个文件捆绑在一起，管理、传送方便。

② 压缩空间，很多文件通过压缩之后体积会减少很多

WinRar 的使用方法如下：

① 下载（购买）并安装 WinRAR，如图 3-34 所示。

② 压缩打包的方法：右击一个文件或者文件夹，在弹出的快捷菜单中选择“添加到……”命令，开始压缩，如图 3-35 所示。等待片刻，当前文件夹中就会出现一个与刚才右击的文件或者文件夹同名的文件，此文件就是压缩后的文件，图标为压缩文件的图标。

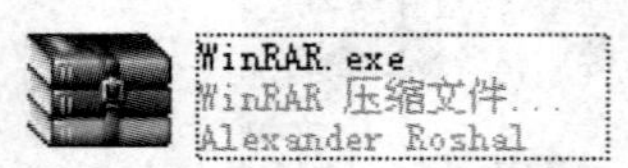

图 3-34　下载好的 WinRAR 程序文件

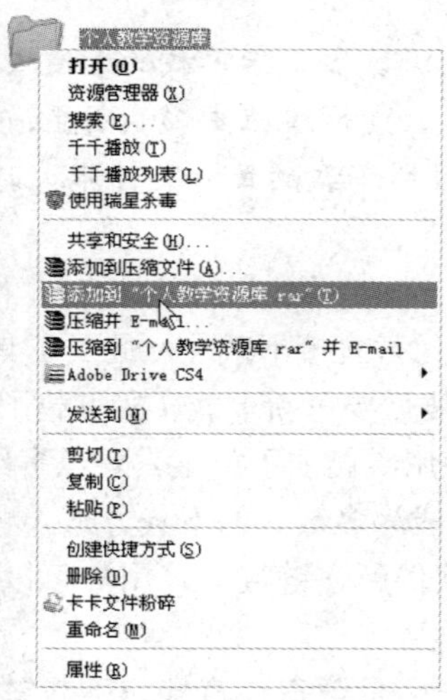

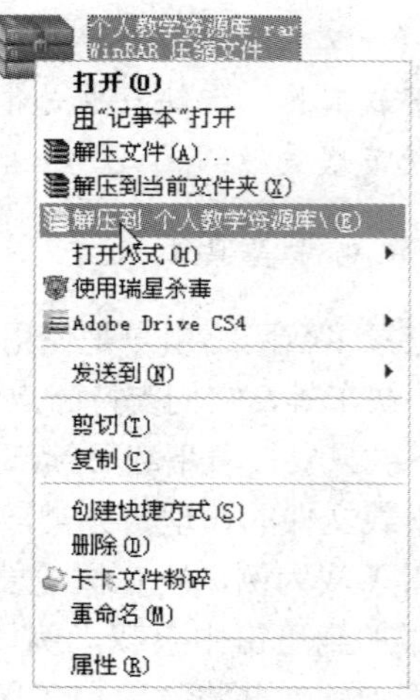

图 3-35　WinRAR 压缩与解压缩

③ 解压缩的方法：右击想要解压的文件（图标为压缩文件图标），弹出图 3-35 所示的快捷菜单，选择“解压到……”命令，开始解压缩。稍等片刻就会出现和当前文件名

同名的一个文件夹，这就是解压缩后的文件夹，此文件夹包含用户从网络下载的资源。

✎ **课堂练习**

针对本专业内容下载如下资源：

1. 根据自己对专业的认识、学习经历和专业方向，确定与自己专业相关的信息资源主题。

2. 搜索自己主题相关的研究者（或关注者），包括社交账号（如微博、微信号公众号、QQ 群等、博客）、主题网站（精品课程、视频资源课或论坛等）。

3. 分别检索与主题相关的图片素材、声音素材、动画素材和视频素材以及相关课件、教学设计案例各一。

4. 检索与主题相关的研究成果（论文、发表的著作），需要自己阅读并写评述。

5. 利用拍摄设备（如手机）拍摄主题相关演示或介绍图片、视频，辅助说明自己的主题（如有必要）。

学习总结与反思

1. 知识要点

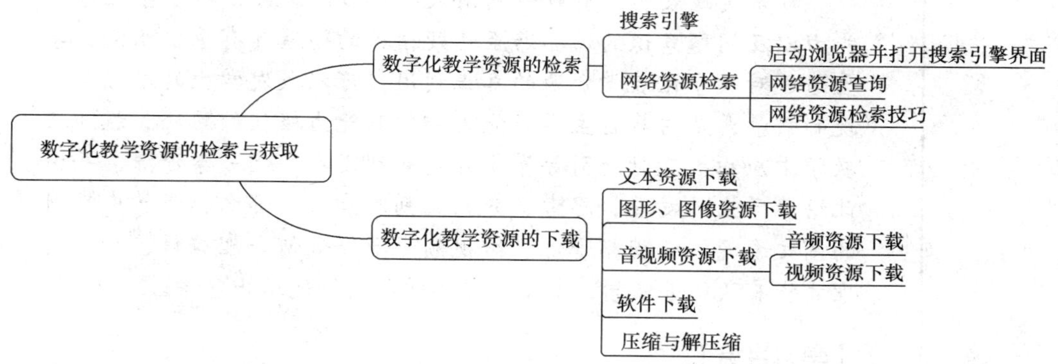

2. 反思

本章介绍了数字化学习资源检索与下载的方法，在基于网络资源的学习中，数字化资源的交流和共享是学习中必不可少的形式之一。诸如网络社区、博客、播客等社会化网络应用，网络硬盘的使用等都是很有效的资源共享方式。在学习本章内容之后，你对资源的共享有什么想法？不妨在这里分享一下吧。

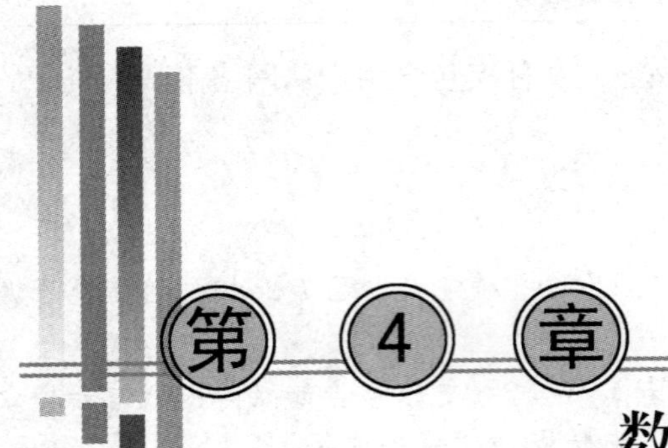

第4章 数字化教学资源的编辑与处理

教学实践表明，有效地利用数字化教学资源，对于学生学习能力以及问题意识的培养乃至怀疑精神的塑造具有重要意义。学生通过对数字化教学资源的真正利用，可以激发学生的学习与发现的兴趣，是培养自主学习能力和创业能力极佳的路径。教师在教学中应积极及时地引导学生开发和利用数字化教学资源，并由此培养学生的发现、思考、分析及判断能力。那么，教学中常用的图文资源、音视频资源、微视频资源等如何合理编辑、加工处理才能有效促进教学，本章内容的学习也许能给出答案。

【学习目标】

1. 学会文本与数字图像素材的编辑和处理，会在教学中合理使用文本和图像素材；
2. 学会声音和视频的编辑、处理的基本方法；
3. 具备合理编辑处理教学资源使之为教学服务的能力素养；
4. 学会微课的设计、制作方法。

引 言

小方老师在网络上搜集到自己想要的资源后，发现部分资源无法与自己的课堂教学设计完美契合，教学过程所需要的一些资源在网络中无法找到。小方老师决定查阅资料，学习数字化教学资源的编辑和处理，自己动手制作教学过程所需的资源。将自己亲手制作的资源应用于课堂教学后，他很有成就感，教学效果也出奇的好。

4.1　图形图像资源编辑

4.1.1　基础知识

1. 图形与图像

计算机中数字化的图像大致可以分为 2 种类型，计算机绘制的图形一般是矢量（向量）图，而从输入设备获取的图像是位图（点阵）图像。这 2 种类型的图像在计算机中的记录和处理方式中各有不同。

（1）矢量图形

矢量图，是以数学表达式的矢量方式来记录图像的，内容以线条和色块为主。

矢量图的优点是文件所占的容量小，很容易进行变换、旋转等，精度比较高，并且不会失真。

（2）位图图像

位图图像也称为点阵式图像，它是由许多点组成的，这些点被称为像素。每个像素点的位置、色彩、亮度不同，组合在一起形成规则点阵结构，就组成了图案。

这类图像在分辨率较低时会产生锯齿形边界和类似马赛克的效果。另外，位图图像记录的数据量较大，对内存和硬盘的要求也较高。

2. 图像的分辨率

分辨率是指单位长度内所含的点（像素）的数目。分辨率可以分为以下几种类型：

（1）图像分辨率

图像分辨率是指每英寸图像含有多少个点或像素，分辨率的单位为 dpi。例如，250dpi 表示该图像每英寸含有 250 个点或像素。

图像分辨率的大小直接影响到图像的质量。分辨率高的图像自然就越清晰。

图像的分辨率越高，图像文件就越大，处理图像的速度也就越慢，所以在制作图像时要根据需要来选择分辨率。

（2）屏幕分辨率

屏幕分辨率表示显示器每行、列显示的像素的数量，例如，15 in 显示器比较适合的幕分辨率是 800×600 像素，17 in 显示器比较适合的屏幕分辨率是 1024×768 像素。

3. 图像的大小

图像的大小分为图像的像素尺寸、图像的打印尺寸、图像文件的大小 3 种。

（1）图像的像素尺寸

是指组成一幅图像的宽和高的像素数量，如 500×370 像素，即表明图像的宽由 500 像素，高由 370 像素组成。

（2）图像打印尺寸

以英寸或厘米为单位来计算图像的宽和高。图像打印尺寸取决于图像分辨率和图像像素尺寸两个因素。同样像素尺寸的图像，分辨率越高，打印输出的尺寸就越小。图像分辨率大小，会影响到打印图像的大小和质量，但不会影响屏幕显示的大小。

课件中的图片素材，多数是在屏幕上显示使用的，所以，图像分辨率的高低，对制作课件来说并不重要，主要是要控制图像的像素尺寸。

（3）图像文件大小

以字节为计量单位。它取决于图像像素尺寸和图像存储格式两个因素。

4. 图像的格式

在计算机绘图中有许多种图像格式，每种图像格式都有各自的特点，而且大多数格式之间可以相互转化。图像格式主要有 BMP、GIF、JPEG、TIFF、PNG、PSD 等格式，如表 4-1 所示。

表 4-1　常用图片格式及利弊

常用格式	优点	缺点
.jpg/.jpeg	最常用的图片格式，网络资源丰富，压缩率高，节省空间	拉伸图片超出正常像素大小时会降低精度，导致投影模糊
.png	无损高压缩比例的图像，适合展示高清图片时使用	文件比较大，个别浏览器可能不支持
.gif	播放时可以带动画效果	一般文件精度不够，色彩不够丰富
.wmf/.emf	俗称“剪贴画”，是矢量文件，因此能取消/组合、局部编辑、换色填充，而且文件非常小，任意拉伸而不会失真	大量缺乏美感的剪贴画容易被滥用。找到一组风格一致的剪贴画很困难
.bmp	Windows 位图，兼容性非常强	文件过大，播放时容易出现延迟

4.1.2　图片编辑

图片编辑，即对图片进行处理、修改。通常是通过图片处理软件，对图片进行调色、抠图、合成、明暗修改、彩度和色度的修改、添加特殊效果、编辑、修复等。

1. 常见图片处理软件

通常用软件来进行图片处理。常用的图片处理软件有：国内操作人性化、功能强大的彩影，国外的 Photoshop 及开源的 GIMP 等软件，还有其他一些功能强大的图片处理软件也可以满足日常使用，如表 4-2 所示。

表 4-2　常用图片处理软件

名称	网址	图片处理特色
美图秀秀	http://xiuxiu.web.meitu.com/	具备旋转、裁剪、修改尺寸、背景虚化、局部马赛克、局部彩色笔、局部变色笔、文字、涂鸦、边框、饰品、美容、场景、闪图、拼图功能

续表

名称	网址	图片处理特色
可牛影像	http://yx.keniu.com/	类似美图秀秀，场景功能中有一些特色场景，更适合小女生美图
涂鸦网	http://www.tuyaya.com/	效果更时尚，支持特效文字、柔光镜、朦胧着色、一键影楼效果、LOMO 特效、整体马赛克、反转负冲、奇幻色彩、素描效果、模糊、锐化、球面凸起、水印、边框、涂鸦、装饰功能
去水印软件 Inpaint	百度搜索“Inpaint”可以获得最新版本的软件下载	运用选择工具选取希望去除的对象，然后选择伪装，Inpaint 就会自动计算对象周围背景的颜色和分布，利用周围的背景自动填充要去除的对象，从而使图片看上去非常完美

2. 用 Photoshop 处理静态图片

（1）Photoshop 文件的新建和存取

文件的创建和存取是最基本的工作。下面分别介绍文件的打开、创建及存储的基本操作方法。

1）打开一幅已有的图像。首先要开启“打开”对话框，开启“打开”对话框的方法有 3 种：

- 执行“文件”|“打开”命令。
- 按〈Ctrl＋O〉组合键。
- 双击 Photoshop 桌面。

这时会出现一个“打开”对话框，其与一般软件的“打开”对话框类似。分别选择查找范围、文件类型后，选择要打开的文件，单击“打开”按钮或者双击此文件，即可打开。

2）创建一个新文件。执行“文件”|“新建”命令或者按〈Ctrl＋N〉组合键，出现图 4-1 所示的“新建”对话框。

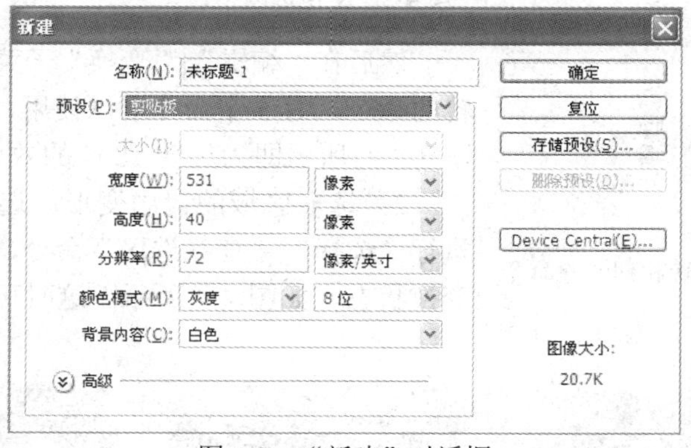

图 4-1　“新建”对话框

在“新建”对话框中，需要做如下几项设置：

- 在“名称”文本框中输入新文件的名字，如不输入，则使用默认名“未标题-1”。
- 设置图像的宽度、高度、分辨率和颜色模式。其中的宽度、高度、分辨率的单位及颜色模式都可以通过下拉列表框进行选择。其中分辨率和颜色模式的概念已经在前面介绍过。
- 设置图像的背景色，其中有 3 个选项：“白色”“背景色”“透明色”。“背景色”表示创建的图像颜色和工具箱中的背景色颜色框中的颜色相同。

单击“确定”按钮，即可创建一幅新的图像。

3）保存图像。当创建了一幅图像后，只有将这幅图像保存为文件后才能将图像永久保存下来，否则关闭窗口图像将会丢失。下面简要介绍保存图像的操作。

① 执行“文件”|“保存”命令或者按〈Ctrl＋S〉组合键，打开“存储为”对话框。

② 单击“保存在”下拉列表框的下拉箭头打开下拉列表，在列表中选择一个要保存文件的文件夹或者驱动盘。

③ 在“文件名”文本框中输入新文件的名称，默认名称为“未标题-1”。

④ 单击“格式”下拉列表框的下拉箭头打开下拉列表，从中选择图像文件格式。

⑤ 单击“保存”按钮，即可完成图像的保存。

（2）图像的旋转、变形与裁切

在进行课件制作前，有时需要将图像进行旋转、变形处理。下面就分别介绍旋转、翻转和自由变形的各种方法。

1）选取区域的旋转和翻转。选择一个范围，执行“选择”|“变换选区”命令，这时选择范围处于变换状态，一个方形区域上有 8 个小方格，此时可以任意改变选区的大小、位置和角度，如图 4-2 所示。

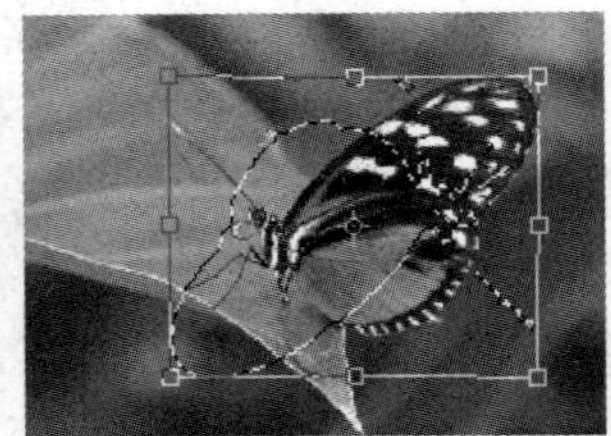

图 4-2　变换选区

旋转 180 度(1)
旋转 90 度(顺时针)(9)
旋转 90 度(逆时针)(0)
水平翻转(H)
垂直翻转(V)

图 4-3　对选区进行旋转和翻转的命令

然后在“编辑”|“变换”子菜单中选择旋转和翻转的命令，有 5 个命令可以使用，如图 4-3 所示。如图 4-2 右所示即为旋转 180° 的效果。

2）选取区域的自由变形。选择一个选取区域，执行“选择”|“变换选区”命令，这时选择范围处于变换状态，如图 4-4 所示。这时可用以下几种方法对其进行自由变形。

图 4-4　对选区进行自由变形

- 改变大小：只要将鼠标指针移到选区的控制角点上按住鼠标左键拖动即可。

- 改变位置：只要将鼠标指针移到选区内拖动鼠标即可。
- 自由旋转：只要将鼠标指针移到选区外，然后按住鼠标左键按一个方向拖动即可。
- 自由变形：执行“编辑”|“变换”子菜单中的5个命令即可实现。这5个命令分别为“缩放”“旋转”“斜切”“扭曲”和“透视”。

3）裁切图像。裁切是选择并删除图像的一部分以突出主体或强化其余部分的视觉效果。使用裁切工具裁切图像是最简便的方法。具体操作是：

① 在工具箱中单击裁切工具⌗。

② 在要保留的图像部分拖动鼠标。释放鼠标时，裁切选框显示为有角手柄和边手柄的定界框，其外侧为被裁切区域，如图4-5所示。

③ 要取消裁切操作，请按〈Esc〉键。

④ 正式裁切图像。双击裁切区，或按〈Enter〉键。

（3）图像的调整

图像的调整包括：调整图像的大小、调整图像的色调、调整图像的色彩等操作。

1）图像大小的调整。有时课件加入图像后，运行速度会明显变慢，这可能是由于图像文件过大所造成的。下面学习图像大小的调整。

具体处理过程如下：

在Photoshop中打开之前编辑的“蝴蝶”图像文件。执行“图像”|“图像大小”命令，弹出“图像大小”对话框，如图4-6所示。

图4-5　裁切区域显示

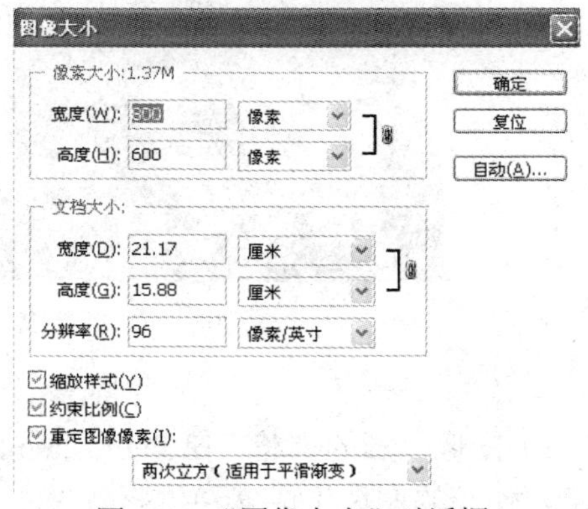

图4-6　“图像大小”对话框

更改像素尺寸：在“像素大小”区域输入宽度值和高度值。若要输入占当前尺寸的百分比值，可在右侧的下拉列表框中选取百分比作为度量单位。若要保持像素当前的宽度和高度的比例，应选中“约束比例”复选框，更改高度时，将自动更新宽度，反之亦然。

更改文档尺寸和图像分辨率：如要改变图像打印尺寸，则在“文档大小”区域输入新的高度值和宽度值。默认以厘米为单位，如果需要，可选取一个新的测量单位。

如要改变图像分辨率，则在“分辨率”文本框中输入一个新值。如果需要，可选取一个新的度量单位。单击“确定”按钮完成图像大小的更改。

2）图像色调的调整。有时获取到的图像比较暗淡，有时又过亮。对于这些图像，在制作课件前要进行调整，使其变得更加清晰。

在Photoshop中，可以使用“图像”|“调整”子菜单中的“色阶”“自动色阶”“自

动对比度”“曲线”“亮度/对比度”等命令调整色调。

其中，使用“亮度/对比度”命令主要用来调整图像的亮度和对比度，这种方法操作简单，效果明显，是在图像色调整中常用的命令之一。

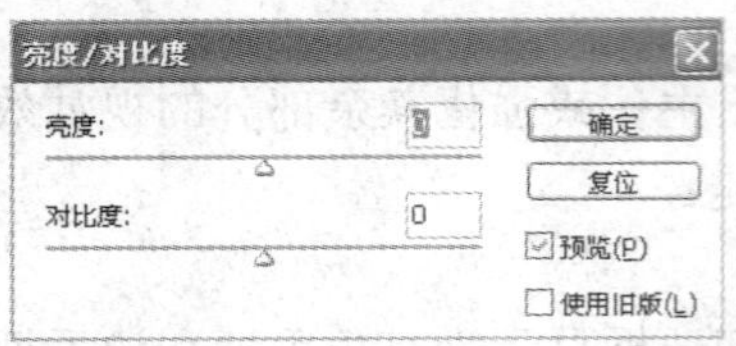

图 4-7　“亮度/对比度”对话框

打开“蝴蝶”图像文件，执行“图像”|调整”|“亮度/对比度”命令，打开“亮度/对比度”对话框，其中有两个调整项：“亮度”和“对比度”，如图 4-7 所示。

拖动“亮度”或“对比度”滑块，就可以快速地进行图像亮度或对比度的调整，亮度调整值在-150～150，对比度调整值在-50～100。其值小于 0 时，亮度或对比度减小，其值大于 0 时，亮度或对比度增大。亮度与对比度调整效果如、图 4-8 所示。

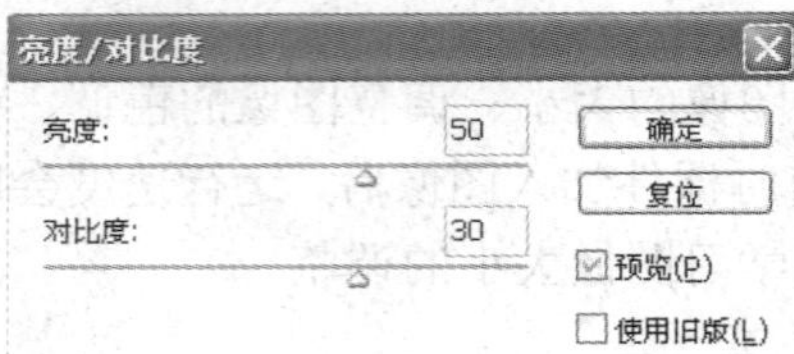

（a）“亮度/对比度”对话框

（b）亮度、对比度调整前后对比

图 4-8　亮度和对比度调整

3）图像色彩的调整。在 Photoshop 中可以方便地对图像的色彩、饱和度进行设置和调整，使一幅图像生成多种色彩效果。

① 色彩平衡调整。打开一幅图像，执行“图像”|“调整”|“色彩平衡”命令，打开“色彩平衡”对话框，如图 4-9 所示。

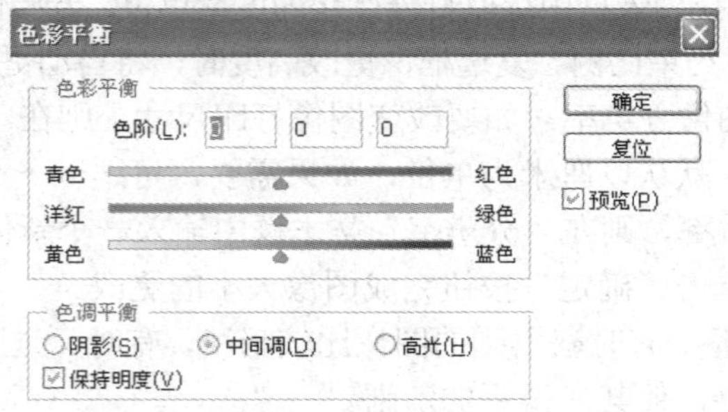

图 4-9　“色彩平衡”对话框

在“色彩平衡”对话框中，最主要的选项是“色阶”的 3 个数据设置。这 3 个值对应下面的 3 个滑块，每个滑块的调整范围都是-100～100。3 个滑块都在中间位置时，色阶的 3 项设置值都是 0，此时看不到色彩的变化；滑块偏离中心位置时，偏向左边色彩而接近 CMY 色彩，偏向右边时，色彩接近 RGB 色彩。

“色调平衡”区域有 3 个单选按钮：阴影、中间调和高光，它们对应黑、灰、白的色调选项。

选中“保持明度”复选框时，可以使在色彩调整过程中保持色彩亮度不变。

② 色相和饱和度调整。执行“图像”|“调整”|“色相/饱和度”命令，打开“色相/饱和度”对话框，如图 4-10 所示。

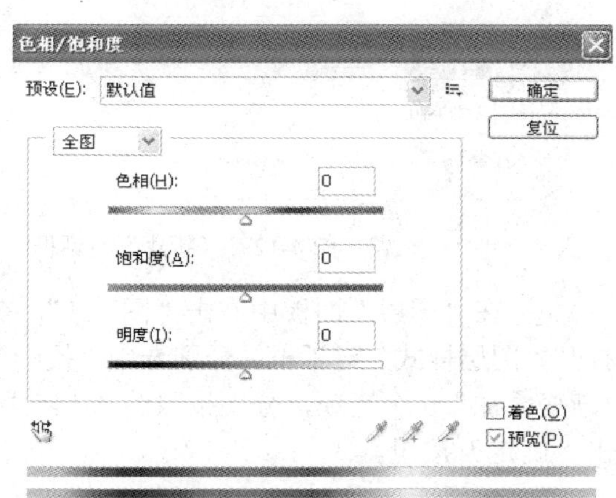

图 4-10　“色相/饱和度”对话框

“色相/饱和度”对话框中的通道下拉列表框主要用来指定当前色彩，“色相”“饱和度”和“明度”调整时，只对当前色彩起作用。

③ 其他颜色调整方法。在 Photoshop 中还有一些颜色的调整方法，在这里不一一叙述，只归纳于表 4-3 中。

表 4-3　Photoshop 中其他调整颜色的方法

名称	调用	功能
去色	“图像”|“调整”|“去色”	除去图像中的饱和色彩
替换颜色	“图像”|“调整”|“替换颜色”	改变被选择颜色
可选颜色	“图像”|“调整”|“可选颜色”	调整色彩的不平衡
反相	“图像”|“调整”|“反相”	使图像色彩为互补色

（4）图形绘制——按钮的制作

使用 Photoshop 制作按钮要比其他软件或工具更灵活、更专业。本例制作的按钮效果如图 4-11 所示。

图 4-11　绘制的按钮样式

该按钮的绘制步骤如下：

① 打开 Photoshop，执行“文件”|“新建”命令，弹出“新建”对话框，按照图 4-12 所示进行设置，设置完毕单击“确定”按钮。

② 在“图层”面板中单击“创建新图层”按钮，新建“图层 1”，选择工具箱中的圆角矩形工具，在工作区拖动鼠标绘制出一个圆角矩形。按快捷键〈Ctrl＋Enter〉将绘制的圆角矩形转换为选区，设置前景色为灰色（R：132，G：132，B：132），按快捷键〈Ctrl＋D〉取消选区，再按快捷键〈Alt＋Delete〉用前景色填充选区，效果如图 4-13 所示。

新建
名称(N): 导航按钮
确定
预设(P): 自定
取消
大小(I):
存储预设(S)...
宽度(W): 400 像素
删除预设(D)...
高度(H): 227 像素
分辨率(R): 72 像素/英寸
Device Central(E)...
颜色模式(M): RGB 颜色 8 位
背景内容(C): 白色
图像大小:
266.0K
高级

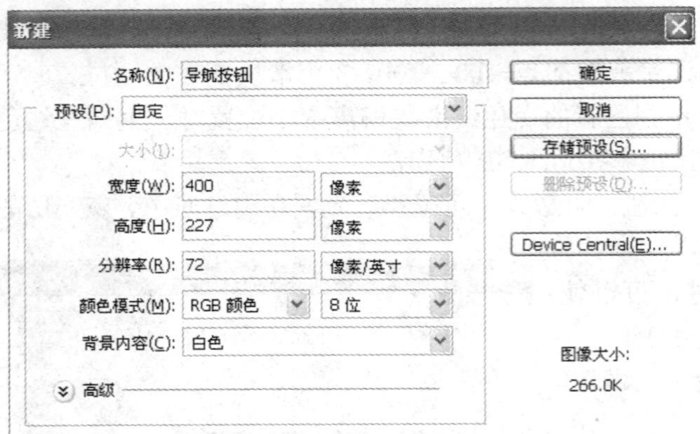

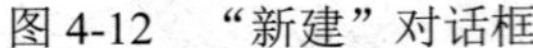

图 4-12　“新建”对话框

图 4-13　绘制并填充圆角矩形

③ 在“图层”面板中右击“图层 1”，在弹出的快捷菜单中选择“混合选项”命令，打开“图层样式”对话框，分别选中“投影”“外发光”“内发光”“斜面和浮雕”“光泽”“渐变叠加”6 个选项，分别按照图 4-14～图 4-19 所示设置图层样式各项的值，然后单击“确定”按钮。

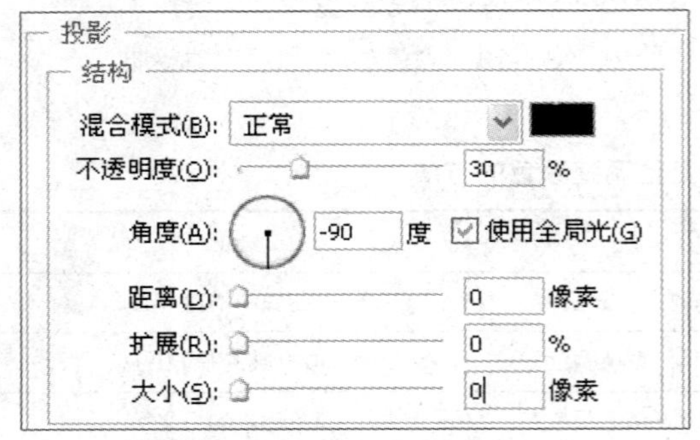

投影
结构
混合模式(B): 正常
不透明度(O): 30 %
角度(A): -90 度 使用全局光(G)
距离(D): 0 像素
扩展(R): 0 %
大小(S): 0 像素

图 4-14　“投影”选项

内发光
结构
混合模式(B): 滤色
不透明度(O): 75 %
杂色(N): 0 %
图素
方法(Q): 柔和
源: 居中(E) 边缘(G)
阻塞(C): 0 %
大小(S): 10 像素

图 4-15　“内发光”选项

外发光
结构
混合模式(E): 正常
不透明度(O): 75 %
杂色(N): 0 %
图素
方法(Q): 柔和
扩展(P): 0 %
大小(S): 8 像素
品质
等高线: 消除锯齿(L)
范围(R): 50 %
抖动(J): 0 %

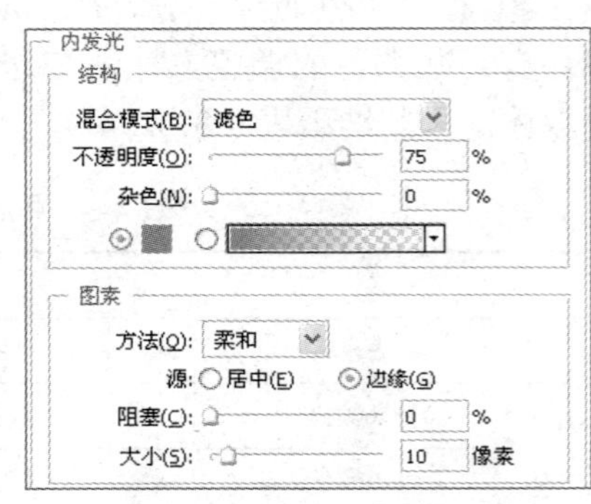

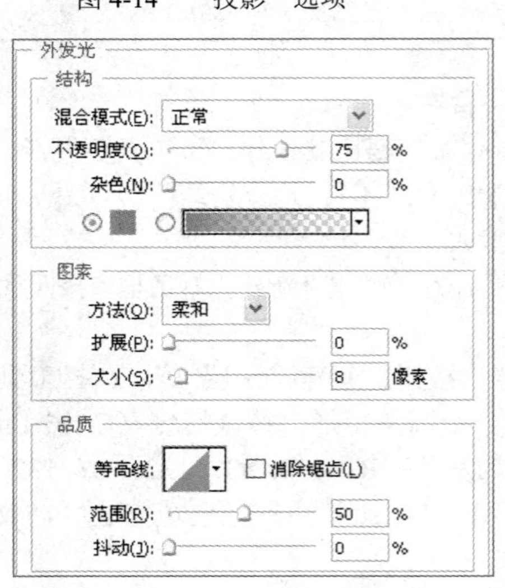

图 4-16　“外发光”选项

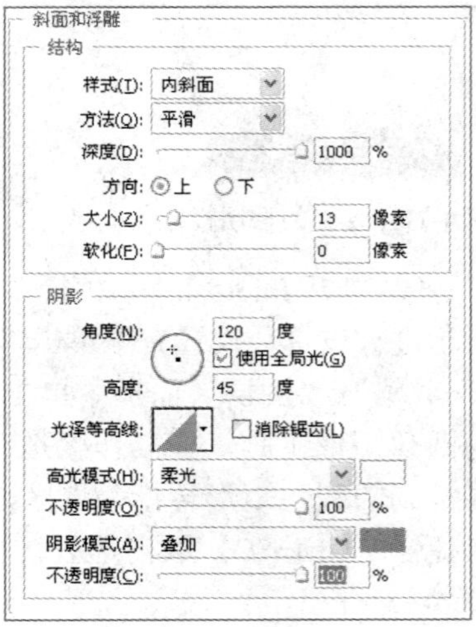

斜面和浮雕
结构
样式(T): 内斜面
方法(Q): 平滑
深度(D): 1000 %
方向: 上 下
大小(Z): 13 像素
软化(F): 0 像素
阴影
角度(N): 120 度
使用全局光(G)
高度: 45 度
光泽等高线: 消除锯齿(L)
高光模式(H): 柔光
不透明度(O): 100 %
阴影模式(A): 叠加
不透明度(C): 100 %

图 4-17　“斜面和浮雕”选项

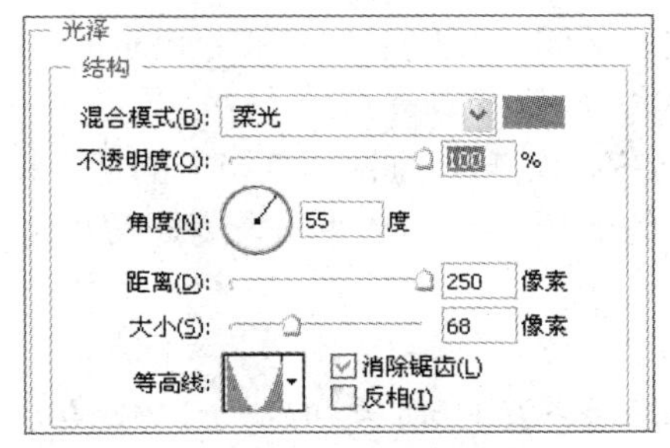

图 4-18　“光泽”选项

图 4-19　“渐变叠加”选项

设置图层样式后的按钮效果如图 4-20 所示。

④ 选择工具箱中的横排文字工具，在按钮上输入文字“图像素材处理”，按照图 4-21 所示格式设置字体。

图 4-20　设置图层样式后的效果　　图 4-21　设置字体格式

图 4-22　最终的按钮效果

设置好字体格式后，选择工具箱中的移动工具 ，选中文字图层后移动文字，使之与按钮对齐，最终按钮效果如图 4-22 所示。

⑤ 若要将按钮输出为图片文件，应执行“文件”|“存储为”命令，在弹出的对话框中选择保存格式为.jpg，设置好其他选项后存储图像文件即可。若需要进一步修改完善，则选择.psd 格式来保存文件。

4.2　数字音频资源编辑

4.2.1　基础知识

1. 常用声音文件格式

常用的声音文件格式有：CDA、WAV、MP3、WMA、MIDI 等格式。

① WAVE：扩展名为.wav，该格式记录声音的波形，故只要采样率高、采样字节长、机器速度快，利用该格式记录的声音文件能够和原声基本一致，质量非常高，但这样做的代价就是文件太大。

② MOD：扩展名.mod、.st3、.xt、.s3m、.far、.669 等，该格式的文件里存放乐谱和乐曲使用的各种音色样本，具有回放效果明确、音色种类无限等优点。但它也有一些致命弱点，现在已经逐渐淘汰，目前只有 MOD 迷及一些游戏程序中尚在使用。

③ MPEG-3：扩展名.mp3，目前最流行的声音文件格式，因其压缩率大，在网络可视电话通信方面应用广泛，但和 CD 唱片相比，音质不能令人非常满意。

④ Real Audio：扩展名.ra，这种格式凭借强大的压缩量和极小的失真在众多格式中脱颖而出。和 MP3 相同，它也是为了解决网络传输带宽问题而设计的，因此主要目标是压缩比和容错性，其次才是音质。

⑤ CD Audio：扩展名.cda，唱片采用的格式，又叫“红皮书”格式，记录的是波形流，纯正、HIFI。其缺点是无法编辑，文件长度太大。

⑥ MIDI：扩展名.mid，MIDI 能指挥各音乐设备的运转，而且具有统一的标准格式，能够模仿原始乐器的各种演奏技巧甚至无法演奏的效果，而且文件的长度非常小。

2. 声音的三要素

声音的三要素包括音调、响度、音色。音调是指声音的高低，取决于声源振动的频率。人耳对声音强弱的主观感觉称为响度，响度与声源的振幅及人距离声源的远近有关。声音的品质称为音色。音色主要与发声体的材料、结构、发声方式等因素有关。

【拓展】

- 响度：声音大小，与发音体产生的声波振幅有关。
- 音调：声音的高低，与发音体产生的振动频率有关。
- 音品：声音的独特性，与发音体产生的波形有关。

3. 声音文件的 3 个属性

（1）声音文件的属性

声音文件的属性包括：采样频率、采样位数、声道数（立体声或单声道）。“采样率”和“采样精度”是数字化声音的两个基本要素。最常见的采样率标准是 44.1 kHz（千赫兹）。此外还有 22050 Hz、11025 Hz 等。16 bit 是最常见的采样精度，此外还有 8 bit、24 bit 等。

（2）模拟声音数字化原理

声音是通过空气传播的一种连续的波，叫声波。声音的强弱体现在声波压力的大小上，音调的高低体现在声音的频率上。声音用电信号表示时，声音信号在时间和幅度上都是连续的模拟信号。

声音进入计算机的第一步就是数字化，实际上就是采样和量化。连续时间的离散化通过采样来实现。

声音数字化需要回答两个问题：一是每秒钟需要采集多少个声音样本，也就是采样频率（fs）是多少；二是每个声音样本的位数（bit per sample，bps）应该是多少，也就是量化精度。

① 采样频率。采样频率的高低是根据奈奎斯特理论（Nyquist theory）和声音信号本身的最高频率决定的。奈奎斯特理论指出，采样频率不应低于声音信号最高频率的 2 倍，这样才能把以数字表达的声音还原成原来的声音。采样的过程就是抽取某点的频率值，很显然，在一秒中内抽取的点越多，获取的频率信息越丰富。为了复原波形，一次振动中，必须有两个点的采样，人耳能够感觉到的最高频率为 20 kHz，因此要满足人耳的听觉要求，则需要至少每秒进行 40 k 次采样，用 40 kHz 表达，这个 40 kHz 就是采样率。人们常见的 CD 采样率为 44.1 kHz。

② 量化精度。只有频率信息是不够的，还必须记录声音的幅度。量化位数越高，能表示的幅度等级数越多。例如，每个声音样本用 3 bit 表示，测得的声音样本值在 0～8 的范围内。常见的 CD 为 16 bit 的采样精度，即音量等级有 2^{16}。样本位数的大小影响到声音的质量，位数越多，声音的质量越高，而需要的存储空间也越多。

③ 压缩编码。经过采样、量化得到的 PCM 数据就是数字音频信号了，可直接在计算机中传输和存储。为了便于存储和传输，需要进一步压缩，这就出现了各种压缩算法，以将 PCM 转换为 MP3、AAC、WMA 等格式。

4. 常用音频编辑软件及功能

常用音频编辑软件如表 4-4 所示。

表 4-4　常用音频编辑软件及其功能

名称	提供商	主要功能
Adobe Audition	Adobe	可以录制、混合、编辑和控制音频。创建音乐，录制和混合项目，制作广播点，整理音频或设计声音
Exact Audio Copy	exactaudiocopy	是一款无损音质，可抓取 CD 音轨，并且保存在计算机硬盘上的软件。既允许使用者以实时的方式抓取 CD 音轨，也可以进行快速抓轨，以缩短保存数据的时间
Audacity	Dmazzoni	是一款支持 Linux、MacOS 及 Windows 等多种平台的快速多轨音频编辑、录制工具，支持 WAV、AIFF、Ogg 和 MP3 格式的音乐文件，提供编辑、混音功能并提供预置效果、插件和无限次反悔操作
Overture	geniesof	是一套专业级的五线谱、写谱歌词、编辑、制作、印谱软件。该版本支持 Windows 及 Mac 2 种工作平台
GoldWave	Gold wave Inc.	是一个功能强大的数字音乐编辑器，集声音编辑、播放、录制和转换于一体的音频工具。它还可以对音频内容进行转换格式等处理

4.2.2　音频编辑

1. 声音的录制和采集

（1）用 Windows 录音机录制声音文件

在许多场合，需要对多媒体对象进行语音解说，这类素材一般只能自己创建。最简便的方法是利用 Windows 自带的“录音机”创建与编辑。

用“录音机”采集声音，一般需经过 3 个步骤：

1）设置录音通道及音量大小。将麦克风插入声卡的 MIC 插口，双击 Windows 任务栏右边的小喇叭图标，在弹出音量控制对话框中，执行“选项”|“属性”命令，在弹出的对话框中选择“录音”选项（图 4-23），单击“确定”按钮，出现“录音控制”界面，调整麦克风音量到合适大小，如图 4-24 所示。

2）设置录音属性。默认状态下，录音机只能录制 60 s 的 WAV 格式音频，若要对音频的格式及音质等作人为规定，就需要在录制之前进行录音属性设置。

运行“开始”|“程序”|“附件”|“娱乐”|“录音机”应用程序，如图 4-25 所示。执行“文件”|“属性”命令，单击“立即转换”按钮，弹出“声音选定”对话框，如图 4-26 所示。

在“声音选定”对话框中，指定录制格式及采样频率、声道数和量化精度等参数后，单击“确定”按钮。

3）录音。单击录音机界面上的“录音”按钮，即可录音。录音完毕，单击“停止”按钮。最后执行“文件”|“保存”命令即可。

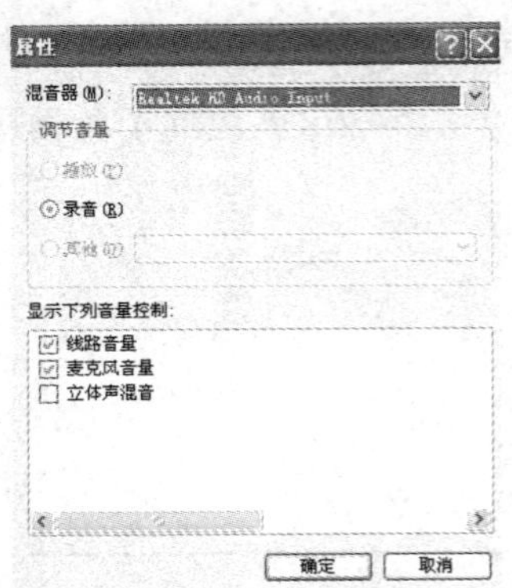

图 4-23　设置录音通道

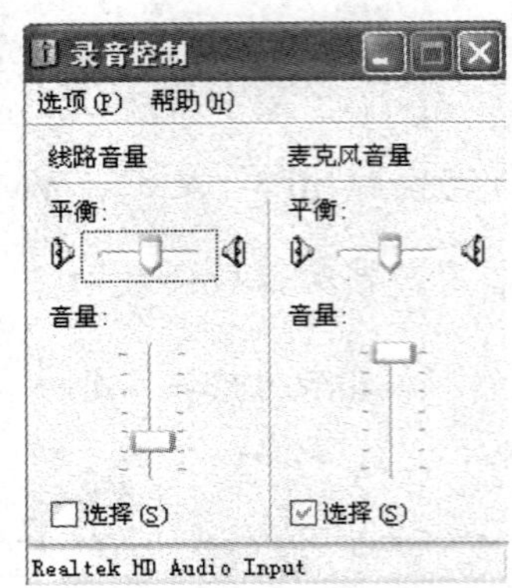

图 4-24　设置录音音量大小

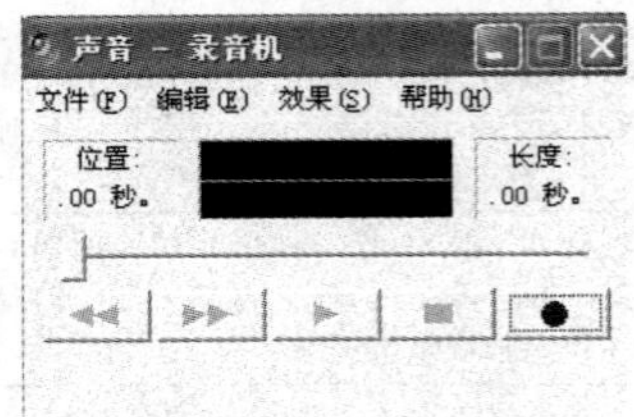

图 4-25　Windows 录音机界面

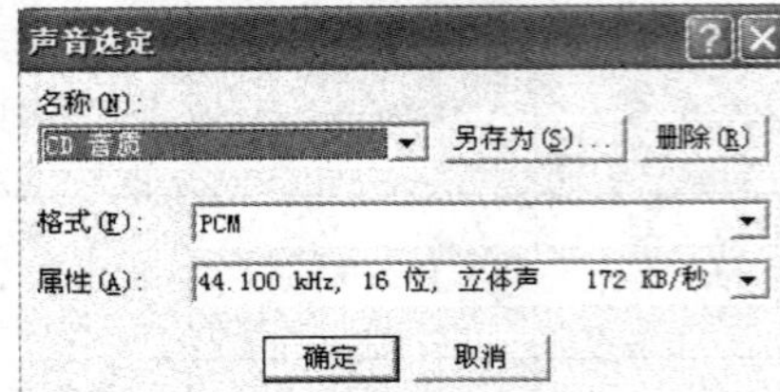

图 4-26　“声音选定”对话框

4）截取正在运行程序中的声音：

① 做好录音前的准备工作，并打开“录音机”程序，方法如前所述。

② 打开所要运行的程序（如课件、游戏软件等）并找到想要录制的内容。

③ 激活录音机程序，并单击“录音”按钮。

④ 激活待运行的程序，播放想要录制的声音。

⑤ 录音结束时，单击“停止”按钮，保存录音即可。

【拓展】录音机还可以对声音进行剪辑、混音、合成、调音量和速度，添加回音、反转等效果，这里不再一一介绍，读者可自行实践。

（2）用 Cool Edit Pro 2.0 录制声音文件

① 建立新的声音文件。执行“文件”|“新建”命令，新建一个声音文件。在弹出的对话框中，设置新建声音文件的格式，即采样频率、声道数（立体声/单声道）、采样精度，然后单击“确定”按钮，如图 4-27 所示。

② 开始录音。单击工具栏上的录音按钮（红色圆点）启动录音功能，即可用麦克风录音，如图 4-28 所示。

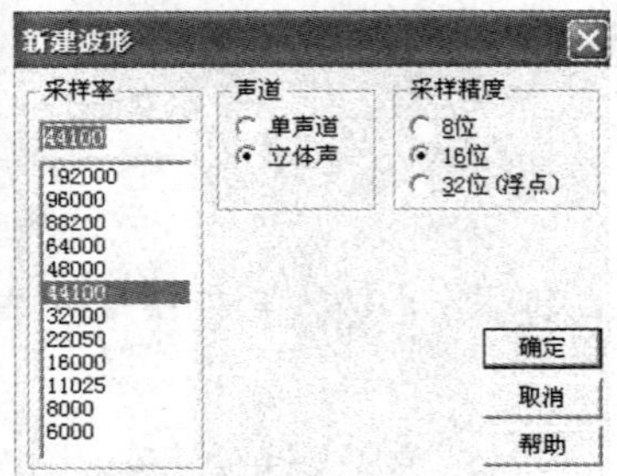

图 4-27　新建声音文件

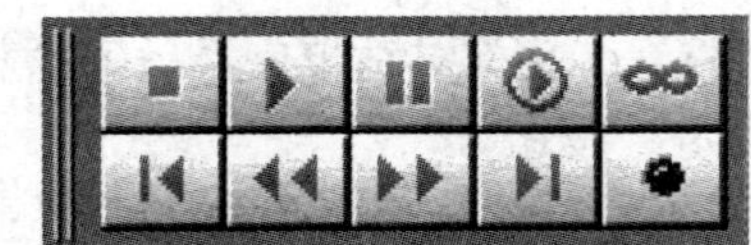

图 4-28　声音控制栏

③ 停止录音。单击工具栏上的“停止”按钮，即可结束录音。

④ 保存声音文件。执行“文件”|“另存为”命令，设置好保存位置、文件名和保存类型后保存文件。这样自己录制的声音文件就制作好了。

【拓展】 使用话筒录音时，应注意以下几点：

① 录音环境要安静，避免录进过多的噪声。

② 录音时，距离话筒不要太远也不要太近。如话筒太远，可能录制的音频音量太小；如果话筒太近，可能录下呼吸声。

③ 录音时，尽可能大声，但要保持声音始终在白线以内。

④ 录制开始后，先不要出声，空录十几秒环境噪声，然后录制人声，用于降噪时的噪声采样。

(3) 剥离视频中的声音

在看视频片段或欣赏 MTV 时，如果有好听的声音，如精彩的电影独白、古老的曲调、流行音乐等，都可以把它取出来进行加工处理，变成教学课件中极其美妙的声音。

执行“文件”|“从视频文件中提取”命令，打开一个 AVI 视频文件，工作区的状态栏中将出现一个进度条，表示正在提取音频的进度，如图 4-29 所示。

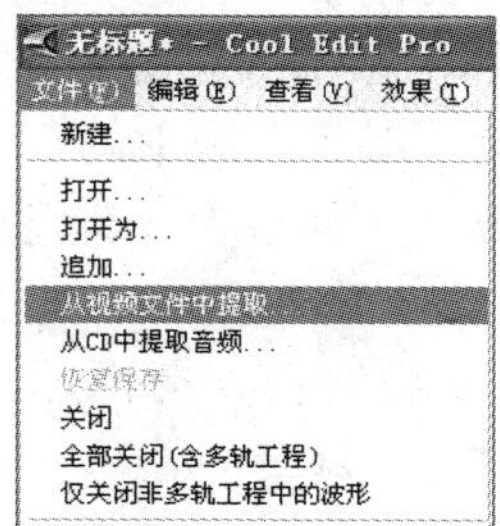

图 4-29　从视频文件中提取声音

此时只能从视频中提取声音文件，而不能打开视频。提取完毕后，保存这段音乐或进行相关处理后再保存即可。

2. 声音的剪辑

(1) 选择声音

在做任何编辑操作前，首先选择要处理的区域，如果不选择，Cool Edit 会对整个声音波形文件进行操作。选择区域的方法主要有两种，一种是不精确选取，方法是直接拖动鼠标，拖出一块白色的区域即为选择的区域，如图 4-30 所示。

另一种方法为在做零点定位后精确选取。零点就是一个有效的正弦波与中心线的交叉点，简单来讲，乐曲中左右声道证号都处在无声状态或最接近无声的时间被称为零点位置。乐曲片段的起始点和结尾点处于零点位置，当进行剪切、复制、粘贴和删除时，对原波形文件的整体破坏也减至最小，在听感上也会更加自然。

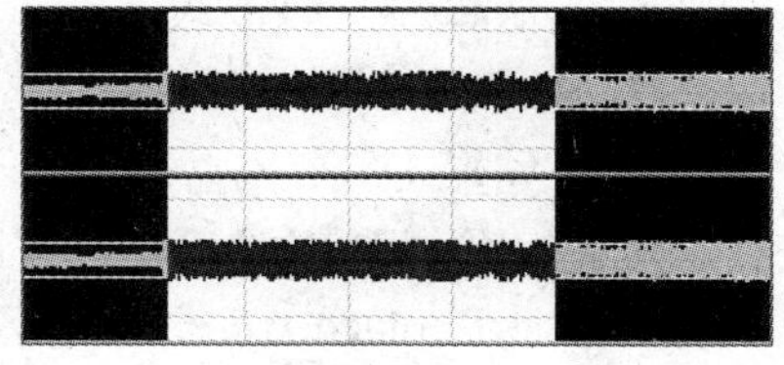

图 4-30　鼠标拖动选择区域

选中声音后，执行“编辑”|“零点定位”命令，调节所选中区域的边界（开始和结尾）到最近的零点位置即可。

也可以执行“编辑”|“吸附”|“零点吸附”命令，开启或关闭零点吸附功能，如图 4-31 所示。当开启零点吸附功能后，在鼠标拖动选择声音时会自动吸附到最近的零点上。

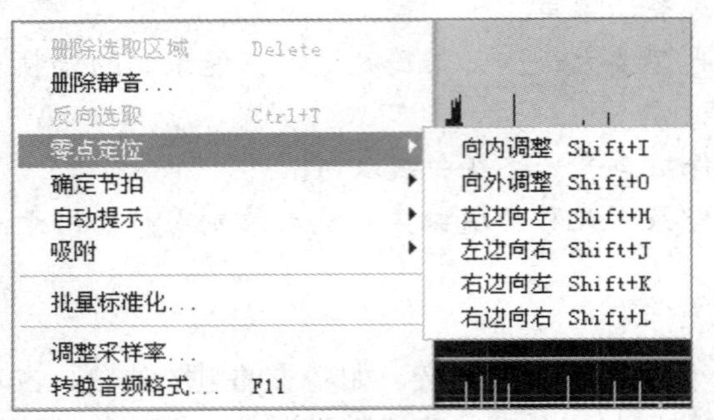

图 4-31 “零点定位”与“零点吸附”功能

（2）删除声音

在制作多媒体教学软件过程中进行录音时，声音文件的前后往往出现多余的无声音部分，如果保留，会影响视听效果。最好在声音文件中将多余部分删除。

选择要删除的区域，直接按〈Delete〉键，即可删除，或者在选中的声音波形区域右击，在弹出的快捷菜单中选择“剪切”命令也可以删除，如图 4-32 所示。这时，后面的波形会补上来。

选取查看	Ctrl+Shift+A
选取全部波形	Ctrl+A
插入到多轨中	Ctrl+M
剪切	Ctrl+X
复制	Ctrl+C
复制为新的	
粘贴	Ctrl+V
混合粘贴	Ctrl+Shift+V
反向	Ctrl+T
静音	
增加到提示列表中	F8
波形选项	Ctrl+P

图 4-32 删除声音

如果希望删除以后的区域变成空白，后面的波形保持不动，应该执行“效果”|“静音”命令。

（3）插入声音

第一种情况是在当前声音波形中插入另一端波形。选取声音并右击，在弹出的快捷菜单中选择“复制”命令，或使用快捷键〈Ctrl＋C〉，在插入点处单击，选择插入点，右击，在弹出的快捷菜单中选择“粘贴”命令，即可插入一段声音。

第二种情况是在当前声音波形末尾追加另一段声音波形，执行“文件”|“追加”命令，在弹出的对话框中选择要追加到当前声音后的另一首乐曲，单击“打开”按钮，即可将 2 首乐曲合并为 1 首。

【拓展】在插入声音时，除了直接粘贴外，还可以通过“混合粘贴”命令来粘贴波形。“混合粘贴”的形式有：

插入（Insert）粘贴模式：将剪贴板中的波形片段粘贴到时间线，并将原来时间线后的波形往后推。

混合（Overlap/Mix）：将剪贴板中的波形与原来时间线后的波形混合。

替换（Replace）：将剪贴板中的波形粘贴到时间线，并将原来时间线后的波形替换，直到剪贴板上的片段结束时才停止替换。

调制（Modulate）：按剪贴板中的波形长度将原来时间线后的波形进行调制混合。

（4）移动声音

方法：选中区域，然后右击，选择快捷菜单中的“剪切”命令或使用快捷键〈Ctrl＋X〉，将指针移动到需要粘贴的地方，右击，在弹出的快捷菜单中选择“粘贴”命令，或使用快捷键〈Ctrl＋V〉。

可以发现，声音的删除、复制、移动与文字处理软件 Word 中对文字的删除、复制、移动方法类似。

（5）将一个声音文件剪辑分成几个声音文件

在制作多媒体教学软件时，需要将一个声音文件分成几个声音文件，根据不同场景插入到不同地方，这就需要将一个声音文件剪辑分成几个声音文件。具体方法是：

执行“文件”|“打开”命令，打开声音文件，选取区域并右击，在弹出的快捷菜单中选择“复制为新的”命令，如图 4-33 所示。Cool Edit 任务窗格中就会出现刚才复制的新文件。

选取查看　Ctrl+Shift+A
选取全部波形　Ctrl+A
插入到多轨中　Ctrl+M
剪切　Ctrl+X
复制　Ctrl+C
复制为新的
粘贴　Ctrl+V
混合粘贴　Ctrl+Shift+V
反向　Ctrl+T
静音
增加到提示列表中　F8
波形选项　Ctrl+P

图 4-33　将声音片段复制为新文件

执行“文件”|“另存为”命令，保存即可。

（6）声音合成——为录制的声音配背景音乐

对于声音的合成，最直接的办法是在 Cool Edit 软件的多轨界面下完成。在 Cool Edit 编辑界面中，单击左上角的“切换到多轨界面”按钮，打开多轨界面，如图 4-34 所示。

执行“文件”|“打开”命令，打开录制的声音文件，并在任务窗格中按住鼠标左键，将录制的声音文件拖动到“音轨 1”。

【拓展】在多轨界面，如果要移动加到音轨上的波形，需要按住鼠标右键拖动。

执行“文件”|“打开”命令，打开背景音乐文件，并在任务窗格中按住鼠标左键，将背景音乐文件拖动到“音轨 2”。将背景音乐文件拖动到要插入背景音乐的地方，与音轨 1 录制的声音对应即可。

声音文件合成完成后，执行“文件”|“混缩另存为”命令，将多个轨道的声音文件合并为一个文件混合输出保存，如图 4-35 所示。

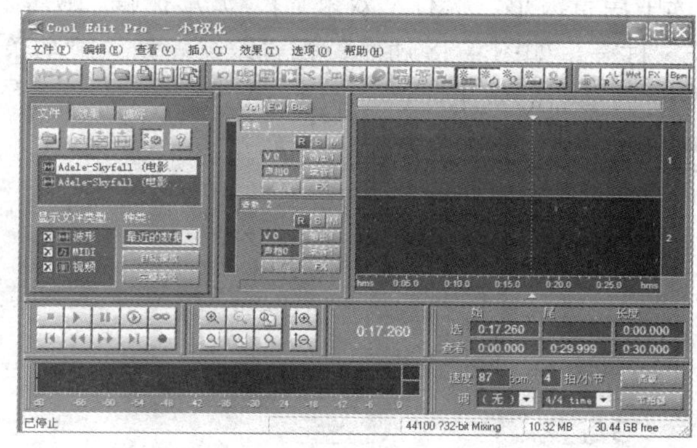

图 4-34　Cool Edit 软件的多轨界面

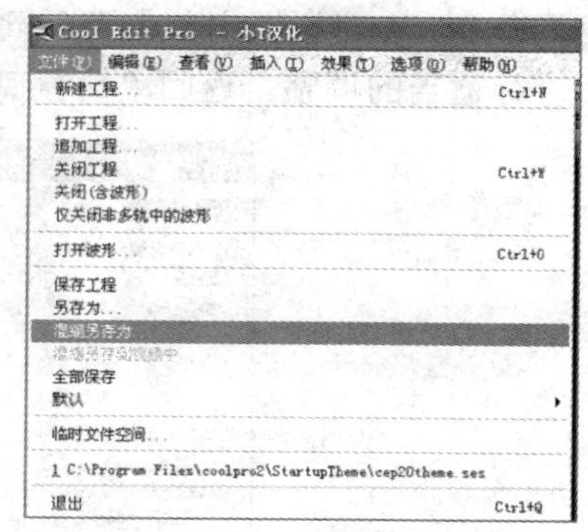

图 4-35　混缩另存为

【拓展】如希望保留多轨现状，便于以后能作进一步编辑，则在多轨窗口中执行“文件”|“另存为”命令，以.ses 为扩展名保存此工程文件。

3. 声音特殊效果处理

（1）缩小声音文件容量

如果录制声音时以 WAV 格式来记录声音，当录制时长比较长时，会造成文件体积较大，特别高频率的采样（44.1 kHz）、16 bit、双声道的声音文件很大，在做多媒体教学软件时，需要适当缩小文件容量。

可选择的方法就是改变声音的采样率、量化精度（位深）与声道。

打开声音文件，执行“编辑”|“转换音频格式”命令，弹出图 4-36 所示的对话框。在对话框中可以看出当前声音文件的采样频率、声道数和量化精度。把量化精度改为 8 bit，声道改为单声道，单击“确定”按钮后，可以减小声音文件的大小。

执行“编辑”|“调整采样率”命令，弹出“调整采样率”对话框，如图 4-37 所示。在此对话框中可以降低声音的采样频率，同样可以降低声音文件的大小。

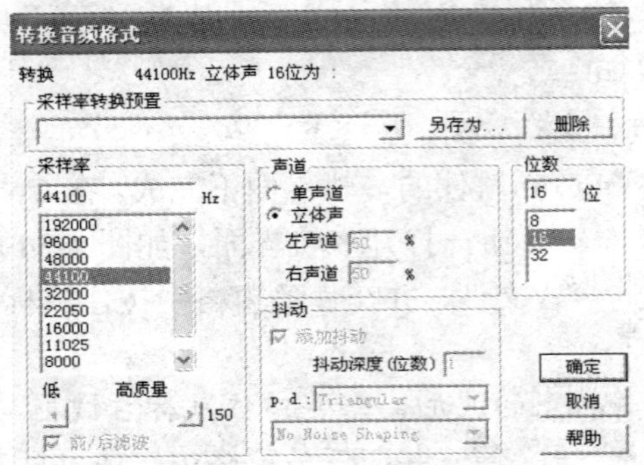

图 4-36　“转换音频格式”对话框

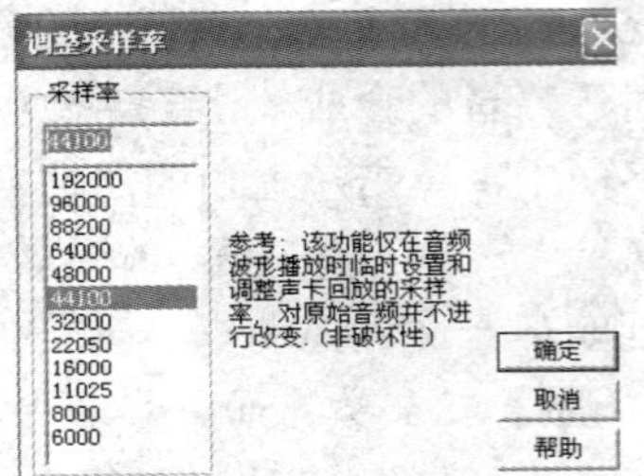

图 4-37　调整音频的采样频率

将减小后的文件另存一个文件，与原文件相比，文件大大减小。

（2）调整音量大小

Cool Edit 中调整音量大小有 2 种方法：恒量调整和包络线调整。

① 恒量调整。在单轨编辑界面中选中声音波形，执行“效果”|“波形振幅”|“渐变”命令，在对话框中单击“恒量改变”标签，如图 4-38 所示。在“改变音量”滑动条上进行适当的调整。返回单轨窗口后聆听调整后的效果。

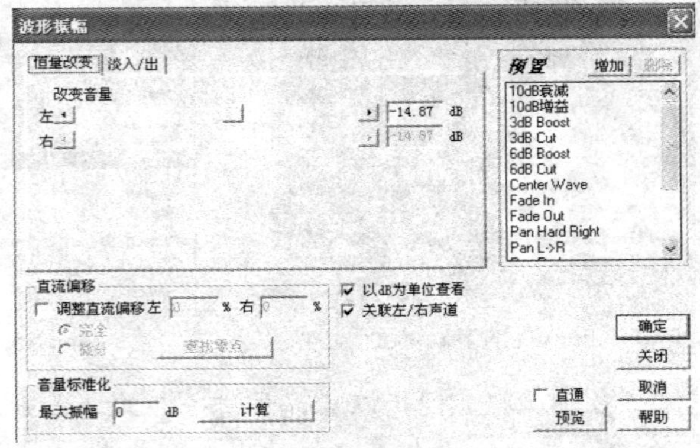

图 4-38　波形振幅的“恒量改变”调节音量

② 包络线调整。在多轨窗口中，用右键拖动的方式将声音添加到音轨上，在“查看”菜单中，选中“音量包络”和“开启包络编辑”两项，可看到波形上面有一条绿色的包络线，如图 4-39 所示。

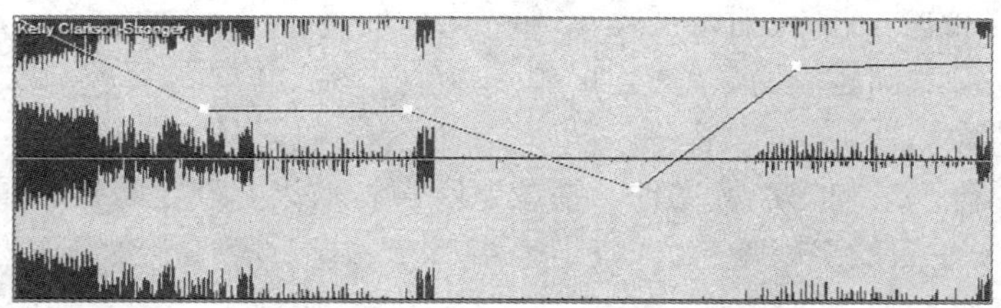

图 4-39　调整声音的包络线

在声音的包络线上单击可添加控制点，在需要增大或减小音量的位置分别按住鼠标左键向上或向下调节包络线即可。

（3）增加声音的空间感

Cool Edit 的常用效果器下有“混响”及“合唱”“回声”等效果，主要用来增加声音的空间感。

① 合唱（Chorus）。执行“文件”|“打开”命令打开声音文件，选取要添加合唱效果的波形区域（若不选择，则表示为整个波形添加效果，下同）。选择好波形片段后，执行“效果”|“常用效果器”|“合唱”命令，弹出图 4-40 所示的对话框。

在该对话框中设置合唱效果参数，也可以直接在“预置”列表框中选择需要的效果。

② 混响（Reverb）。执行“文件”|“打开”命令打开声音文件，然后选取声音波形区域，执行“效果”|“常用效果器”|“混响”命令，弹出图 4-41 所示的对话框。

在“混响”对话框中进行设置：可以选取“预置”列表框中的空间效果，如 Concert HallLight、Dark Hall、DarkDrumPlate 等。选择好后，单击“预览”按钮，可以试听混响效果。效果满意后，单击“确定”按钮即可。

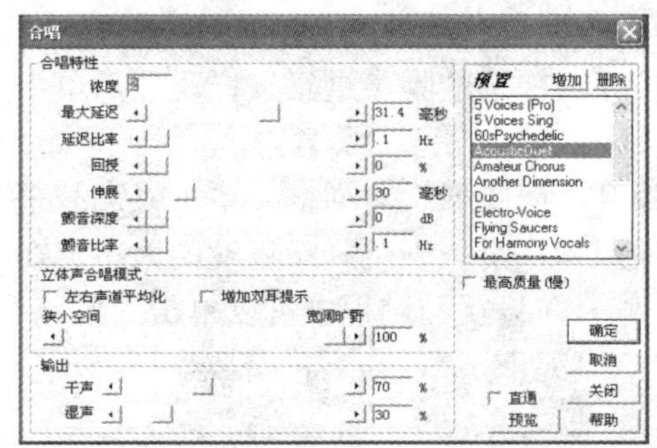

图 4-40　“合唱”效果设置对话框

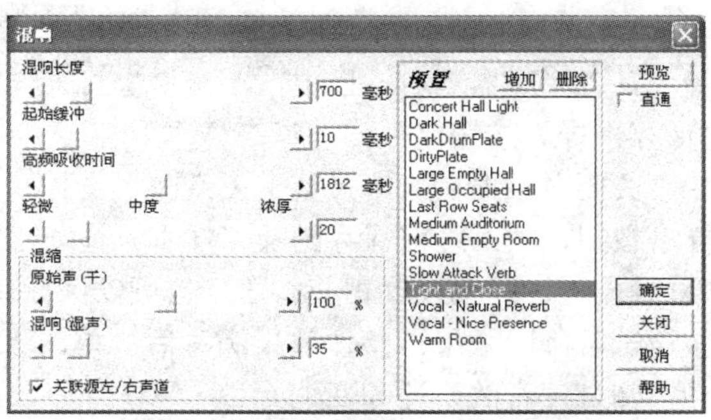

图 4-41　“混响”效果设置对话框

这里有两个很重要的设置，即“原始声（干）”和“混响（湿声）”，原始声（干）是指原始声音，混响（湿声）就是指经过处理以后的声音。一般的效果处理，是把这两种声音以一定的比例混合，得到最终的声音。我们可以把它理解成“处理的强度”，原始声（干）越小，混响（湿声）越大，处理效果越重，反之越轻。

【拓展】 在混响中，要想使声音听起来更远，就把原始声（干）设小些，混响（湿声）设大些。

此外，控制空间大小和声音远近还有两个重要参数，即衰减时间（混响长度）和前反射时间（起始缓冲）。衰减时间，是指混响声音从开始到结束的声音持续多长。衰减时间越长，则表示空间越大。前反射时间（或称早反射时间）是指“第一个”反射声到达耳朵的时间，一般的教室前反射时间是 15 ms，大厅约是 30 ms，大教堂是 70 ms 左右……空间越大，前反射时间越大。

（4）噪声消除

首先，打开自己录制的声音文件，播放试听声音效果并确定噪声（录音时需要在开始阶段空录 10 s 左右的房间噪声），确定噪声后，选择一段噪声波形作为去噪时的噪声样本，以便接下来做噪声采样。

执行“效果”|“噪音消除”|“降噪器”命令，弹出图 4-42 所示的对话框。

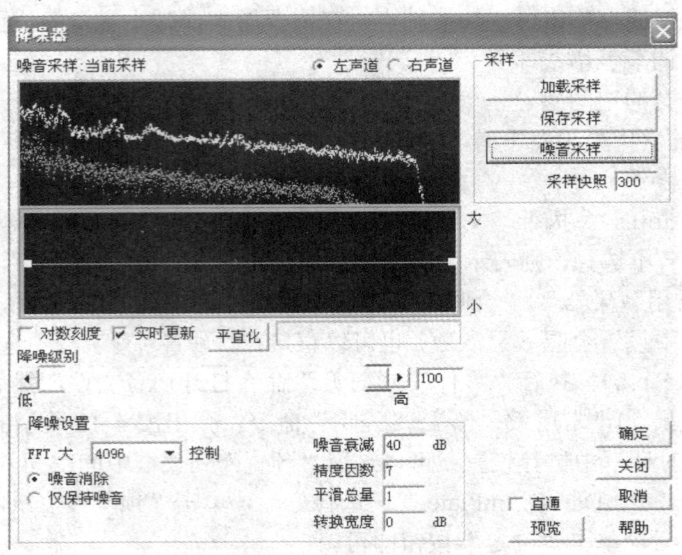

图 4-42 “降噪器”对话框

在“降噪器”对话框中，单击“噪音采样”按钮对所选的噪声进行采样，然后单击“保存采样”按钮将采样的噪声样本保存。

关闭对话框后，选择整个声音波形文件，再打开“降噪器”对话框。单击“加载采样”按钮，载入之前保存的噪声样本。拖动“降噪级别”滑块确定降噪程度的大小，在“降噪设置”区域设置相关参数，也可以保持默认值。在设置的过程中可以单击“预览”按钮试听降噪效果。整体效果满意后，单击“确定”按钮，完成声音的降噪。

（5）声音的变速和变调

在制作多媒体课件时，如果把处理好的声音导入到对应的画面中，发现动画配音与画面错位，或感觉声音的语速过快或过慢，这时通过用变速功能将声音的播放时间延长或缩短，即可达到所需效果，同时也可以通过变调功能来升高或降低声音的声调，达到不同的画面配音效果。

① 变速——时间的压缩和拉伸。打开声音文件并将其拖放到单轨界面音轨上，选取需要变速的声音波形区域，然后执行“效果”|“变速/变调”|“变速器”命令，出现图 4-43 所示的对话框。

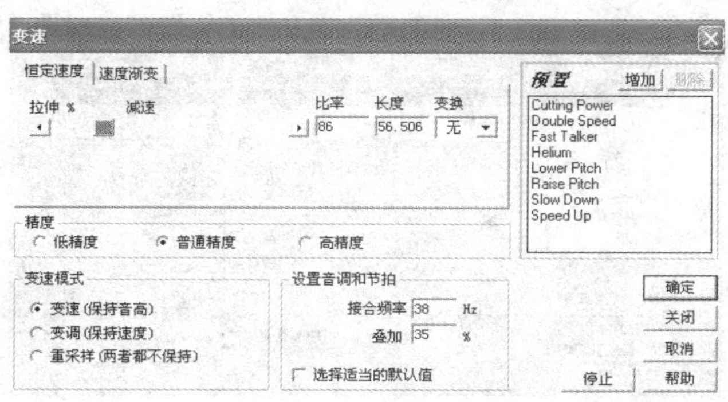

图 4-43　“变速”对话框

在“变速”对话框中，分别选择“恒定速度”和“速度渐变”选项卡，拖动滑块可将声音变为恒定加速/减速或渐变的速度。在“精度”区域设置变速的精度为低精度、普通精度或高精度，变速模式可以设为变速、变调或重采样，设置完成后单击“预览”按钮试听效果，满意后确定即可。

② 变调——声调的升高或降低。打开声音文件并将其拖放到单轨界面音轨上，选取需要变调的声音波形区域，然后执行“效果”|“变速/变调”|“变调器”命令，出现图 4-44 所示的对话框。

在“变调器”对话框中可以选择“预置”列表框中的方案来升降调，也可以在蓝色声线上单击添加控制点，然后向上或向下拖动控制点来实现升调或降调效果，在拖动完控制点后可以设置质量等级和半音范围。在设置过程中单击“预览”按钮边听边调整，效果满意后确认，即可完成变调处理。

（6）淡入淡出（Fade in/Fade out）

在制作多媒体课件时，一般不会让背景音乐声突然播放或停止，背景音乐声应该在开始播放时渐渐增强，结束时渐渐减弱，在开始和结束很平缓地过渡。Cool Edit 的淡入/淡出功能可以实现要求。

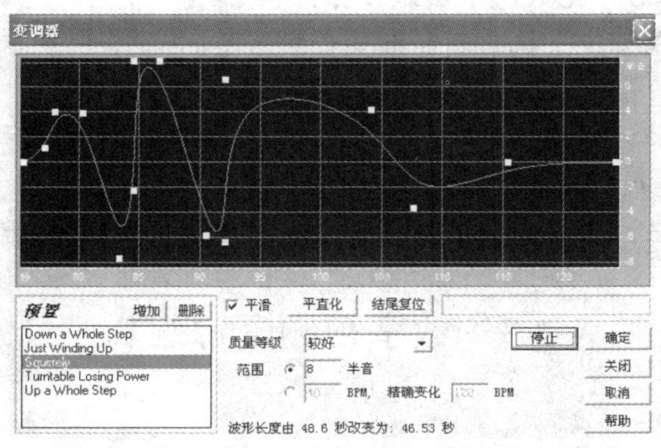

图 4-44　“变调器”对话框

打开课件的背景音乐文件，并将其拖放到单轨界面音轨上，拖动鼠标选择文件开始处的一段声音波形区域，然后执行“效果”|“波形振幅”|“渐变”命令，出现图 4-45 所示的对话框。

打开“淡入/出”选项卡，在右侧的“预置”列表框中选择“Fade In”，波形从左到右发生了从小到大的变化。

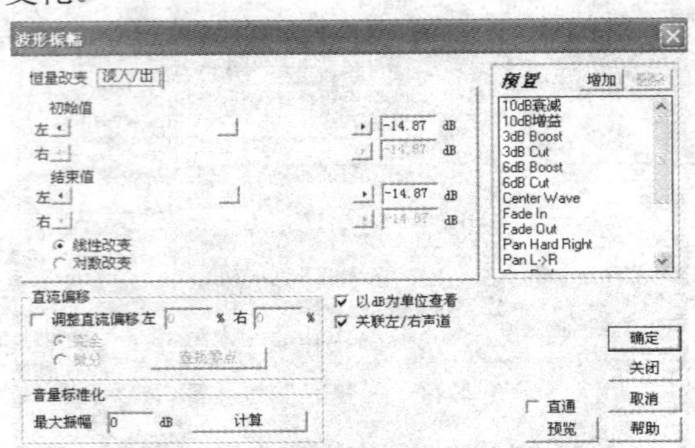

图 4-45 “波形振幅”对话框

同理，拖动鼠标选择文件结束处的一段声音波形区域，在上述界面中选择“Fade out”，波形从左到右发生了从大到小的变化。

（7）声音文件格式转换

打开需要转换格式的声音文件，在波形编辑窗口中，执行“文件”|“另存为”命令，在打开的“另存波形为”对话框中，选择需要的文件类型并保存即可，如图 4-46 所示。

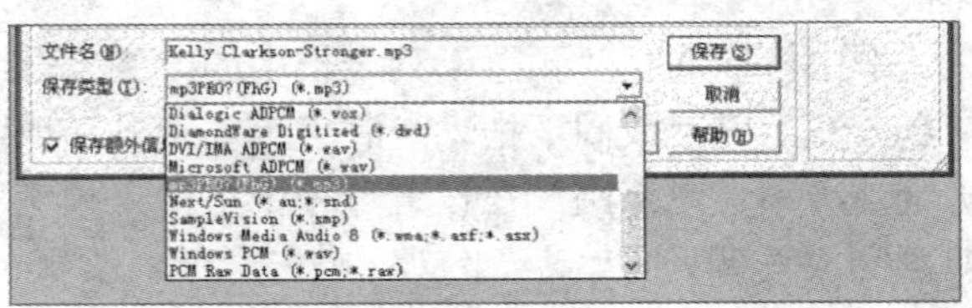

图 4-46 另存波形

✎ 课堂练习

学习完本节内容后，完成以下实践任务:

① 通过计算机或智能手机录制和采集音频信息，并能将所获取的音频信息转换成自己所需要的格式。

② 根据教材中的具体操作过程，学习使用 Cool Edit 软件，学会常用的声音剪辑和编辑技巧，并能按照自己的需求编辑音频。

③ 熟悉教学和学习中音频应用的方法，会合理使用音频信息辅助教学和学习过程。

4.3 数字视频资源编辑

4.3.1 基础知识

1. 常见的基本术语

（1）电视制式

电视制式有 3 类：PAL 制、NTSC 制和 SECAM 制。我国使用 PAL 制，美国和日本采用 NTSC 制。不同制式，互不兼容。

（2）帧率

帧率就是每秒扫描多少帧。对于 PAL 制电视系统，帧率为 25；NTSC 制电视系统，帧率为 30（29.97）。

（3）视频采集

通常的视频信号都是模拟信号，计算机以数字方式处理信息，因此在计算机上使用之前必须对信号进行数字化采样，即将录像带等模拟视频信号转换成计算机可识别的数字信号，此过程为视频采集。

（4）视频采集卡

视频采集卡是具备视频捕获和视频压缩功能的计算机板卡，用于将视频信号转变为视频文件。

（5）DV 视频

DV 视频主要是指一种数码视频压缩格式，目前广为流行的 DV（数字摄像机）就以这种格式记录视频数据。它的优势在于记录的图像质量高，并可以直接在计算机中进行处理。

2. 常见的数字视频文件格式

常见的数字视频文件格式有 AVI、MOV、MPG、WMV、RM 等。

（1）本地视频格式

① AVI 格式。它的英文全称为 Audio Video Interleaved，即音频视频交错格式。它于 1992 年由 Microsoft 公司推出。所谓“音频视频交错”，就是可以将视频和音频交织在一起进行同步播放。这种视频格式的优点是图像质量好，可以跨平台使用，其缺点是体积过于庞大，压缩标准不统一，最普遍的现象就是高版本 Windows 媒体播放器播放不了采用早期编码编辑的 AVI 格式视频，而低版本 Windows 媒体播放器又播放不了采用最新编码编辑的 AVI 格式视频。如果用户在进行 AVI 格式的视频播放时遇到了这些问题，可以通过下载相应的解码器来解决。

② DV-AVI 格式。DV 的英文全称是 Digital Video Format，是由索尼、松下、JVC 等多家厂商联合提出的一种家用数字视频格式。目前非常流行的数码摄像机就是使用这种格式记录视频数据的。它可以通过计算机的 IEEE 1394 端口传输视频数据到计算机，也可以将计算机中编辑好的的视频数据回录到数码摄像机中。这种视频格式的文件扩展名一般是.avi，所以也叫 DV-AVI 格式。

③ MPEG 格式。它的英文全称为 Moving Picture Expert Group，即运动图像专家组格式，以前家中常看的 VCD、SVCD、DVD 就是这种格式。MPEG 文件格式是运动图像压缩算法的国际标准，它采用了有损压缩方法减少运动图像中的冗余信息，最有吸引力的地方在于它能够保存接近于 DVD 画质的小体积视频文件。

④ MOV 格式。它是美国 Apple 公司开发的一种视频格式，默认的播放器是苹果的 QuickTime Player，具有较高的压缩率和较完美的视频清晰度等特点。其最大的特点是跨平台性，即不仅支持 MacOS，也支持 Windows 系列。

（2）网络视频格式

① ASF 格式。它的英文全称为 Advanced Streaming Format，它是微软为了和 Real Player 竞争而推出的一种视频格式，用户可以直接使用 Windows 自带的 Windows Media

Player 对其进行播放。

② WMV 格式。它的英文全称为 Windows Media Video，也是微软推出的一种采用独立编码方式并且可以直接在网上实时观看视频节目的文件压缩格式。WMV 格式的主要优点包括：本地或网络回放、可扩充的媒体类型、部件下载、可伸缩的媒体类型、流的优先级化、多语言支持、环境独立性、丰富的流间关系及扩展性等。

③ RM 格式。Real Networks 公司所制定的音频视频压缩规范，称为 Real Media，用户可以使用 RealPlayer 或 RealOne Player 对符合 RealMedia 技术规范的网络音频/视频资源进行实况转播，并且 RealMedia 可以根据不同的网络传输速率制定出不同的压缩比率，从而实现在低速率的网络上进行影像数据实时传送和播放。

④ FLV 格式。作为一种新兴的网络视频格式，FLV 视频格式本身具有视频质量良好、体积小等特点适合目前网络发展。

⑤ MP4 格式。MP4 是一套用于音频、视频信息的压缩编码标准，由国际标准化组织（ISO）和国际电工委员会（IEC）下属的“动态图像专家组”（Moving Picture Experts Group，MPEG）制定，第一版于 1998 年 10 月通过，第二版于 1999 年 12 月通过。MPEG-4 格式的主要用途在于网上流、光盘、语音发送（视频电话）及电视广播。

3. 数字视频制作流程

数字视频节目制作一般要经过构思创作阶段、摄录阶段、编辑合成 3 道程序。

4. 数字视频编辑软件

专业的非线性视频编辑软件有 Edius、Premiere 等，普通用户日常可以使用的视频编辑软件一般有爱剪辑、会声会影、MovieMaker、VirtualDub、ShotCut 等。

4.3.2 用 Premiere 编辑视频素材

1. 新建项目

安装好 Premiere CS3 软件后，从“开始”菜单启动或双击桌面快捷方式打开 Premiere 程序，等加载画面结束后，便出现 Premiere 开始界面，如图 4-47 所示。

图 4-47 Premiere 开始界面

在开始界面中，如果最近使用并创建了 Premiere 的项目工程，会在“最近使用项目”下显示出来，只要单击即可打开。要打开之前已经存在的项目工程，可单击“打开项目”按钮，然后选择相应的工程即可打开。要新建一个项目，则单击“新建项目”按钮，进入配置项目的界面，如图 4-48 所示。

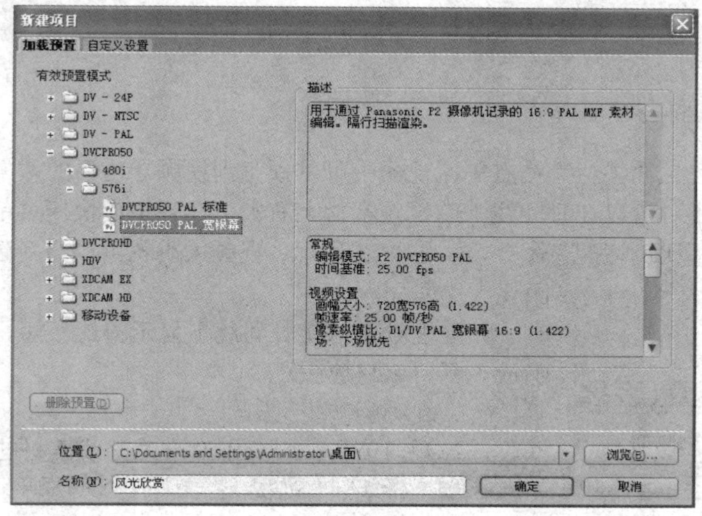

图 4-48　新建项目文件

这里以新建项目为例，按图 4-48 所示配置项目文件“风光欣赏.prproj”。配置好后单击“确定”按钮，程序自动进入编辑界面。

2．导入素材

在编辑界面下，执行“文件”|“导入”命令，打开“导入”对话框，选择需要导入的文件，如图 4-49 所示。

选择“风光欣赏.wmv”文件，单击“打开”按钮即可导入视频素材，如图 4-50 所示。

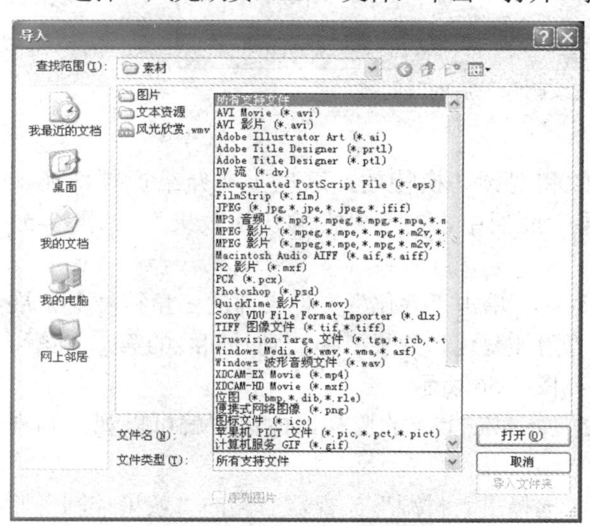

图 4-49　“导入”对话框

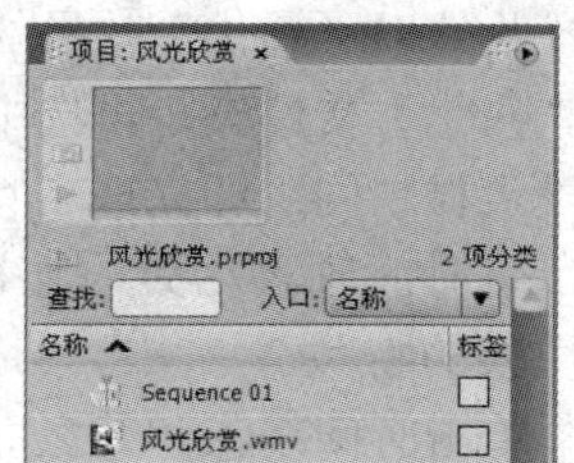

图 4-50　导入视频素材后的任务窗格

视频素材导入完成后，可以用鼠标将素材拖动到时间线上进行编辑了，如图 4-51 所示。

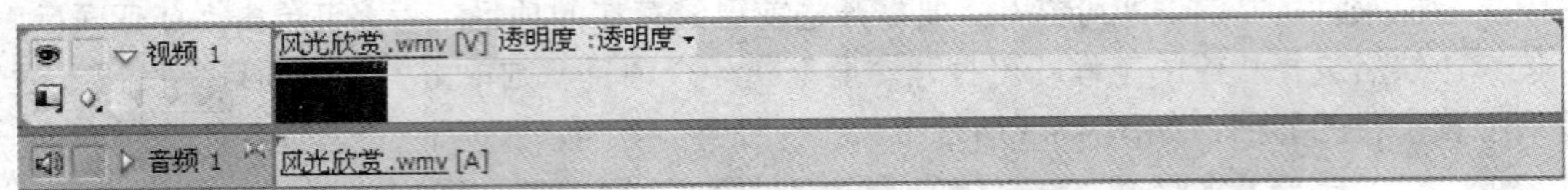

图 4-51　添加了素材的时间线

3. 视频编辑与字幕添加

单击时间线上的素材，在右侧监视器中可以预览到视频导出后的效果。如果视频不符合窗口的大小，可以在时间线上的视频素材上右击，在弹出的快捷菜单中选择“画面大小与当前画幅比例适配”命令，如图 4-52 所示。视频大小就可以与新建项目时设置的画幅大小匹配。

图 4-52　调整视频画面大小

如果视频素材在时间线上显示得比较短，可以通过选择缩放工具将素材放大。

（1）视频的剪辑

选择剃刀工具，分别对准时间线素材的 00:01:00:17、00:01:04:14、00:01:09:01、00:01:15:08 和 00:03:21:22 几个时间点单击，将素材剪成 6 个独立的片段，如图 4-53 所示。

图 4-53　剪辑后的时间线

分别选中第 2、4 和 6 三段素材片段并右击，选择“波纹删除”命令，将这 3 段素材删除的同时将前后的两段视频素材连接起来，如图 4-54 所示。

图 4-54　“波纹删除”后的时间线

（2）视频特效的添加

Premiere 提供了非常多的视频特效和视频切换特效，这里主要介绍视频切换特效的添加。在编辑界面左下方的“效果”面板中，展开“视频切换效果”，如图 4-55 所示。

此处以“叠化”效果的添加为例来说明，单击“叠化”文件夹前的三角符号，展开“叠化”文件夹，再选中文件夹下的“附加叠化”效果，拖动到时间线的第①和第②两段素材之间，即完成了特效的添加，如图 4-56 所示。

将时间轴移动到添加视频特效的位置，在右上方的监视器面板中就可以观察到视频切换的特效。

单击时间线①和②之间的视频特效，选择“素材源”监视器右侧的“效果控制”监视器，就可以对视频特效的细节进行调整。拖动“持续时间”滑块，可以调节特效持续的时间长短。拖动“开始”和“结束”预览窗下面的滑块可以预览视频切换的效果。选中“显示实际来源”复选框，则预览窗格中会显示实际切换的素材源，如图 4-57 所示。

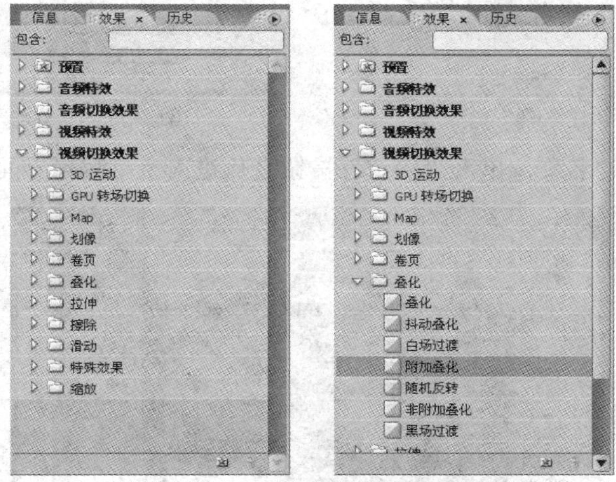

图 4-55　视频切换效果

图 4-56　“附加叠化”效果的添加

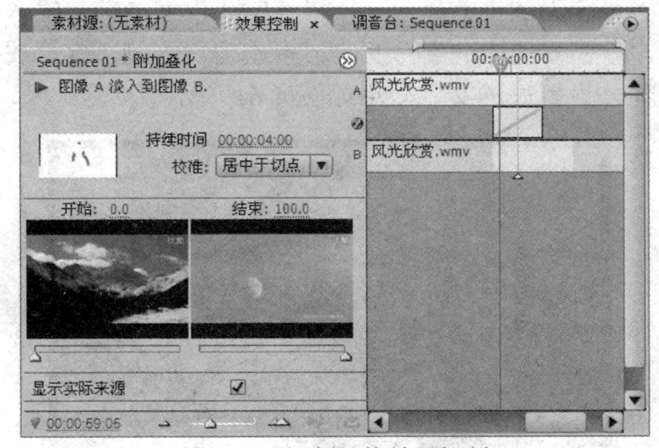

图 4-57　视频切换效果控制

【拓展】在 Premiere 中也可以对声音进行编辑，若要编辑视频自带的声音，首先右击时间线上的视频，在弹出的快捷菜单中选择“解除视音频链接”，就可以对音轨上的音频单独进行剪辑。若要对声音添加特效，可以单击左下角“效果”面板中的“音频特效”和“音频切换效果”，选中并拖动效果到轨道中的音频上即可。

（3）字幕的创建

在视频编辑的时候，往往需要为视频添加字幕，接下来介绍字幕的创建过程。

首先执行“字幕”|“新建字幕”|“默认静态字幕”命令（见图 4-58），打开“新建字幕”对话框，如图 4-59 所示。

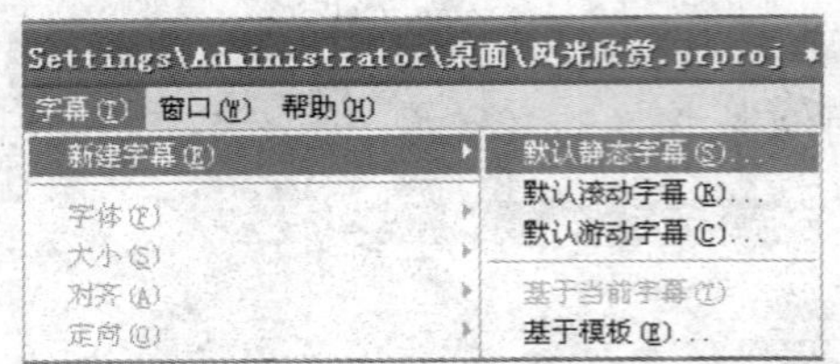

图 4-58“新建字幕”命令

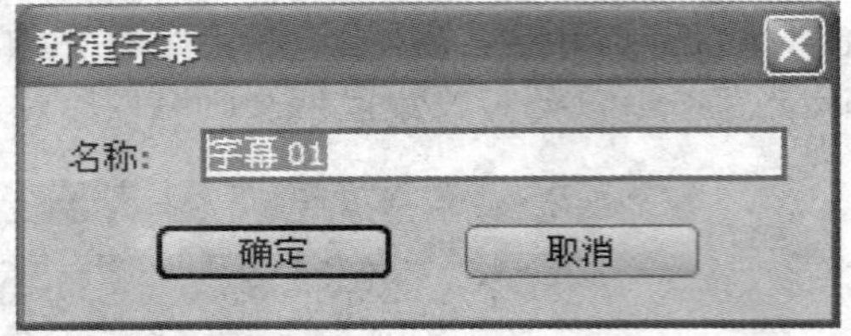

图 4-59　“新建字幕”对话框

更改新建字幕的名称，单击“确定”按钮之后进入字幕编辑界面，如图 4-60 所示。

图 4-60　字幕编辑窗口

在字幕安全区内单击，输入需要显示在字幕中的文字。需要注意的是，Premiere 软件的默认字体有很多可能无法正常显示，所以在输入汉字之前或输入完成之后，若有不能正常显示的文字，就需要选中的字幕文字，单击窗口右侧“字幕属性”面板中的“字体”选项来更改字体，设置好的文字效果如图 4-61 所示。

图 4-61　输入完成的字幕

【拓展】在“字幕属性”面板中，还可以对文字的大小、颜色、位置和效果等进行设置，请读者自行实践。

Premiere 提供了丰富多彩的字幕模板，用户可以选择使用。执行“字幕”|“新建字幕”|“基于模板”命令，在弹出的窗口中选择合适的字幕样式并添加文字后就可以使用。

有时需要在视频中添加自右向左滚动的字幕，或者需要在片尾添加自下而上滚动的字幕。在字幕编辑窗口中单击“滚动/游动选项”按钮（见图 4-62），弹出图 4-63 所示的对话框。

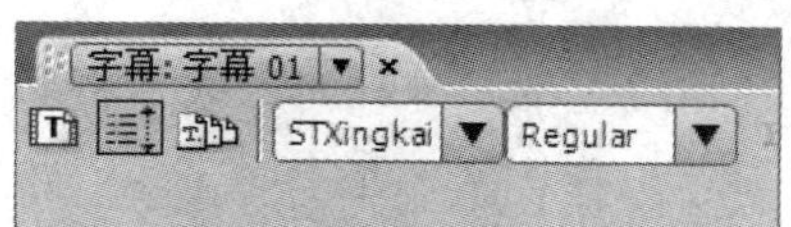

图 4-62　“滚动/游动选项”按钮

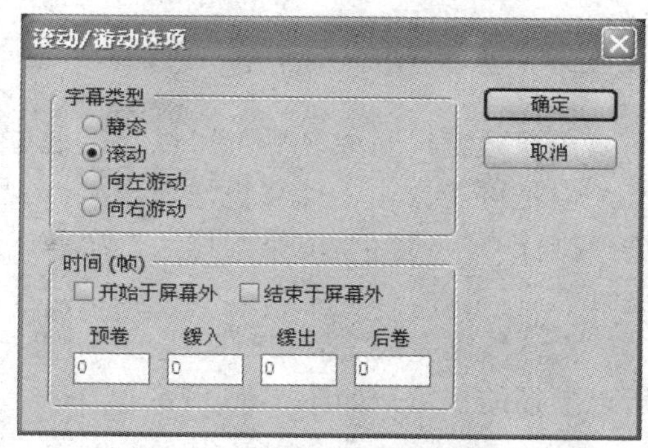

图 4-63　“滚动/游动选项”对话框

在此对话框中，需要设置的选项有：

- 静态：字幕文件为默认静态字幕。
- 滚动：设置字幕为由下而上滚动的字幕。
- 向左/右游动：统称为游动字幕，为屏幕下方自右向左或自左向右的游动字幕，一般情况下设置为自右向左游动。
- 开始于屏幕外：字幕开始滚动或游动之前，位于屏幕的下边或左右边缘外，开始后进入屏幕。
- 结束于屏幕外：字幕滚动或游动结束时，滚动或游动出屏幕边缘。
- 预卷：输入的数字代表有多少帧画面是静止的。
- 缓入：输入的数字代表有多少帧是加速滚动的，如果想要正常速度，则输入 0。
- 缓出：输入的数字代表字幕停止需要的帧数，如果要立即停止，输入 0。
- 后卷：输入的数字代表字幕的最后停止帧数。

如果需要设置字幕为滚动或游动字幕，按照上述说明设置即可。

（4）多轨编辑

在前面的编辑中，已经将视频拖放到“视频 1”轨道上。若要将字幕显示在监视器窗口中，也需要将其添加到视频轨道上。

在项目窗口中，按住鼠标左键拖动刚创建的字幕文件“字幕 01”到“视频 2”轨道最左端，如图 4-64 所示。

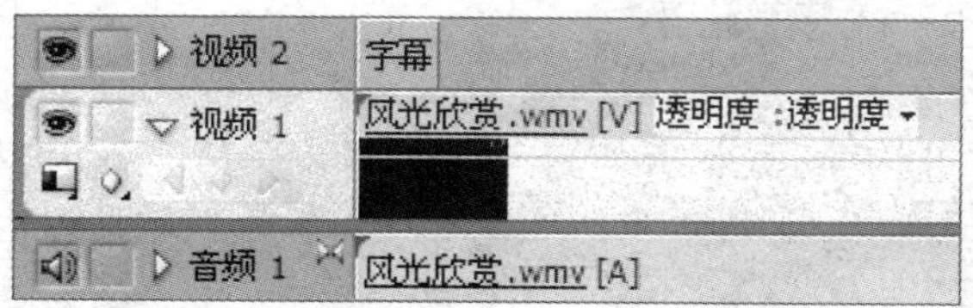

图 4-64　将字幕文件添加到“视频 2”轨道

此时发现字幕文件的长度为 6 s，并且将“视频 1”轨道上 0～6 s 的视频画面部分遮盖了，可以选中“视频 1”轨道上的素材，将其向后拖动 6 s 后释放鼠标，两幅画面即可正常播放观看。同时将创建的“屏幕下方滚动字幕”和“片尾字幕”添加到相应视频轨道，调整播放的位置和时间。

4. 视频的渲染和导出

在视频编辑完成之后，可以直接通过右侧监视器上的播放按钮进行整体视频的预览，但是可能会由于计算机性能所限，视频预览的过程比较卡，所以要进行视频的渲染。执行“序列”|“渲染工作区”命令，弹出图 4-65 所示界面，软件自动开始对视频进行渲染。

文件渲染完成之后，时间线上会出现一条绿线，当时间线上都是绿线时，表示视频可以顺畅的预览，如图 4-66 所示。

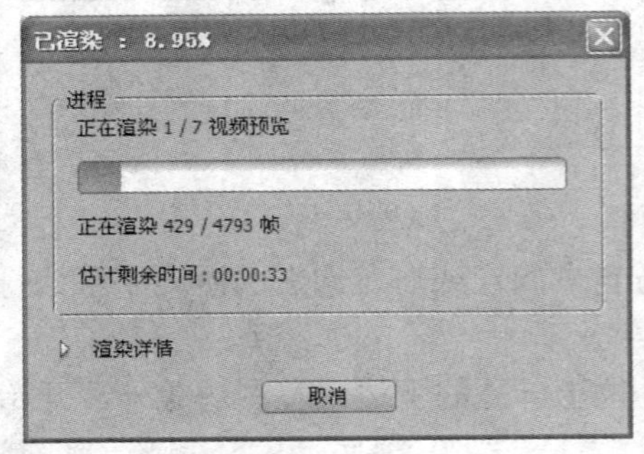

图 4-65　视频渲染

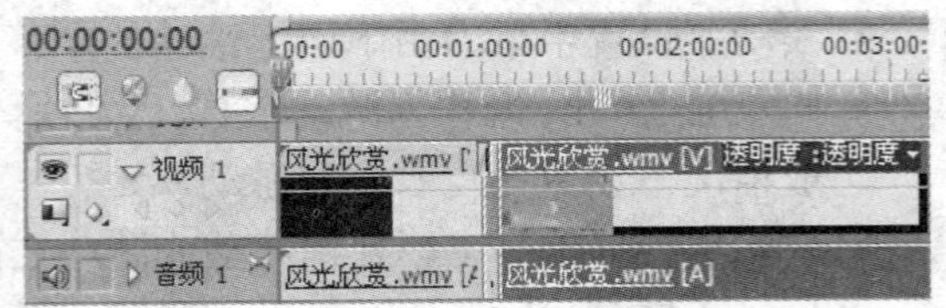

图 4-66　渲染后的时间线

视频预览完成之后，就可以将视频导出并保存项目文件，以便后期继续编辑。

执行“文件”|“导出”|“影片”命令，弹出图 4-67 所示的对话框。

选择保存位置并输入文件名后，单击“保存”按钮即可渲染并导出影片。若需要对导出的影片做其他设置，可单击“设置”按钮，打开“导出影片设置”对话框来设置影片属性，如图 4-68 所示。

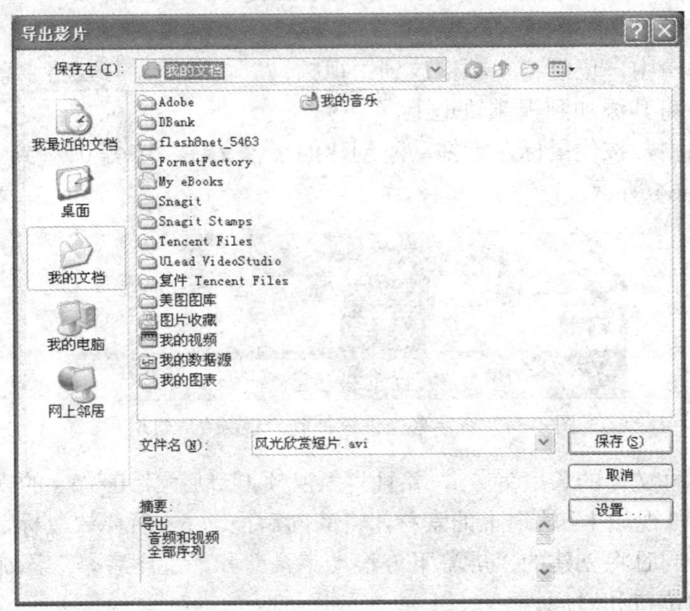

图 4-67　“导出影片”对话框

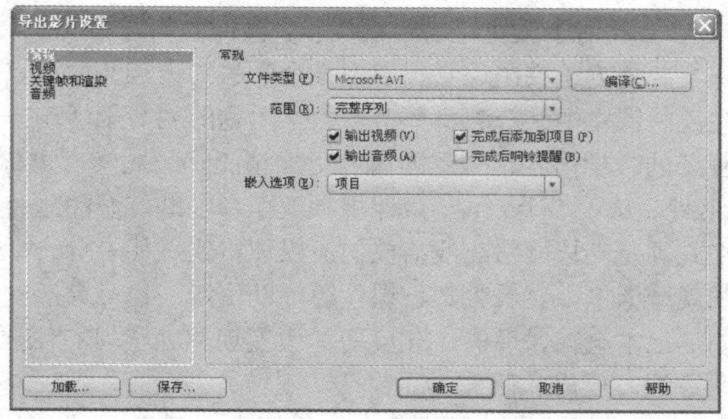

图 4-68　“导出影片设置”对话框

在此对话框中，可以规定导出影片的文件类型、导出的范围、视频压缩格式、画幅大小、帧速率及音频的相关选项。设置好后，单击“确定”按钮就可以导出视频文件。

【拓展】 采取这样的导出方法，导出的视频是 AVI 文件格式，视频文件的容量较大，我们可以通过转换软件转换为较小体积的视频格式。当然，也可以在导出时用“Adobe Media Encorder”命令来导出，在弹出的窗口右侧选择需要导出的格式，单击“确定”按钮后软件就会自动导出视频。

✎ 课堂练习

自选主题，编辑一个视频短片。

参考本章节内容的讲解，综合利用视频制作（获取）方法，制作一段 5 min 左右的教学视频，可以介绍或说明一件事、一个人，也可以演示一个操作过程，并对视频进行后期编辑，要求要有画面剪辑、特效处理、字幕等，输出为 FLV 或 MP4 格式，上传至任意视频网站，并制作二维码，粘贴在任务模板中。

4.4　微课的设计与制作

4.4.1　什么是微课

微课（Microlecture）这个术语并不是指为微型教学而开发的微内容，而是运用建构主义方法转化成的、以在线学习或移动学习为目的的实际教学内容，是指教师在课堂内外教育教学过程中围绕某个知识点（重点难点疑点）或技能等单一教学任务进行的一种方式，具有目标明确、针对性强和教学时间短的特点。

1. 微课的特点

① 教学时间较短：教学视频是微课的核心组成内容。根据中小学生的认知特点和学习规律，微课的时长一般为 5～8 min，最长不宜超过 10 min。因此，相对于传统的 40 min 或 45 min 的一节课的教学课例来说，微课可以称为“课例片段”或“微课例”。

② 教学内容较少：相对于较宽泛的传统课堂，微课的问题聚集，主题突出，更适合教师的需要：微课主要是为了突出课堂教学中某个学科知识点（如重点、难点、疑点内容）的教学，或是反映课堂中某个教学环节、教学主题的教与学活动，相对于传统一节课要完成的众多复杂的教学内容，微课的内容更加精简，因此又可以称为“微课堂”。

③ 资源容量较小：从大小上来说，微课视频及配套辅助资源的总容量一般在几十兆字节左右，视频格式须是支持网络在线播放的流媒体格式（如 RM、WMV、FLV 等），师生可流畅地在线观摩课例，查看教案、课件等辅助资源，也可灵活方便地将其下载保存到终端设备（如笔记本电脑、手机、MP4 等）上实现移动学习、“泛在学习”，非常适合于教师的观摩、评课、反思和研究。

④ 资源使用方便。微课选取的教学内容一般要求主题突出、指向明确、相对完整。它以教学视频片段为主线“统整”教学设计（包括教案或学案）、课堂教学时用到的多媒体素材和课件、教师课后的教学反思、学生的反馈意见及学科专家的文字点评等相关教学资源，构成了一个主题鲜明、类型多样、结构紧凑的“主题单元资源包”，营造了一个真实的“微教学资源环境”。这使得微课资源具有视频教学案例的特征。广大教师和学生在这种真实的、具体的、典型案例化的教与学情景中可易于实现“隐性知识”“默会知识”等高阶思维能力的学习并实现教学观念、技能、风格的模仿、迁移和提升，从而迅速提升教师的课堂教学水平，促进教师的专业成长，提高学生学业水平。就学校教育而言，微课不仅成为教师和学生的重要教育资源，还构成了学校教育教学模式改革的基础。

⑤ 主题突出、内容具体。一个课程就一个主题，或者说一个课程一个事；研究的问题来源于教育教学具体实践中的具体问题：或是生活思考，或是教学反思，或是难点突破，或是重点强调，或是学习策略、教学方法、教育教学观点等具体的、真实的、自己或与同伴可以解决的问题。

⑥ 微课起点低，以 PPT（演示文稿）技术为基础，后期转为视频文件，人人可做，简单易学。正因为课程内容微小，所以人人都可以成为课程的研发者；课程的使用对象是教师和学生，课程研发的目的是将教学内容、教学目标、教学手段紧密地联系起来，是“为了教学、在教学中、通过教学”，而不是去验证理论、推演理论，决定了研发内容一定是教师自己熟悉的、感兴趣的、有能力解决的问题。

⑦ 成果简化、多样传播。因为内容具体、主题突出，所以，研究内容容易表达，研究成果容易转化；因为课程容量微小、用时简短，所以，传播形式多样（网上视频、手机传播、微博讨论）。

⑧ 反馈及时、针对性强。

2. 微课的种类

微课一般分为 3 类：主题微课、细节微课和故事微课。

（1）主题微课

- “策略组合”微课：基于某一主题的若干策略或方法，形成策略包（方法包）。课程结构为“总体引入—逐一介绍—总结梳理”。
- “经典策略”微课：就某一精彩的策略或方法做介绍。课程结构为“引入—主体介绍—总结步骤与注意事项”。

（2）细节微课

基于具体小问题或某细节，从点切入，展开剖析与反思。课程的标准和要求是：

- 小点切入：一张照片、一件小事、一封信、一段对话等；
- 视角独特：能从习以为常中寻找并发现价值；
- 思考深入：有深度的追问与思考。

课程结构为“情境引入，有吸引力—细节与过程剖析—总结梳理”。

（3）故事微课

教师实践经历的故事，分单一情节与复杂情节两类。

- “小故事”微课：单一情节，一个独立的故事的介绍。课程结构为“情境引入—过程介绍—总结梳理”。
- “波折故事”微课：故事情节复杂，一波三折。课程结构为“故事起因—策略—新问题—新策略—……（至少 2 轮）—拓展—梳理与反思”。

✎ 课堂练习

从网上搜索并下载微课视频，讨论微课视频有什么特征。填写在下面：

微课视频的特征：

4.4.2　微课的制作

1. 微课的设计

微课的设计包括知识点的选择、教学过程设计和教学资源的准备。

① 教师要熟悉教材和学情。对某一课时的教学，教师必须熟悉教材的整体规划，重、难点，课标要求，还要根据平时积累的教学经验，充分研究学情，明确在实际的课堂实践中，学生的疑难点在哪里。

② 基于教材和学情，充分挖掘课时教学中的难点，准确把握教学难点，找到教学的难点，也就明确了微课的设计思路。

③ 有好的教学策略或创意。如何站在学生的角度，以好的策略或创意解决教学中的难点，就是微课程的内容。可以围绕微课程的内容进行材料的准备、文字的组织等。

2. 微课的制作方法

（1）外部视频工具拍摄（便携式摄像机＋白板）

- 工具与软件：便携式摄像机、黑板、粉笔、其他教学演示工具。
- 方法：对教学过程摄像。

• 过程简述：

第一步，针对微课主题，进行详细的教学设计，形成教案；

第二步，利用黑板展开教学过程，利用便携式摄像机将整个过程拍摄下来；

第三步，对视频进行简单的后期制作，可以进行必要的编辑和美化。

（2）屏幕录制（屏幕录制软件＋PPT）

• 工具与软件：计算机、耳麦（附带话筒）、视频录像软件 Camtasia Studio 或 AllCapture 等软件、PPT 软件。

• 方法：对 PPT 演示进行屏幕录制，辅以录音和字幕。

• 过程简述：

第一步，针对所选定的教学主题，搜集教学材料和媒体素材，制作 PPT 课件；

第二步，在计算机屏幕上同时打开视频录像软件和教学 PPT，执教者带好耳麦，调整好话筒的位置和音量，并调整好 PPT 界面和录屏界面的位置后，单击“录制桌面”按钮，开始录制，执教者一边演示一边讲解，可以配合标记工具或其他多媒体软件或素材，尽量使教学过程生动有趣。

第三步，对录制完成后的教学视频进行必要的处理和美化。

（3）便携视频工具简单拍摄（手机＋白纸）

• 工具与软件：可进行视频摄像的手机、一张白纸、几只不同颜色的笔、相关主题的教案。

• 方法：使用便携摄像工具对纸笔结合演算、书写的教学过程进行录制。

• 过程简述：

第一步，针对微课主题，进行详细的教学设计，形成教案；

第二步，用笔在白纸上展现出教学过程，可以画图、书写、标记等，在他人的帮助下，用手机将教学过程拍摄下来。尽量保证语音清晰、画面稳定，演算过程逻辑性强，解答或教授过程明了易懂。

第三步，可以进行必要的编辑和美化。

3. 微课的评价标准

微课的评价主要从以下几个方面进行：

（1）教学内容及目标

教学内容的选取符合教学实际，科学合理，内容相对完整，知识点清晰，最好是教学中的重点和难点内容。结合学科特点，适合微课制作和传播。教学目标应明确、具体、可测。

（2）微课的技术性指标

微课结构完整，具有一定的独立性和完整性，片头有知识背景和目标介绍，如有必要，片中应配上字幕，片尾有知识小结。制作技术选用合理，画面清晰，图像稳定，影音同步性和流畅性好，视频格式应为适合网络播放的 MP4 和 FLA 格式；视频的长度原则上不超过 10 min，以短小精悍又能完成教学任务为佳。

（3）微课的教学效果

微课的学科教学特色鲜明，能达成学科教学目标；教学过程深入浅出，形象生动，启发引导性强，有利于提升学生学习的积极性和主动性；信息技术与学科教学整合对提高教学质量效果明显。

✎ **课堂练习**

根据规定主题内容，设计并制作一个微课视频。

① 选择本专业内容（本专业对应基础教育内容或专业课程内容）制作一个或一系列微课视频，并根据学科和教学内容特点，提交辅助材料资源，如教学课件、习题、教学配套资源等。

② 微课视频要求。微课视频要求教学目标清晰、主题突出、内容完整、声画质量好；视频片头要求显示微课标题、作者姓名和专业年级等信息；主要教学内容有字幕提示；视频时长 5～15 min，格式为 FLV 或 MP4 格式。

学习总结与反思

1. 知识要点

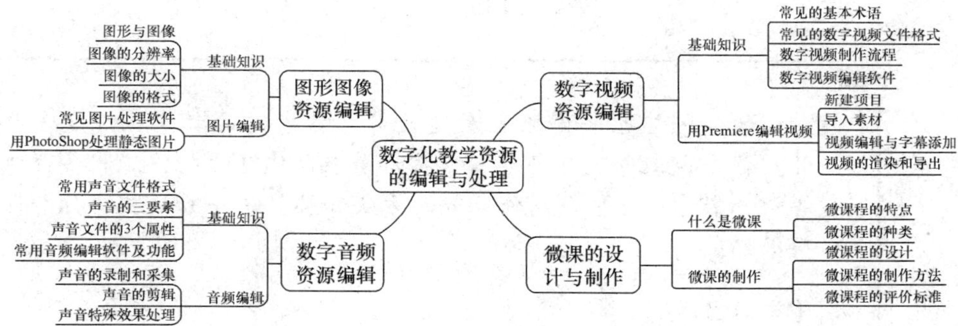

2. 反思

数字化教学资源的编辑是信息化时代教师必备的素质之一，除了以上介绍的资源编辑与处理的方法和技巧，你还熟悉或对哪些资源编辑或处理的方法感兴趣？

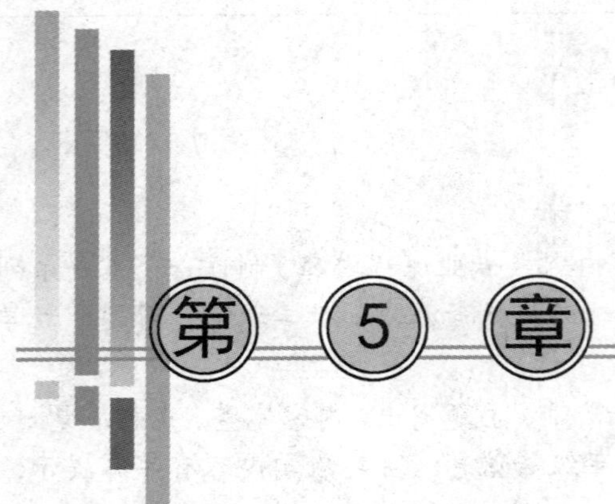

第5章 教学PPT的设计与制作

教学PPT也许你已经看过无数，你看过的教学PPT是怎样的？你会做教学PPT吗？本章将沿着教学PPT的制作流程，详细告诉你教学PPT每个制作环节的方法和技巧。手勤快些，你会做得很好！

【学习目标】

1. 能够清楚地知道教学PPT的使用情境。
2. 明确地知道教学PPT制作的过程。
3. 通过实践案例的练习，掌握教学PPT制作的方法和技巧。
4. 能够结合具体学科教学特点制作相应的教学PPT。
5. 能够在学科教学中恰当地使用教学PPT。

引 言

对于小方老师来说，PPT 给她的感觉可以用一个歌名来描述，那就是“最熟悉的陌生人”。说起 PPT 的制作，还真是不陌生，插入文字，插入图片，设置切换效果，如此而已。但是在看过别人做的优秀的 PPT 之后，小方老师的眼睛发亮了，都是文字、图片、动画，自己之前嗤之以鼻、不屑一顾的简单操作在别人手中仿佛被施了魔法，变得生动、形象、有趣、精妙。“我也要制作这样精美的教学 PPT！”除了技术，还有很多更重要的内容，小方老师决定去好好探索这个美丽的新世界。

5.1　教学 PPT 的认知

对于大多数人而言，PPT 远比 PowerPoint、演示文稿知晓率高，提到 PPT，几乎人人都表示“啊，知道”。你真的了解 PPT 吗？我们一起来看看吧。

5.1.1　什么是教学 PPT

我们朗朗上口的 PPT 事实上是由微软公司的演示文稿软件 Microsoft Office PowerPoint 制作出来的文件的扩展名（Office 2007 以上版本扩展名为.pptx），演示文稿软件除了 PowerPoint，还有大名鼎鼎的苹果公司出品的 Keynote 和国内的金山 WPS。不过，普遍使用的还是 PowerPoint，该软件易得、易用，人们习惯称其为 PPT，而不是演示文稿或 PowerPoint。

那么，什么是教学 PPT？教学 PPT 归属于教学课件的范畴，是教学课件的一种形式。简单地给教学 PPT 下一个定义，就是“教师在教学过程中为实现教学目标而制作的 PPT”，所以，教学 PPT 是为教学服务的，它在教学活动中应当充分发挥作用，其角色不是“喧宾夺主”，不是“滥竽充数”，而是“有效支持”。

5.1.2　为什么做教学 PPT

说起“做教学 PPT”，或许很多教师和师范专业学生面临过“被做 PPT”的情况，被要求做，不得不做。有很多教师会有这样的切身感受：做 PPT 太麻烦，除了能少点粉笔灰，还不如一般教具方便；做 PPT 太占用时间，使用价值和付出精力差别太大；看别人做得挺好，自己却做不来，不如找人做；网上的 PPT 倒是很多，但不合心意无法使用……

那我们为什么做教学 PPT？我们并不是不需要教学 PPT，也不是学不会、做不好，关键在于有一些问题没有真正认识清楚：

- 教学 PPT 的正确定位；
- 信息时代教师的定位。

当前课件制作软件众多，如 PowerPoint、Flash、Authorware、几何画板等，每种软件的功能实现各有特点，而教师的制作水平更是参差不齐，所以应当根据教学需求和个人情况选择合适的软件来制作课件，切忌为用课件而用课件。同其他制作课件的软件相比，PPT 具有如下突出特点：

① 强大的制作功能。PowerPoint 文字编辑功能强，段落格式丰富，文件格式多样，绘图手段齐全，色彩表现力强等。

② 通用性强，易学易用。PowerPoint 是在 Windows 操作系统下运行的专门用于制作演示文稿的软件，其界面与 Windows 界面相似，与 Word 和 Excel 的基本使用方法类似，提供有多种幻灯版面布局、多种模板及详尽的帮助系统。

③ 强大的多媒体展示功能。PowerPoint 演示的内容可以是文本、图形、图表、图片或有声图像，并具有较好的交互功能和演示效果。

④ 较好的 Web 支持功能。利用对象的超链接功能，可指向任何一个新对象，也可发送到互联网上。

概括来讲，PPT 借助先进的多媒体技术，承载更加丰富的信息量，信息呈现可视化程度高，可在内容传递、观点表达、互动交流等方面达到很好的沟通效果，可以大幅度提升教学现场的感染力，激发参与者的热情。这正是制作与使用教学 PPT 的原因之一。

当社会信息交流方式已经发生改变，教学环境日新月异，身处其中的教师不可能固守不变，信息时代要求教师跟上时代的步伐，具备相应的信息素养。教育技术的发展推动着教师专业化的发展，使用信息技术不是负担，而是一种常态化的表现，是时代给予教师的基本要求。所以，教学 PPT 只是这个时代将教师的教学思想呈现的一种工具而已，教师可以利用信息技术的魔棒将教学变得更好。

课堂练习

以小组为单位，从自己学科专业的角度讨论专业知识内容与适宜的呈现方式，举例填写在表 5-1 中。

表 5-1　专业知识与适宜的呈现方式举例

专业知识点	适宜的呈现方式

5.2　教学 PPT 的制作方法

人们对于 PPT 通常有两种看法：一种认为 PPT 太简单，很小儿科，很多评奖或比赛都没有 PPT 的份儿；另一种认为 PPT 很神奇，它几乎可以做所有事情，处理文本，剪辑图像，制作动画，但 PPT 并不是 Word 文档，也不是 Photoshop 图像，更不是 Flash 动画，它只是一个多媒体集成工具和交互设计工具。用 PPT 做课件，就要从课件的角度来看待它：

① PPT 是演示文稿不是讲稿，不要把 PPT 当成 Word 文档。

② PPT 展示的不只是提纲，把 PPT 当成板书并不好，精彩的教学思路和设计才吸引人。

③ PPT 不是一个单纯的工具，而是一个通力协作的助手，应当与教师的教学相辅相成、相得益彰。

所以，PPT 并不神奇，神奇的是你的想法和设计，PPT 只是将你的想法和设计实现的一种工具。清楚了教学 PPT 的定位，就可以正式开始制作了。完成一个教学 PPT 是一件繁复且又细致的创造性工作，根据日常经验和基本共识，一般可以分为：构思、选材、美化。

5.2.1　构思

“数字校园建设被企业‘绑架’，老师被设备与软件‘绑架’，多媒体就是‘倒霉体’，PPT 就是‘骗骗他’。”清华大学教育研究院教授程建钢对目前风行的“拉洋片式”的教学方式提出了理性思考。很多人认为现在使用 PPT 上课，教师的讲授成了放映，接二连三地点击鼠标成了教师的主要工作，于是，感悟语言魅力变成了欣赏图片美景，思考解题地过程变成了动态的解题流程，甚至实验操作也搬到了课件上。这样上课虽然很“现代化”，却不能取得好的教学效果。

这是 PPT 的问题吗？似乎正是 PPT 让教师患上了“依赖症”，失去了对教学方法、手段的选择，教师的讲授过程完全不是根据自己的教学思路和学生的学习情况予以延伸开展，而是顺着 PPT 既定的流程一路直下。错并不能怪在 PPT 身上，这是 PPT 设计与使用过程中的问题。我们需要什么样的 PPT？我们需要怎样的呈现方式？我们用 PPT 来解决什么样的教学问题？这些都是在教学 PPT 构思阶段要解决清楚的，具体可以从 3 个层面着手，如图 5-1 所示。

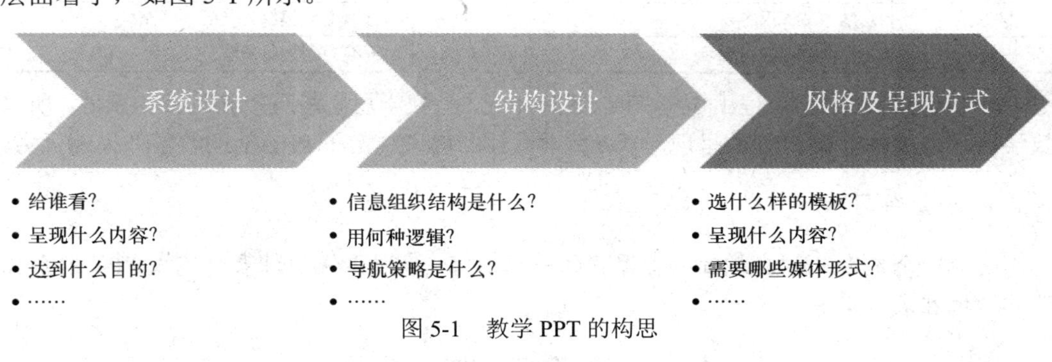

图 5-1　教学 PPT 的构思

1. 系统设计

系统设计主要是将教学内容的教学设计思想转换为制作教学 PPT 的结构思路。具体步骤就是将教学设计中依据教学目标、教学内容和学习者分析而确定的教学策略和方法与媒体呈现形式对应起来，确定总体的 PPT 结构思路。可以参考表 5-2 完成教学设计的内容，表 5-3 所示为气温和气温的分布系统设计表格。

表 5-2　系统设计表格

教学课题：		
教学内容	教学方法	PPT 呈现内容

表 5-3　气温和气温的分布系统设计

教学课题：气温和气温的分布		
教学内容	教学方法	PPT 呈现内容
导入	通过天气预报中的气温这一指标导入新课	呈现天气预报中的数据、图表
气温的影响	角色扮演，议论气温对不同职业的影响	呈现不同角色
	从衣食住行的角度来讨论	呈现衣食住行不同情境
气温的测量	讲解气温测量的时间、方法	形象呈现气温测量时间与方法
	描述日平均气温、月平均气温、年平均气温	呈现如何得到相关数据
气温的变化	以问题探究方式讲解气温日变化	呈现气温日变化的曲线图，呈现问题及解答
	以问题探究方式讲解气温年变化	呈现气温年变化的曲线图，呈现问题及解答和巩固练习
气温的分布	通过复习“等高线”知识引入等温线的学习	呈现等高线内容
	问题探究方式讲解等温线	呈现等温线内容（特点、关系）
	以“怎样避暑”引入气温分布	呈现避暑场景及方案
	解释“上山”方案，即地形对气温的影响	呈现地形与气温的规律及思考题
	解释“下海”方案，即海陆位置对气温的影响	呈现全球 1 月和 7 月气温分布图及规律
	解释“往两极”方案，即纬度位置对气温的影响	呈现纬度与气温的规律及变化原因
总结	总结本节课内容要点	呈现总结提纲
作业	本节课内容巩固练习	呈现练习题目及解答

教学设计是最能体现教师经验和个性的部分，是教学思想最直接和具体的表现。所以教学设计直接决定着 PPT 的呈现形式，教学设计的优劣决定了 PPT 辅助教学效果的优劣。

✎ 课堂练习

选择一个本专业对应基础教育课程的一课内容，参照系统设计表格完成 PPT 的系统设计，填在表 5-4 中。

表 5-4　某基础教育课程的系统设计

教学课题：		
教学内容	教学方法	PPT 呈现内容

2. 结构设计

系统设计已经提供了一个粗略的大纲，结构设计的目的就是依据系统设计的大纲，对细节进行构思和串联。具体包括确定信息组织结构设计和导航策略设计。

（1）结构设计方法一

PPT 本身是一个典型的线性组织结构，这是一种简单而清晰的结构，所以，最简单直接的结构设计可以按如下步骤完成：

① 列出教学内容大纲。

② 把大纲转化为 PPT 的小标题页。

③ 为每一个小标题页创建一个 PPT 页面。

④ 把内容对应到相应的页面上。

（2）结构设计方法二

完整的 PPT 文件通常包含：封面页、目录页、转场页、内容页、总结页和结束页，所以，也可以借助目录页的导航结构，做图 5-2 所示的结构设计。

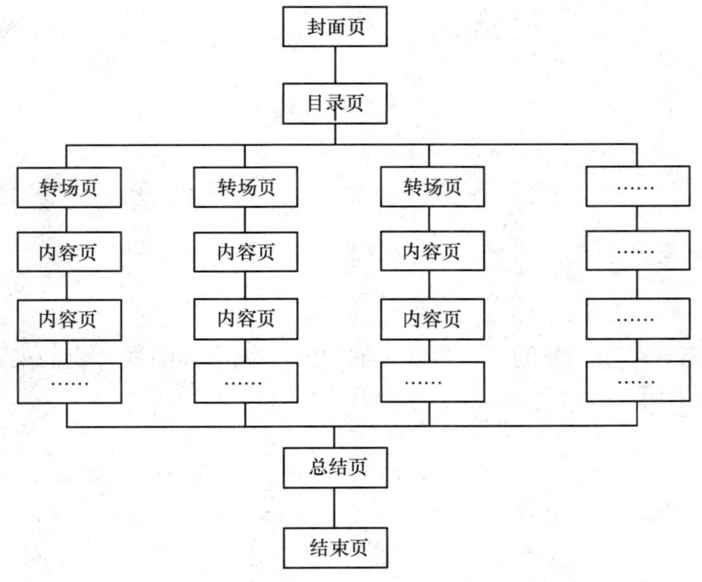

图 5-2　PPT 结构设计

转场页也叫过渡页，当教学内容涉及多个章节或多个部分的时候，建议使用转场页。在 PPT 中设置转场页是为了从一个完整讲解单元切入到下一个完整讲解单元时，通过转场页设置引导性标题和画面，让学习者能对新的单元有清晰的认识，并自然从上一单元内容过渡到新的单元。所以转场页主要呈现下一部分导航标题，呈现的方式必须简洁，可以设计得别具匠心，避免目录性的单调。

不管以哪种方式来进行结构设计，重要的一点是要契合教师授课的逻辑结构，铺垫、叙述、转陈，环环相扣。

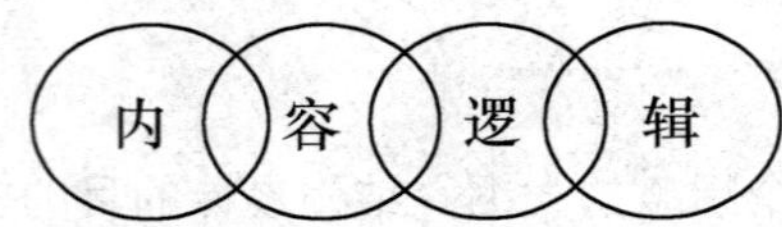

课堂练习

依据系统设计中的教学内容，选择适宜的方法完成结构设计，将课件结构列在下面空白处。

3. 风格及呈现方式

（1）风格

风格听起来是个很抽象的词，事实上它是一个很实际的词。我们来看两个例子，如图 5-3 和图 5-4 所示。

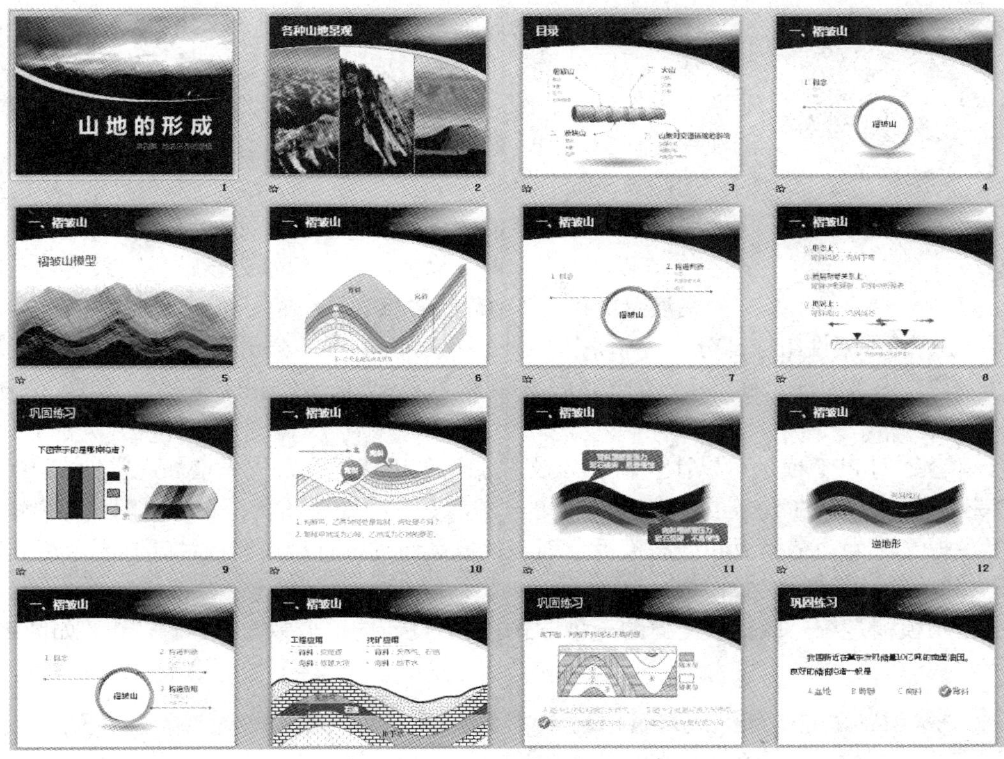

图 5-3　山地的形成

图 5-4　宁夏旅游

图 5-5　统一风格的要素

图 5-3 给我们的感觉是和谐统一，图 5-4 给我们的感觉是乱七八糟，原因在于“山地的形成”示例有统一的风格，而“宁夏旅游”示例没有。统一的风格并不是一件很难做到的事情。再仔细观察，你会发现，统一的风格是通过一些统一的细节反映出来的，如图 5-5 所示。

要做到上述要素的统一，可以参考如下内容：

1）模板与母版。PPT 模板就是一组预先设计好的仅有背景图案的空演示文稿，其中只包含格式和颜色，而不含具体文字内容，它是 PPT 的骨架性组成部分。近年来国内外的专业 PPT 设计公司对 PPT 模板进行了提升和发展，内含封面、目录、内页、封底、片尾动画等页面，使 PPT 文稿更美观、清晰、动人。

一套好的 PPT 模板可以让一篇 PPT 文稿的形象迅速提升，大大增加观赏性。同时，PPT 模板可以让 PPT 思路更清晰、逻辑更严谨，更方便处理图表、文字、图片等内容。PPT 模板又分为动态模板和静态模板。动态模板是通过设置动作和各种动画展示达到表达思想同步的一种时尚式模板。

套用模板是统一风格最便捷的一种方式。在：设计选项卡中选择一种即可，如图 5-6 所示。

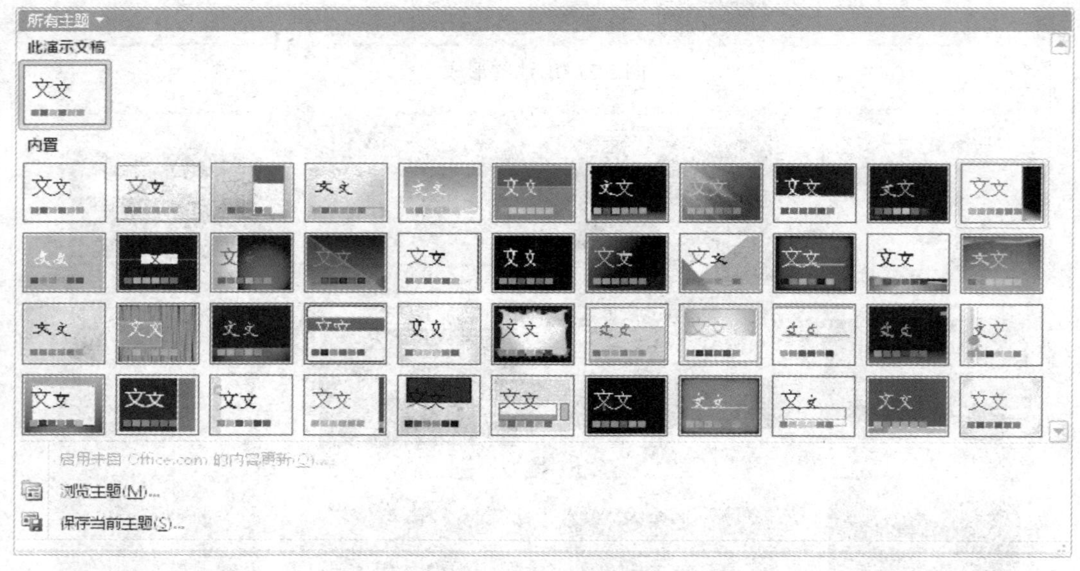

图 5-6　PPT 的模板

使用 PowerPoint 自带的标准模板虽然便捷，但也致使人们在各种场合看到的 PPT 千人一面，缺乏新意，不能够给听众留下深刻印象，教学效果平平。要使用有新意的模板，可以选择从网络资源中寻找，也可以自己制作。

网络中的 PPT 模板资源很多，但大部分好的资源都是需要付费的，表 5-5 中的资源网址可以供大家参考。（微软官网的资源是免费的）

表 5-5　PPT 模板资源

网站	网址
第1PPT WWW.1PPT.COM	http://www.1ppt.com/
无忧PPT	http://www.51ppt.com.cn/Soft/PPTTemplates/
ppt宝藏 WWW.PPTBZ.COM	http://www.pptbz.com/
资料库 zlcool.com	http://www.zlcool.com/ppt/
变色龙 www.ppt20.com	http://www.ppt20.com/
锐图网 www.rui2.net	http://www.rui2.net/appt/
OfficePLUS.cn | Microsoft	http://office.msn.com.cn/List.shtml?cat=PPT&tag=1

在网上寻找模板费钱又费时，而自己制作既便捷又合心意。制作模板之前首先需要了解模板的组成。一个完整的 PPT 模板，包括 PPT 的页面设置、主题版式、主题颜色（配色方案）和主题字体（字体方案）4 个部分。如图 5-7 所示，可以通过该选项卡对当前 PPT 模板中的颜色方案、字体方案、效果方案进行修改。

图 5-7　“设计”选项卡

从零开始制作模板主要在“幻灯片母版视图”中进行，新建一个空白演示文稿，执行“视图”|“母版视图”|“幻灯片母版”命令，这时会打开母版视图页面，如图 5-8 所示。图 5-8 中虚线框中的页面规定了模板的主版式，更改此页版式，则所有页面版式都会发生更改，如果不想使用主版式的页面，可以在下面对应的子版式处右击，在弹出的快捷菜单中选择“设置背景格式”命令，在“设置背景格式”窗格选中“隐藏背景图形”复选框。

模板制作的基本步骤如下：

① 设计封面版式。在制作封面页之前应当确定模板的色调及页面的尺寸。这时就可以根据自己的喜好来设计标题母版了。默认情况下，标题母版中给出了标题、副标题及页脚样式，可根据实际需要进行删减，最简单的制作方法是为标题母版添加一张形象的图片作为背景，然后根据需要更改主、副标题的样式等，如图 5-9 所示。

② 设计主版式。一般来说，封面版式稍作简化就可以作为主版式了。主版式完成

后，模板的版式就算完成了。如果有必要，还可以制作一个转场版式，如图 5-10 所示。

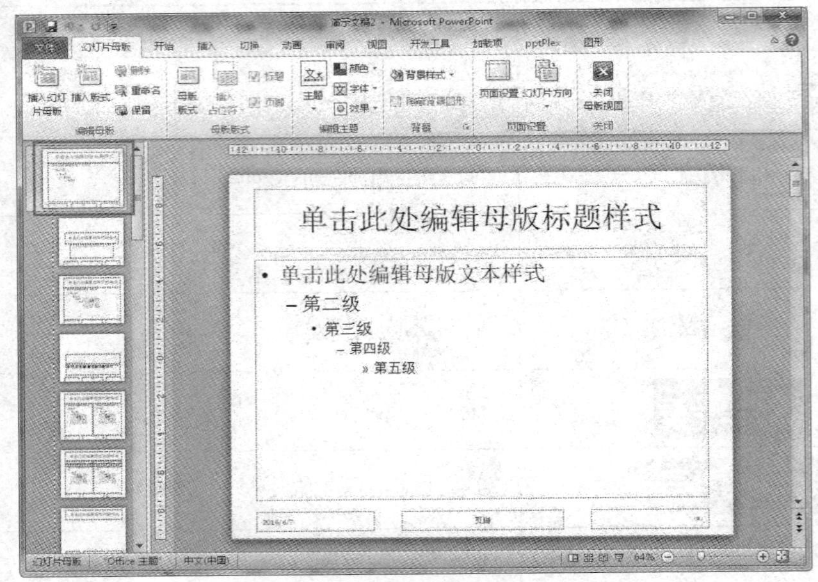

图 5-8　“幻灯片母版”视图

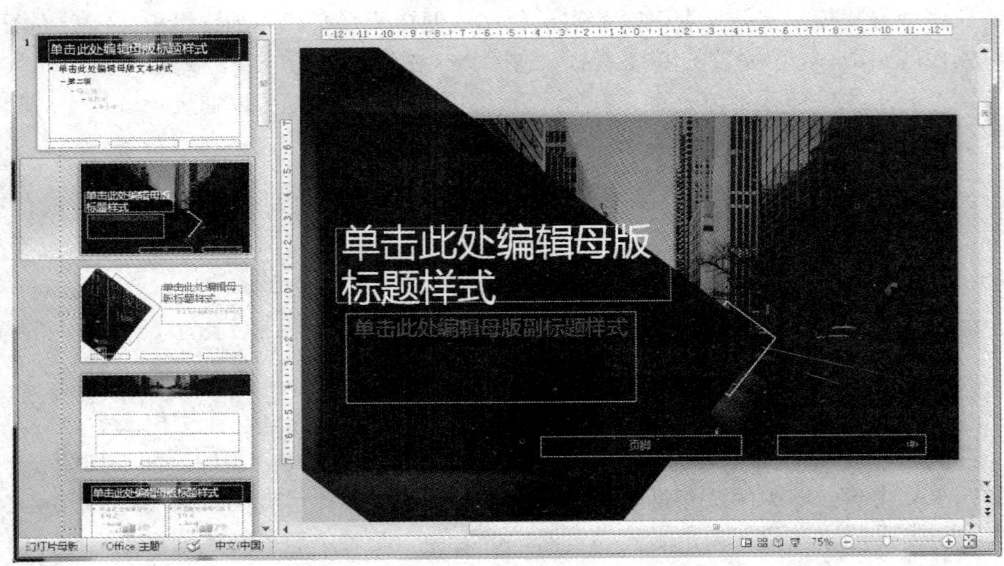

图 5-9　设计封面母版和内容页母版

③ 保存和使用模板。设计完之后，执行“文件”|“另存为”命令，在“保存类型”下拉列表框中选择“演示文稿设计模板（*.potx）”，为模板取一个名称，这样就完成了模板的制作。以后在制作幻灯片时，单击幻灯片或右击幻灯片空白处，在弹出的快捷菜单中选择“幻灯片设计”命令，在幻灯片模板中可以看到自己设计的模板。

还有一种最简单的模板，如类似罗兰贝格的白底黑字的模板也很好，插入 Logo，添加页码就足够了。只要能够将所有内容条理化、图示化，即使使用简单的模板也不会显得简陋。而且，纯白色的底板投影效果非常干净，视觉效果并不逊于任何花哨的模板。

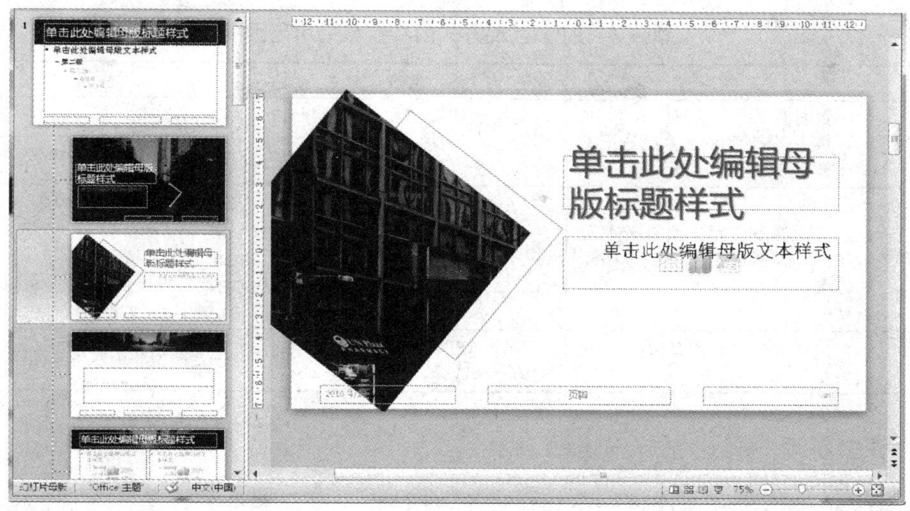

图 5-10　转场版式

2）SmartArt。SmartArt 是 Microsoft Office 2007 中新加入的特性。SmartArt 图形是信息和观点的视觉表示形式。可以从多种不同布局中进行选择来创建 SmartArt 图形，如图 5-11 所示。内容信息只需要在左边可以收缩的文字窗格（图 5-12）中输入，可以用〈Tab〉键进行大纲级别的转换，设置起来快速、轻松，比起一个一个地插入并设置文本框，SmartArt 既统一又方便。

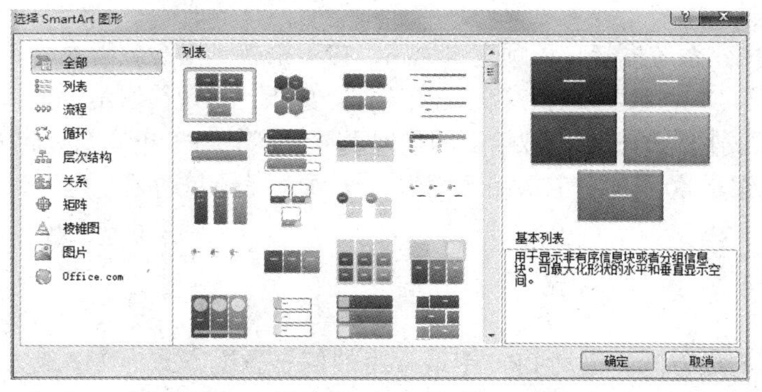

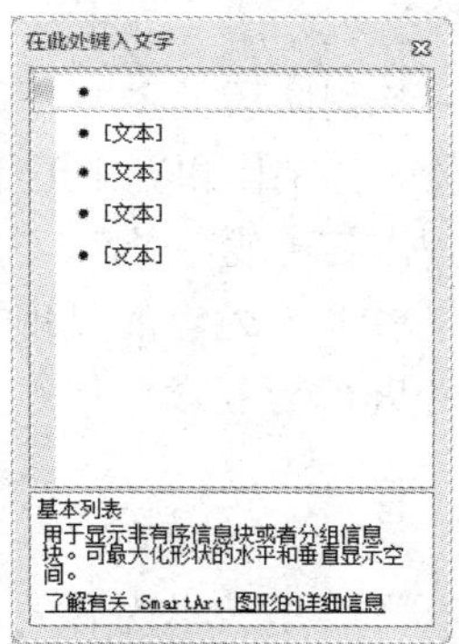

图 5-11　“选择 SmartArt 图形”对话框　　　　　　　　图 5-12　SmartArt 文字窗格

3）格式刷与动画刷。格式刷能够将光标所在位置的所有格式复制到所选文字上，大大减少了排版的重复劳动。它是统一格式最直接、最方便的工具。使用的方法是先把光标放在设置好格式的文字之间，然后单击“格式刷”按钮，然后用鼠标选择需要同样格式的文字，相应的格式就会应用于所选文字。

同格式刷类似，用动画刷也可以轻松快速地复制动画效果，大大方便了对同一对象（图像、文字等）设置相同动画效果或动作方式的操作。

（2）呈现方式

PPT 在呈现方式上主要分为：全图型、全字型和图文型。3 种类型的特点和适用范围如表 5-6 所示。

表 5-6　PPT 呈现方式的特点和适用范围

类型	特点	适用范围	优缺点
全图型	页面展示内容以图片为主，文字极少，图片中的文字或与图片一体，或独立添加	适用于技能类和态度类内容为主，以应用和艺术创作为特点的教学 PPT 制作	图片精挑细选，视觉冲击力强。 信息承载量有限。素材不好搜集
全字型	页面展示内容主要以文字为主，基本不配图片，偶尔以图标装饰	主要适用于以学术理论和知识类内容为主，以文字阅读、记忆和理解为特点的教学 PPT 制作	大篇的文字内容信息量大。观众理解较困难。 经过变换布局、字号、字体及颜色搭配，对比突出展示重点，也可以让文字生动起来，达到好的效果
图文型	页面展示中有图有文，比重恰当	对教学 PPT 而言是比较理想的一种选择	兼顾全图型和全字型的优点

课堂练习

确定某种风格后自己设计一个PPT模板并保存，设计的想法可以写在下面的横线上。

____

____

____

____

____

5.2.2　选材与美化

构思阶段的主要任务是搭建系统框架，理顺逻辑思路，接下来就是围绕教学内容而进行的具体制作和美化工作，这是制作教学 PPT 中的主要工作。如果说系统构思是骨架，那么制作美化就是血肉，需要根据构思的情况选取恰当的呈现素材让整个 PPT 丰满漂亮起来。

PPT 中内容的呈现方式很丰富，有文字、图形图像、音频、视频和动画，也可以对课件进行交互设计。

1. 文字

文字是教学内容的重要表达方式，也是 PPT 中最常用的信息呈现方式。文字最大的优势在于表达的意义明确，能更好地起到引导、解释作用，但文字是语言的符号，传达的信息密度大，形象化程度低。在 PPT 制作中，对于文字，要注重解决两个问题：一是让文字本身好看，易亲近；二是将文字内容形象化地组织起来，使之更容易、更快速被人理解。

（1）提炼文字

教学 PPT 中文字呈现很大的一个问题就是文字太多，一张幻灯片中的文字过多不仅影响画面美观，更影响阅读者的信息接受效果。所以，放在幻灯片上的文字应该是经过提炼的“关键词”“关键句”。

对于一张幻灯片上放多少文字合适，很多专家和书籍上都有提到一些处理方法，比如 5×5 规则（每一张幻灯片上的文字不要超过 5 行，每行不要超过 5 个关键词。）、4×6 原则（每页最多 6 行字，每行最多 6 个字，距离屏幕 6 步远可以看清，最多 6 s 可以理解内容。），目的都是要有意识地控制文字数量，让观众能在较短的时间内看完并理解文字内容。这些规则可以供我们参考，关键点在于信息量的控制。

提炼文字就是首先对要呈现在该页的教学内容阅读并概括出要点，将要点以最少且准确的文字表述放在幻灯片上。如果有多个要点，可以分页放置。

（2）包装文字

文字经过提炼只是变得易读，文字变得好看还得需要包装。

① 文字字体。字体是文字的外在形式特征，就是文字的风格，是文字的外衣。不管是中文还是英文，都有很多的字体，如楷体、宋体、黑体、Arial、Impact 等。不同的字体呈现的效果是不一样的。不同的字体使用的场合也有很大区别。

字体可以分有衬线字体和无衬线字体，有衬线字体线条粗细不同，更适合小字号时使用，投影时清晰度不高，如宋体；无衬线字体线条粗细相同，更适合大字号时使用，投影时更美观，如黑体、微软雅黑。常用字体举例如表 5-7 所示。

表 5-7 常用字体举例

宋体	普通有衬线字体，适合小字号时使用
微软雅黑	无衬线字体，适合大字号时使用，中英文皆可用
书法字体	快速提升 PPT 的文化感
手写字体	让 PPT 充满文艺感
儿童字体	可爱，有特点
POP 字体	让 PPT 具有海报的冲击力
Times New Roman	大段英文、小字号适合用字体
Arial	也是大段英文的好选择
Arial Black	用来强调重点较好
Helvetica	简洁，现代感强，适用于商业 PPT
STENCIL	适合修饰大标题
Impact	另一款适合做大标题的字体

如果是从网上下载的第三方字体，要安装之后才能使用。安装方式是：直接双击字体文件（扩展名为.ttf），然后单击“安装”按钮即可；也可以将字体文件复制到系统盘中的字体文件夹（名为 fonts），粘贴时会自动安装字体。

如果PPT中使用了第三方字体，为了确保第三方字体在其他计算机中也能正常显示，在保存 PPT 时要将字体嵌入到 PPT 课件中，操作方法是执行“文件”|“选项”命令，在弹出的“PowerPoint 选项”对话框的“保存”功能区中，选中“将字体嵌入文件”复选框，如图 5-13 所示，可以根据需要选择“仅嵌入演示文稿中使用的字符（适于减小文件大小）”或者“嵌入所有字符（适于其他人编辑）”单选按钮，选择前者可以保存字体效果，但无法继续使用这些字体编辑新的文字，选择后者时可以在没有安装该字体的机器上继续编辑、使用这些字体的文字，不过保存得到的文件会大一些。

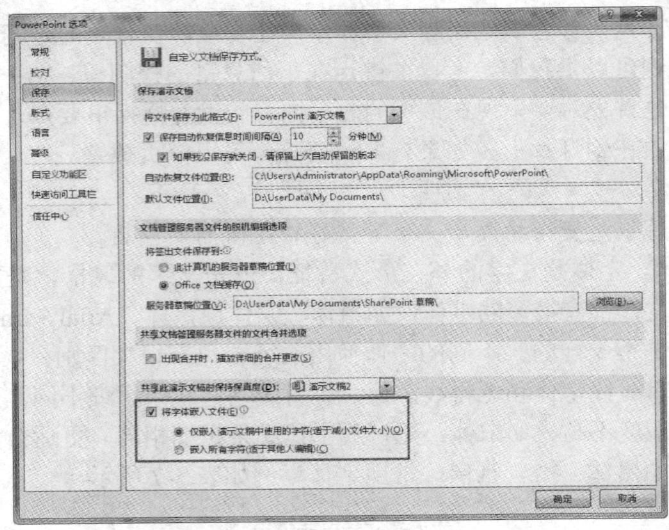

图 5-13　将字体嵌入 PPT 文件中

② 文字颜色、大小、位置。除了字体，文字本身的颜色、大小、位置也会极大影响文字的呈现效果。

文字颜色的运用要注意与背景的搭配，正文不要使用花哨的文字颜色，这样会让人看起来凌乱，阅读艰难。

对于文字大小，首先要考虑能够区分标题和正文，文字在课件中展示出来不能太小，并且要适当加大文字、段落之间的间距，否则投影出来紧贴在一起的文字并不适合阅读。

文字的位置既包括在幻灯片上的绝对位置，也包括文字间的相对位置。绝对位置与背景及内容的搭配有关；而相对位置则要求根据具体情况选择不同的对齐方式。

总体上 PPT 美化要求文字大小有致、疏密有间，文字排版忌满、花、繁，做到相对统一。

（3）风格文字

① 文字的艺术效果。要知道，只用 PowerPoint，也可以做出很多文字的艺术效果，如表 5-8 所示。

表 5-8　PowerPoint 中的文字艺术效果

艺术效果	制作方法
文字阴影效果	利用“字体”|“文字阴影”设置
	利用文字叠加，将文字复制一份，设置灰色，置于下层
文字映像效果	利用“设置形状格式”|“文本选项”|“文本效果”|“映像”设置
文字发光效果	利用“绘图工具-格式”|“文本效果”|“发光”设置
文字填充效果	利用“绘图工具-格式”|“文本填充”设置

如果肯钻研，还可以做出浮雕字、阴阳字、折叠字等。

② 高桥流。高桥流是高桥征义在 2001 年的一次演讲中，因为恰巧没有演示工具，使用了与一般主流演示方式完全不同的方法：他使用简洁且巨大的文字进行演示，带给观众巨大的视觉冲击，如图 5-14 所示。

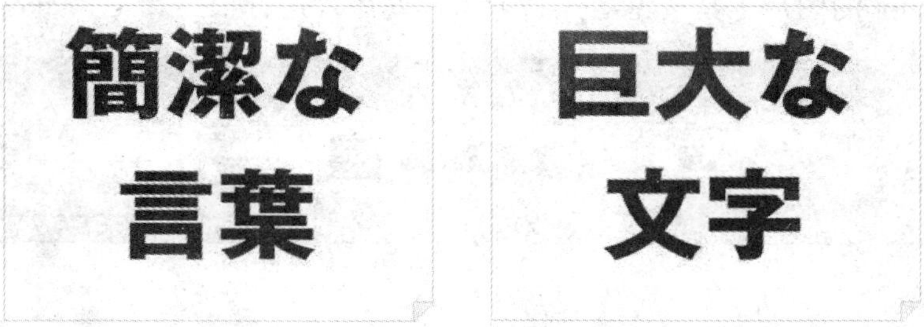

图 5-14　高桥流演示法

高桥流最基本的特征就是：用最少的字、最大的字号、最强的颜色对比来呈现文字内容。这种方法很个性，很简洁，也很有效果。

2. 图形图像

一张好图胜过千言万语。图片是直观化呈现课件内容的重要方式，同时，图片也是美化 PPT 的重要要素。图片具有很强的修饰作用，合理地使用图片可以让枯燥的页面瞬间绽放光彩。另外，图片能启动观众的右脑思维和记忆，从而加速、加深他们对演示内容的理解。

在教学 PPT 中使用图片应当注意以下事项：

- 不是每张幻灯片都需要图片。
- 用图一定要用高清大图，用模糊小图还不如不用。
- 图片不一定都用来做背景，图片也可以陈述内容，如图 5-15 所示。
- 插入的图片与讲课内容相关程度高，不让无关的“美景”干扰主题，如图 5-16 所示。
- 一张幻灯片上放过多的图片会分散注意力。

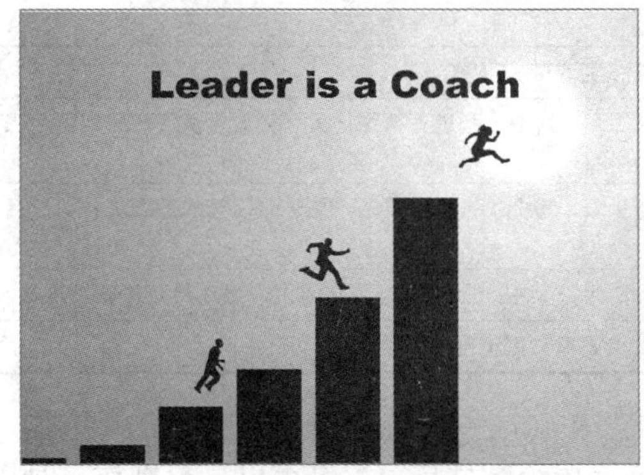

图 5-15　可视化表达示例图

图 5-16　图片与内容相关程度不高示例

制作教学 PPT 时需要的图片素材来源很多，可以从网络获取，可以用手机、相机拍摄，可以用形状自己绘制，也可以用其他软件制作，不同的方式获取的图片风格不同，使用的场合也是不同的。从网络获取图片的方法及资源参考第 3 章相关内容。

（1）加工图片

从网络下载或拍摄的图片如果要更好地与版面融合，就需要对图片进行加工处理。利用 PowerPoint 的图片工具（见图 5-17）可以对图片进行很多加工，如表 5-9 所示。

图 5-17　PowerPoint 的图片工具

① 自动删除不需要的部分图片区域，可以使用标记表示图片中要保留或删除的区域

② 改变图片亮度、对比度、清晰度；更改图片颜色，以提高质量或匹配文档内容；将艺术效果添加到图片

③ 设置图片边框的颜色、宽度和线型；对图片应用阴影、发光、映像或三维旋转的视觉效果

④ 旋转或翻转所选图片；多张图片边缘对齐；更改多张图片的叠加顺序和可见性

⑤ 裁剪图片或应用不同的裁剪行为，如裁剪为不同形状

表 5-9　图片加工方法

图片加工内容	操作方法
裁剪	⑤
抠图	①
柔化边缘	③
添加边框	③
图片更正	②
剪影	①+②，抠图后调整亮度或饱和度
背景黑白	①+②，复制图片为 2 个，其中一张进行抠图，另一张设置灰度，然后将两张图片重合
背景虚化	①+②，复制图片为 2 个，其中一张进行抠图，另一张用艺术效果虚化，然后将两张图片重合
局部放大	①+②，复制图片为 2 个，其中一张进行抠图并放大，然后将两张图片重合
……	发挥想象，还可以做出更多、更丰富的效果

（2）形状

绘图是 PowerPoint 重要的功能之一。熟练掌握绘图技巧，不仅可以自己制作各种图表、示意图，更能拓宽 PPT 的素材、增加 PPT 的专业气质。

PowerPoint 中内置了很多形状，如图 5-18 所示，我们很熟悉在 PPT 中插入这些现成的形状，如矩形、圆形或箭头，只需单击要绘制的形状，拖动鼠标就可以完成，借助〈Shift〉键可以得到正圆、正方形和等比例放大的形状，这是最简单的绘图。我们也可以绘制很多不规则的图形，绘制更美观的效果，如表 5-10 所示。

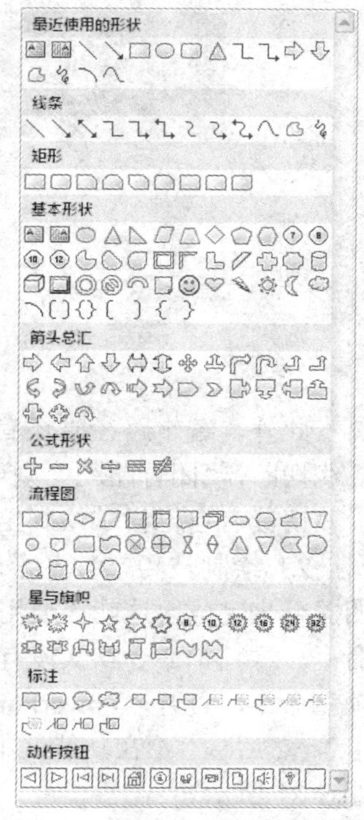

图 5-18　PowerPoint 内置的形状

表 5-10　不规则的图形

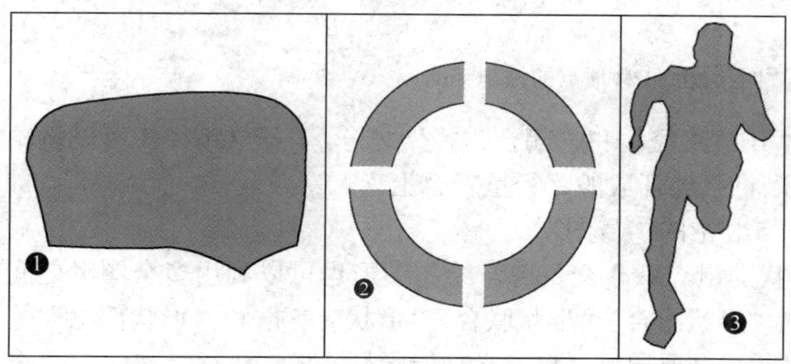

1）绘制技巧一：简单图形的转换。在现成图形的基础上“编辑顶点”“添加顶点”，再通过鼠标拖动就可以得到其他形状的图形，如图 5-19 所示。

顶点分为 3 种：平滑顶点、直线点和角部顶点。单击某个顶点会显示该顶点的控制手柄，角部顶点的 2 个控制手柄可以分别调节，平滑顶点和直线点的 2 个手柄始终在一条直线上，但直线点的 2 个控制手柄的长度可以分别调节，如图 5-20 所示。

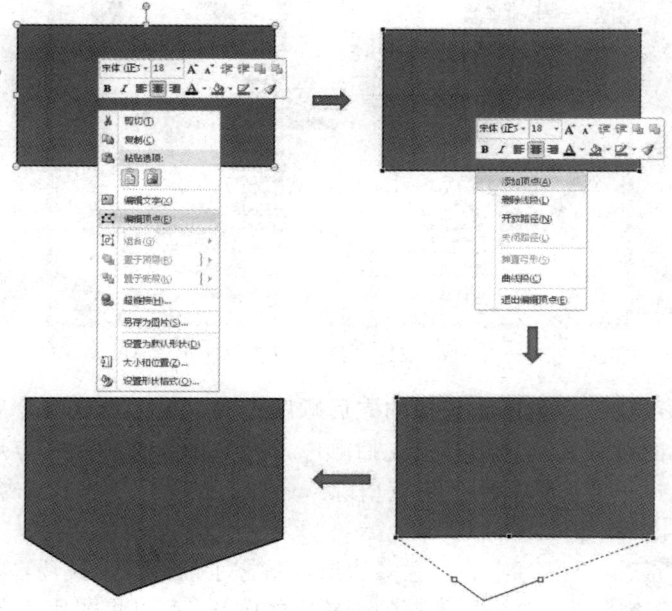

图 5-19　简单图形的转换过程

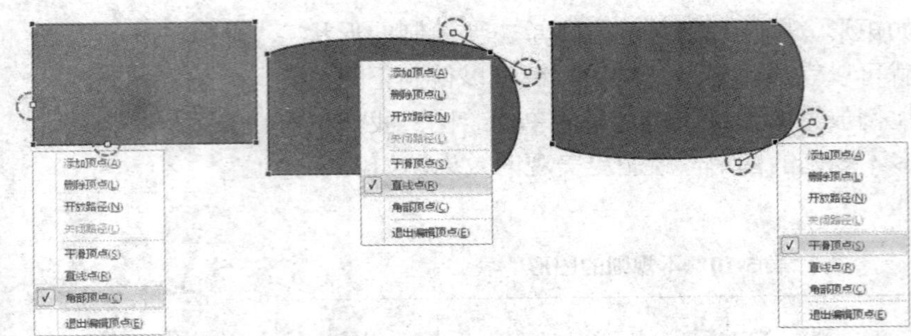

图 5-20　3 种顶点的控制手柄

此外，编辑路径时还有“开放路径”和“闭合路径”之分，“开放路径”可以将轮廓线切断，“闭合路径”则可以将已经开放的路径重新合上。

请读者自己尝试绘制出表 5-8 中的①号图形。

2）绘制技巧二：多个形状的组、联、交、剪。绘制图形也可以利用多个图形之间的关系来完成，这就需要用到“形状组合”“形状联合”“形状交点”和“形状剪除”等命令。这几个命令默认没有显示，需要通过“自定义功能区”添加。执行“文件”|“选项”命令，打开“PowerPoint 选项”对话框，在“自定义功能区”中先单击“新建选项卡”，然后从“不在功能区中的命令”中找到我们要的命令添加到新选项卡就可以了，如图 5-21 所示。

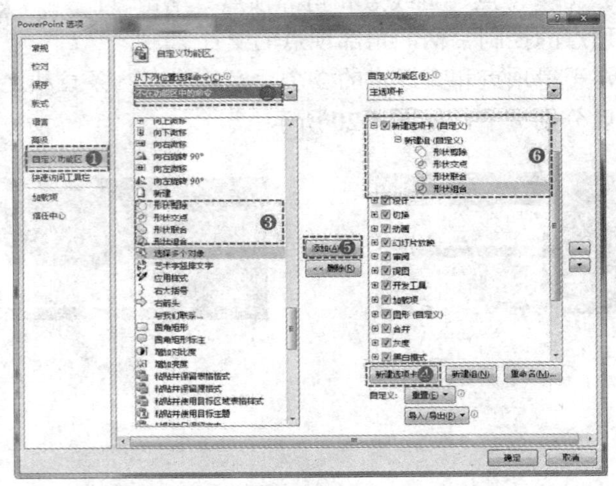

图 5-21　自定义功能区

要注意的一点是，多个形状选择的先后顺序不同，执行形状命令后的结果也会不同，要根据自己的需要来确定选择的先后顺序，比如要从圆剪除正方形，选择的顺序就是先选圆再选择正方形然后用“形状剪除”命令。试试用这些命令绘制表 5-8 中的②号图形。

3）绘制技巧三：千变万化的任意多边形。掌握了前面两个技巧，找到任意多边形画出 3 号图形就很容易了。首先插入要勾画轮廓的图片，可以将图片适当放大便于勾勒。选择“任意多边形”，从图像轮廓上任意一点开始，沿着边线完成绘制，形成闭合的形状后修改填充颜色等就可以了，如图 5-22 所示。如果会一点简笔画，就可以用“任意多边形”绘制任何想要的形状。

图 5-22　绘制剪影

4）绘制技巧四：填充。填充是图形美化的重要方法，填充的方式有纯色填充、渐变填充、图片或纹理填充、图案填充和幻灯片背景填充。

当图片背景比较复杂时，会对置于其上的文字产生干扰，如果在上面覆盖一个用单色透明填充的矩形，文字看起来就会清晰，文字和图片会和谐得多，如图 5-23 所示。

图 5-23　透明的纯色填充

渐变填充能让平面的形状变得立体，尤其是将颜色渐变、透明度渐变和亮度渐变结合起来使用时，如图 5-24 所示。

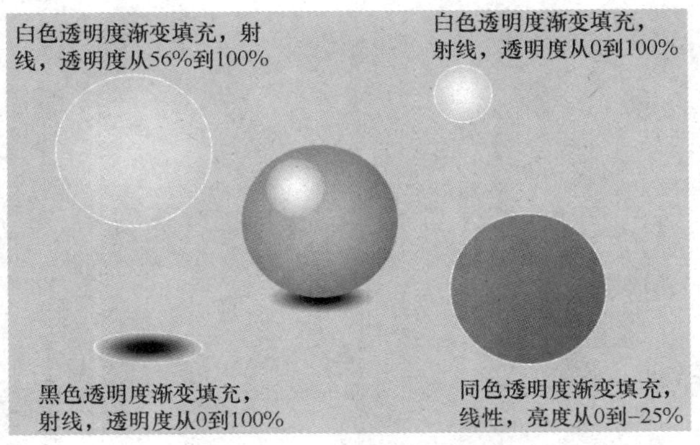

图 5-24　多个渐变填充形状叠加效果

✎ 课堂练习

试试做做这个形状：

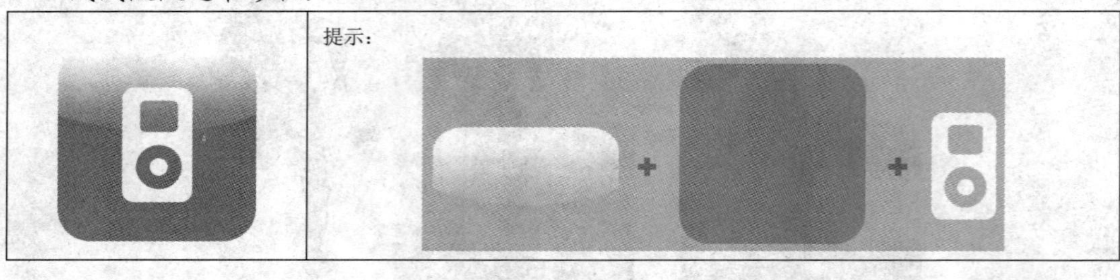

如果在制作课件的过程中需要将多张图片插入到不同的幻灯片中，或者做的是全图型 PPT，那么可以选择“插入”|“相册”的方法，一次性插入所有图片。在插入相册时，可以在相册设置中对图片的版式及文字说明进行设计。

✎ 课堂练习

选择一段本专业的教学文本，用形象化的方式（图片、图表、形状……）将其内容表达出来。按如下形式完成并提交。

加工前的文本：

加工后的内容：

3. 音频与视频

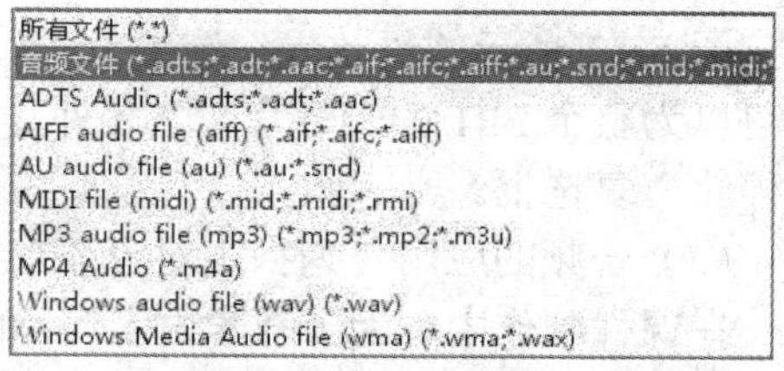

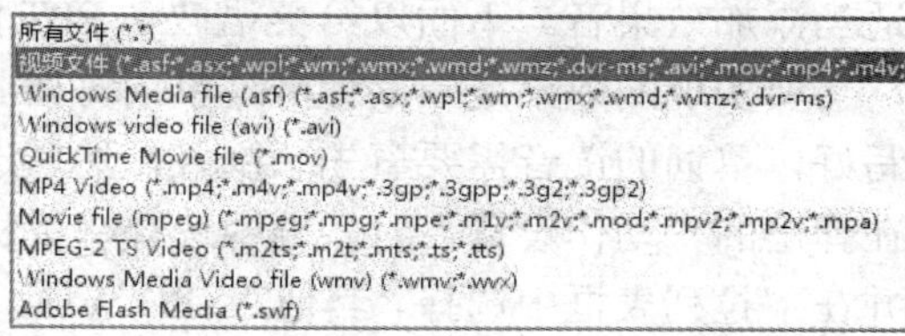

图 5-25　PowerPoint 支持的音频和视频格式

在 PowerPoint 中可以直接为 PPT 插入声音、视频，PowerPoint 2010 支持插入的音频和视频文件格式很多，如图 5-25 所示。

在 PPT 中插入音频和视频后，选中媒体对象，在其“工具”选项卡中可以对这些多媒体素材进行简单的编辑：剪辑、淡入/淡出、音量调节、播放设置等，如图 5-26 所示。此外，在“动画窗格”中，选中音频或视频动作的下拉菜单，还可以进行更细致的音频、视频播放设置，如图 5-27 所示。还可以通过设置触发器来控制音频视频的播放状态。通常情况下，需要将“播放”选项卡和播放设置结合起来使用。

图 5-26　音频和视频的“播放”选项卡

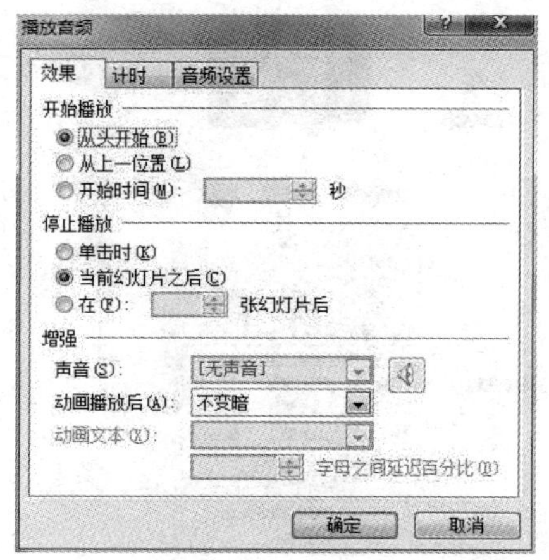

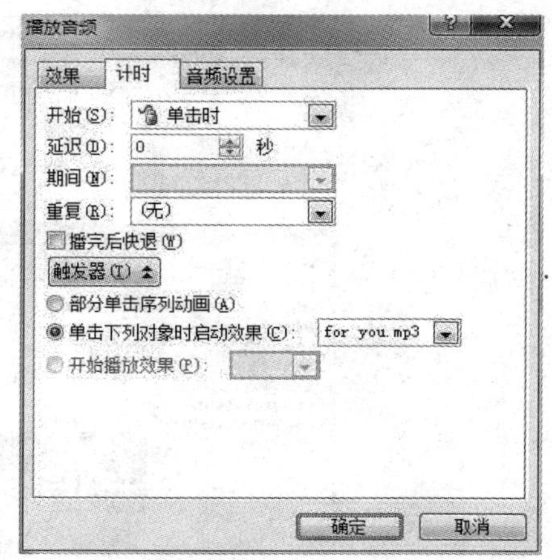

图 5-27　音频播放设置

（1）音频的应用：背景音乐

默认情况下，在 PPT 中插入的音频只在当前幻灯片上播放，到下一张幻灯片时，声音会停止，要想给整个 PPT 加背景音乐，就需要音频跨多张幻灯片进行播放，这时候需要到图 5-27 所示的“效果”选项卡中，设置“停止播放”为“在……张幻灯片后”，数值可以为整个 PPT 的幻灯片数。此外，也可以选中“播放”选项卡中的“循环播放，直至停止”复选框。

（2）音频的应用：为指定对象添加效果音

在课件制作中，为了教学内容演示的需要或在教学过程中给予一些声音反馈，可以适当添加效果音。下面以给英语教学 PPT 添加单词读音为例来说明。

要实现的效果是当鼠标滑过单词时播放该单词的读音。首先在幻灯片中将英文单词写好，单词的读音需要事先录制好，然后选中某个单词，单击“插入”|“动作”按钮，在弹出的“动作设置”对话框中选择“鼠标移过”选项卡，选中“播放声音”复选框，并在下拉列表框中选择“其他声音”选项，然后找到事先录制好的单词读音，确认即可，如图 5-28 所示。要注意的一点是，通过这种方式播放的音频必须为.wav 格式。

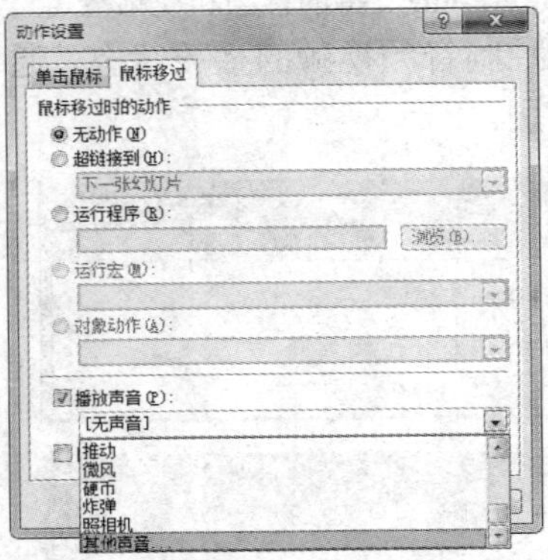

图 5-28　“鼠标移过”选项卡

（3）音频、视频的播放控制

插入 PPT 中的音频和视频会比其他对象多出 3 个动画状态：播放、暂停、停止。可以制作按钮来对应控制音频或视频的这 3 个状态。

将音频或视频插入 PPT 中后，会在“动画窗格”中自动生成一个播放状态，单击播放状态，在“动画”选项卡中单击“添加动画”按钮，将剩余的 2 个状态一并添加到“动画窗格”中。然后在幻灯片中将控制的按钮绘制好。在添加的播放状态上单击右侧下拉按钮，选择“计时”命令，在弹出的对话框的“计时选项卡”中单击“触发器”按钮，选择“单击下列对象时启动效果”单选按钮，在右边的下拉列表框中选择相应的按钮。过程如图 5-29 所示。

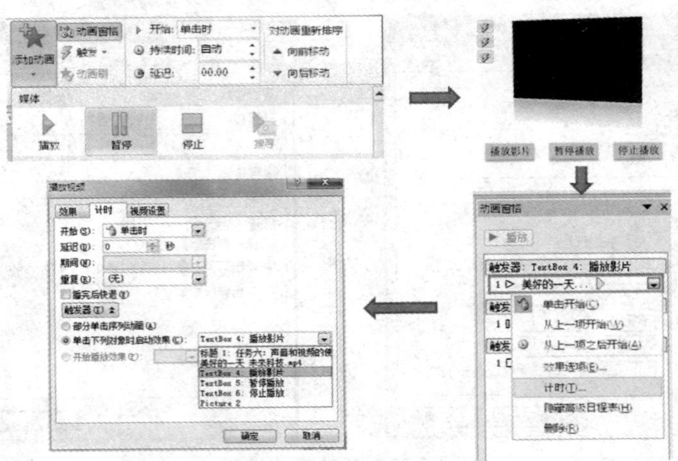

图 5-29　视频播放控制制作过程

4. 动画

较之以前版本的 PowerPoint 动画，PowerPoint 2010 展示出了强大的动画效果，主要有 PowerPoint 2010 自定义动画及切换效果两种动画效果。

（1）自定义动画效果

对幻灯片中的所有对象（包括文本、图形、图像等）都可以添加动画效果。适当使用动画效果可以突出课堂重点、控制信息流量，并增强课件的吸引力。PowerPoint 2010 自定义动画有以下 4 种自定义动画效果：

- 进入：用于设置对象出现在幻灯片中时的动画效果，即对象的入场动画方案。
- 强调：用于设置已出现在幻灯片中的对象的动画效果，即给对象进行强调的动画方案。
- 退出：用于设置对象从幻灯片中消失时的动画效果，即对象退出场景的动画方案。
- 动作路径：用于设置对象沿指定路径移动的动画效果，即给对象一个固定的行走路线的动画方案。

在 PowerPoint 中不仅可以为单个对象添加动画效果，也可以为单个对象添加多个动画效果，或者在一张幻灯片中为多个对象添加动画效果等。一般在添加动画效果后，还需要对动画播放的顺序、播放的持续时间和延迟时间等进行调整，让动画效果更符合实际需要。

1）设置动画效果选项。这里的动画效果选项是指为对象添加的进入、退出、强调等动画效果的方向、数量等属性设置的选项。在“动画”选项卡中单击“效果选项”按钮，在弹出的下拉列表中可以看到动画效果选项的相关设置。通常情况下，每种动画效果的选项是不同的。例如，“切入”效果选项包括“方向”和“序列”两组选项，如图 5-30 所示；“形状”效果选项包括“方向”“形状”和“序列”3 组选项，如图 5-31 所示。

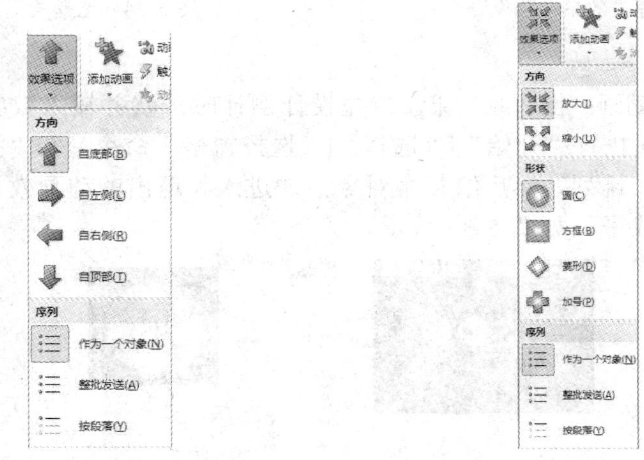

图 5-30　“切入”效果选项　　图 5-31　“形状”效果选项

2）设置动画的时间。每个动画效果均有一个持续时间，即整个动画效果播放的时间。用户也可以根据自己的需要修改整个持续时间，以及可能的延迟。

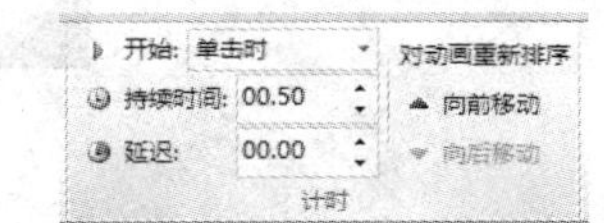

图 5-32　更改持续时间和延迟时间

要将所选动画的播放时间更改为自己设置的时间，首先选中需要更改持续和延迟时间的动画对象，然后在图 5-32 所示的“动画”选项卡的“计时”选项组中的

“持续时间”文本框和“延迟”文本框中更改为实际需要该动画播放的时间即可。

3）设置动画的声音。动画的声音其实就是播放动画对象时随之播放的音频剪辑。默认情况下，PowerPoint 提供的动画效果是没有声音的，但用户可以根据需要自行添加。

选中要添加声音的动画效果对象，打开“动画”选项卡，单击“高级动画”选项组中的“动画窗格”按钮，在打开的“动画窗格”中单击要设置动画选项的对象右侧的下拉按钮，在弹出的下拉菜单中选择“效果选项”命令，如图 5-33 所示。弹出动画效果对话框，在“效果”选项卡的“增强”区域单击“声音”下拉按钮，在弹出的下拉列表中选择需要的声音，如图 5-34 所示。单击“确定”按钮，即可为选定的动画效果添加声音。

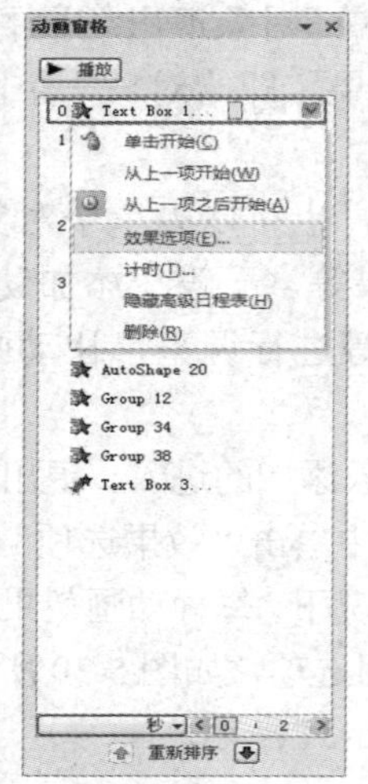

图 5-33　选择“效果选项”命令

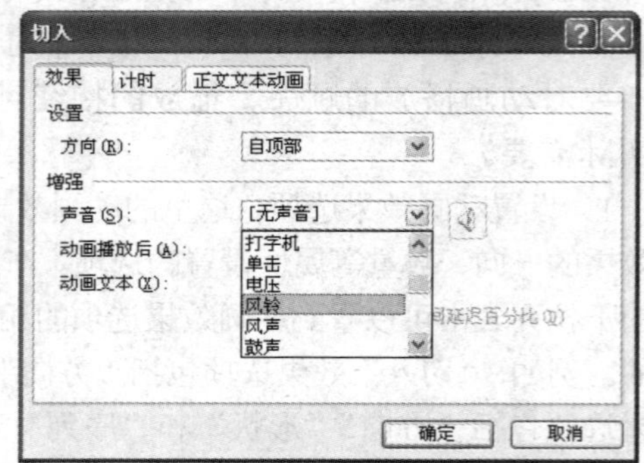

图 5-34　选择所需声音

4）动画示例：

① 进入退出动画：倒计时效果。首先设计倒计时形状并输入数字，利用“选择和可见性”窗格（执行“开始”|“选择”|“选择窗格”命令）和“排列”命令将所有数字按顺序叠加排列，然后给每个对象添加进入和退出的动画效果，设置一定的时间顺序后就完成了，如图 5-35 所示。

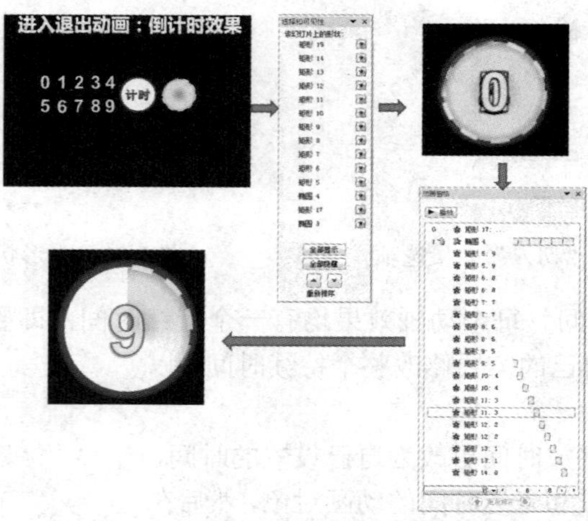

图 5-35　倒计时效果实现过程

② 强调动画：小球摆动。这个例子中主要应用强调动画中的“陀螺旋”演示小球在摆动过程中动能和重力势能相互转换的过程。首先在幻灯片上画好小球输入相关文字，如图 5-36 所示，这里要注意，因为陀螺旋是围绕对象中心旋转，所以摆动的小球需要对称复制一个并合并，然后将复制的一个设置透明。给小球添加陀螺旋动画，动画设置如图 5-37 所示。

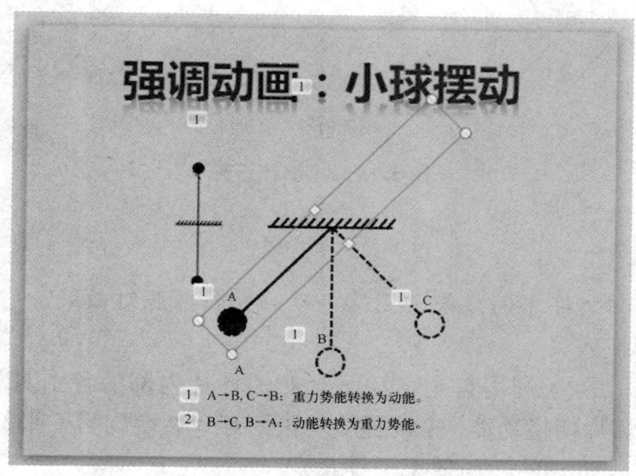

图 5-36 “小球摆动”页面设计

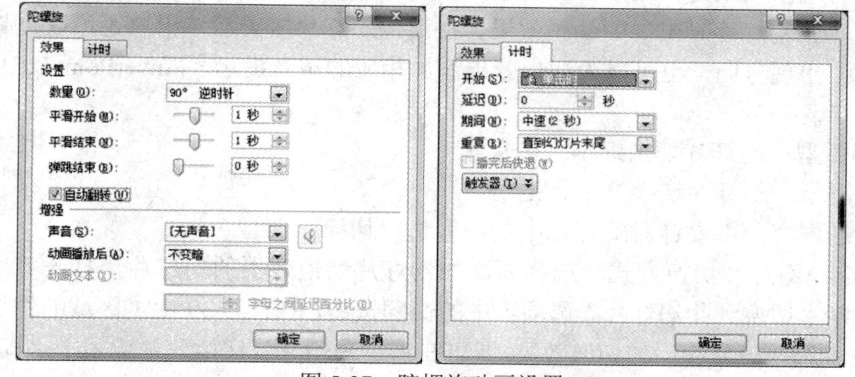

图 5-37　陀螺旋动画设置

③ 路径动画：实现 2 个小球正碰动画效果。这个演示动画中的钢球需要做相向直线运动，发生碰撞后各自朝相反方向运动，用路径动画来实现钢球的运动轨迹。

首先将对象放入幻灯片，选中图 5-38 所示平面左边的“钢球”，打开“动画”选项卡，单击“动画”选项组中的快翻按钮，在展开的库中的“动作路径”组中选择“自定义路径”命令，再单击“动画”选项组中“效果选项”下拉按钮，在弹出的下拉菜单中选择“曲线”命令。将十字形光标移到“钢球”上面，按住鼠标左键，然后向右移动绘制出钢球碰撞前的轨迹。当直线长度达到 2 个钢球中点位置时，先释放鼠标然后单击，即可在 2 个钢球中间留下一个顶点。接着按住鼠标左键向右移动，绘制出钢球碰撞后的运动轨迹。光标到达钢球所在位置后双击结束，就可以看到钢球先向右后向左的运动效果了。重复上面的操作，可以给右边的钢球设置运动路径。

最后定义动画时间。由于教学要求 2 个钢球同时做相向运动，所以必须设置它们的运动是同时的。选中水平面右边的钢球，它在“动画窗格”中的名称就会被选中。单击该名称右边的下拉按钮，选择“从上一项开始”，就可以实现左右两边的钢球同时运动的效果，如图 5-38 所示。

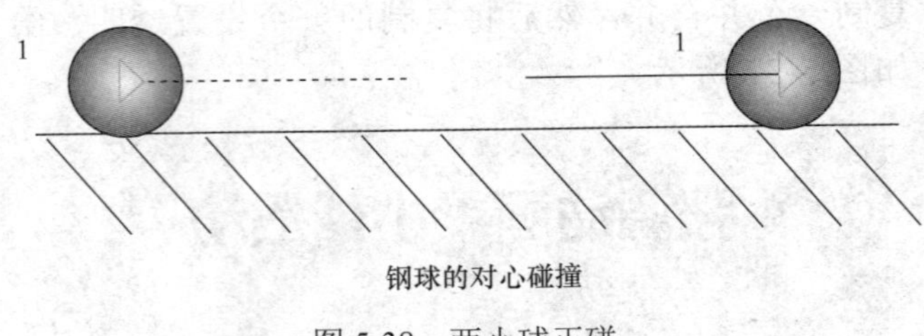

图 5-38　两小球正碰

✎ **课堂练习**

用进入动画制作文字书写效果。用路径动画制作探照灯效果。

（2）幻灯片切换效果

在课件放映时，除了利用自定义动画针对幻灯片内部的各个对象来设置动画效果外，也可以通过幻灯片切换功能，来设置从一张幻灯片切换到另一张幻灯片的动画效果，就像制作电影、电视镜头的转场效果一样。

幻灯片切换效果是作用于整张幻灯片的动画效果，是在幻灯片放映期间从一张幻灯片移到下一张幻灯片时出现的动画效果。在添加幻灯片效果后，用户还可以控制切换效果的速度、出现方向，也可以为切换效果添加相应的声音提示。PowerPoint 2010 提供了 3 类切换方案：

- 细微型：幻灯片切换细小、简单。
- 华丽型：幻灯片切换复杂、生动。
- 动态内容：主要针对幻灯片中的内容进行切换。

1）选择幻灯片切换方式。选择要添加幻灯片切换效果的幻灯片，打开“切换”选项卡，单击“切换到此幻灯片”选项组中的快翻按钮，在图 5-39 中①区域的幻灯片切换方案列表中选择需要应用的切换效果，即可在将所选幻灯片切换效果应用于目标幻灯片。

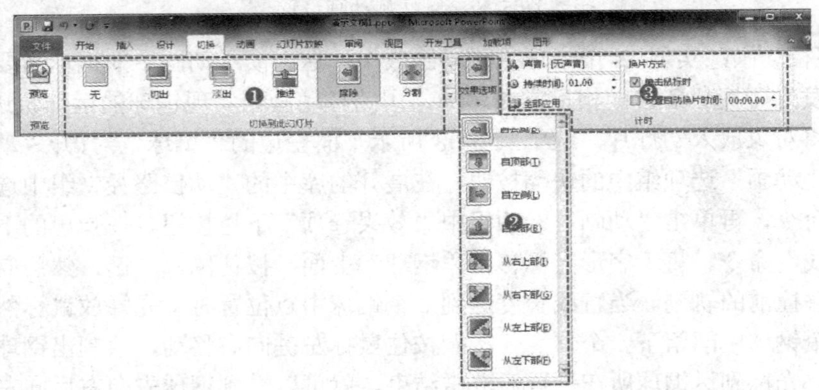

图 5-39　幻灯片切换

2）设置幻灯片切换效果选项。幻灯片切换效果选项一般包括切换效果动画进入屏幕的位置及运动方向。在为幻灯片添加切换效果后，单击“切换到此幻灯片”选项组中的“效果选项”按钮，如图 5-39 中②区域所示，在展开的下拉列表中选择需要的选项，即可更改切换效果的出现位置及运动方向。

3）设置幻灯片之间的切换音效及动画放映时间。切换音效是指放映过程中幻灯片切换时播放的声音，动画放映时间是幻灯片切换过程中切片效果动画播放的时间。在图 5-39 中③区域所示的“计时”选项组中，用户就可以手动设置切换效果播放时的声音、动画效果播放的时间，以及将该切换效果应用于所有幻灯片。

在“切换”选项卡的“计时”选项组中单击“全部应用”按钮，可以将当前切换效果应用于演示文稿中的所有幻灯片。在“持续时间”数值框中，可以设置幻灯片切换效果的持续时间。在“声音”下拉列表框中，可以为幻灯片切换动作添加声音效果。“换片方式”选项用于设置幻灯片切换效果的开始时机，选择“单击鼠标时”选项可以手动控制幻灯片切换，设置每张幻灯片的自动换片时间可以实现无人工干预自动播放演示文稿。

使用设置幻灯片切换音效的方法也可以实现幻灯片背景音乐的效果。

5. 交互设计

交互性是 PPT 的一个重要特性，在 PowerPoint 中，用户可以利用“超链接”或“动作”功能为对象添加交互式动作，也可以使用“动作”功能、放映功能、VBA 功能或者触发器功能设计与实现课件交互效果。

（1）“超链接”和“动作”

利用“超链接”或“动作”功能进行交互完成的效果比较类似，但“动作”是课件制作中最常用的、最基础的一种人机交互方式，常用在组织课件内部结构上；而“超链接”除了完成交互之外，还可制作屏幕提示，并且能实现对课件外部的相关链接，如图 5-40 所示。

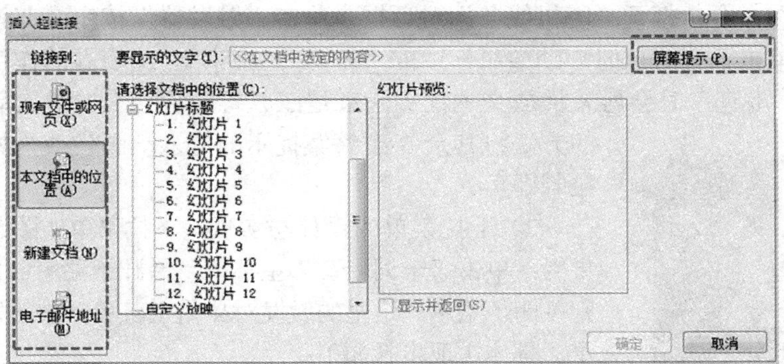

图 5-40　“插入超链接”对话框

在使用文本作为超链接时，会发现设置了超链接的文本颜色发生变化，且在文本下面加了下划线，这样有时会影响教学信息的传递或版面的美化。为了避免这样的问题，可以选择文本框设置超链接。

通过“动作设置”对话框添加交互式动作，如在幻灯片放映中单击鼠标或是移动鼠标响应一定的动作或播放声音实现交互，其方法在“音频的应用：为指定对象添加效果

音”中有详细讲解，这里不再赘述。还可以通过“插入”|“形状”的方式添加动作按钮，绘制完动作按钮的同时会自动弹出“动作设置”对话框，实现“播放”“结束”“上一张”“下一张”等 PPT 内部书签的跳转设置。

（2）触发器

触发器是 PowerPoint 中动画设置的一项功能，可以用一个对象触发另一个对象的操作，触发对象可以是一个图片、图形、按钮，甚至可以是一个段落或文本框，单击触发器时触发的操作可以是声音、电影或动画。设置的方法简单地说就是给被触发对象添加动画效果，在动画效果的“计时”选项卡中设置触发器，选择触发对象。

1）单选题的设计与实现。用触发器来实现单选题，其中的选项是触发对象，反馈是被触发对象，所以有几个选项就要设置几个触发器。具体操作过程如下：

① 在幻灯片中使用文本框输入题目文字，注意要将题目、选项、答案提示放在不同的文本框中，如图 5-41 所示。

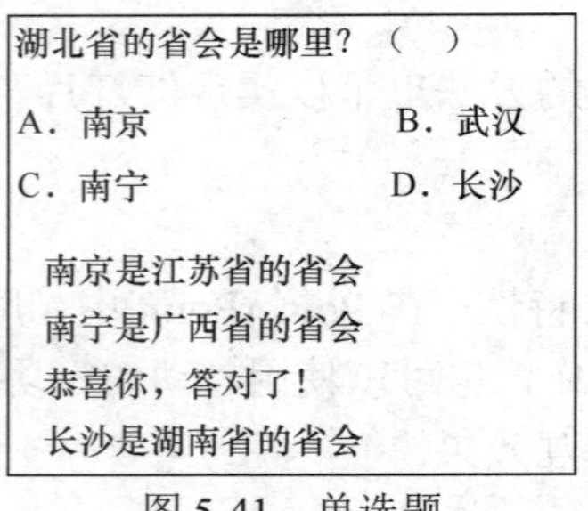

图 5-41　单选题

② 按住〈Shift〉键将 4 个答案提示同时选中，打开“动画”选项卡，在“动画”选项组中给 4 个文本框同时添加“进入”动画，在本例中所选择的动画类型为“随机线条”。

③ 在“动画”选项卡中，单击“高级动画”选项组中的“动画窗格”按钮，打开“动画窗格”，从中选择第一个自定义动画，单击右侧的下拉按钮，在弹出的下拉菜单中选择“计时”命令，打开“随机线条”对话框，单击“触发器”按钮，在弹出的下拉列表中选择“单击下列对象时启动效果”中的“矩形 2 南京”。此步骤的作用是，当单击文本框“A．南京”时会触发播放文本框“南京是江苏省的省会”的进入动画。用类似的方法将其余 3 个答案提示的进入动画也改为相应的触发器控制即可。

图 5-42　下拉菜单效果图

2）下拉菜单的设计与实现。下拉菜单如图 5-42 所示，效果为：单击“宋词欣赏”主菜单，展开子菜单，再单击主菜单则关闭子菜单。这里的触发对象是主菜单，被触发对象是子菜单。具体实现步骤如下：

① 在 PowerPoint 中，利用插入形状制作主菜单“宋词欣赏”，形成“主菜单”组合。

② 绘制一个方形作为子菜单，输入文本，将图形框与文本框组合在一起形成“子菜单”组合。

③ 选中“子菜单”组合，打开“动画”选项卡，单击“高级动画”选项组中“添加动画”下拉按钮，在展开的列表中选择“进入”动画中的“切入”效果。单击“效果

选项”下拉按钮，在展开的列表中选择方向：“自顶部”。

④ 选择“子菜单”组合，“动画窗格”中已经有了子菜单的动画任务；单击该任务右侧的下拉按钮，选择“计时”命令，在“计时”选项卡中单击“触发器”按钮，然后选中“单击下列对象时启动效果”单选按钮，在右侧的下拉列表中选择“主菜单”组合图片，单击“确定”按钮。

⑤ 用同样的方法，给“子菜单”组合再添加一个“退出”动画中的“切出”效果，并设置触发器为“主菜单”组合，方向为到顶部。

⑥ 制作完成：单击“宋词欣赏”主菜单，子菜单显示出来，再次单击，子菜单消失，依此反复。

用触发器实现音频、视频的控制与播放在前面“音频、视频的播放控制”中有详细讲述，这里不再赘述。

✎ 课堂练习

用触发器制作一道连线题，题目内容自定。

（3）VBA

VBA（Visual Basic for Applications）是 Visual Basic 的一种宏语言，主要用来扩展 Windows 应用程序功能，特别是 Microsoft Office 软件。它是基于 VB 发展而来的，并采用与 VB 完全相同的编程环境。作为一种新一代的标准宏语言，VBA 具有跨越多种应用软件并且具有控制应用软件对象的能力，是 Office 平台的共通语言。

利用 VBA 可以在 PPT 中做出很好的人机交互效果，如用户输入文字、随机出题、拖动物体交互等。用 VBA 实现交互的方法简单地说就是先用控件布局，然后在 VBA 环境中书写代码来实现控件的功能。控件工具箱在“开发工具”选项卡中，如图 5-43 所示。“开发工具”选项卡如果没有显示出来，需要通过“文件”|“选项”|“自定义功能区”找到并选中。

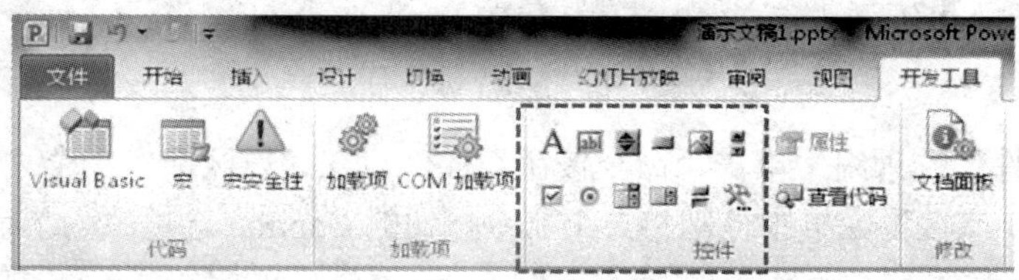

图 5-43　“开发工具”中的控件

控件工具箱中的控件有很多，如按钮、文本框、列表框、单选按钮等。选择一个控件，然后在幻灯片中拖动鼠标就可以“画”出来。在画出的控件上右击，选择“属性”命令，弹出“属性”面板，在这里可以设置该控件的各种属性，如图 5-44 所示。双击“命令按钮”控件，弹出 VBA 编程环境就可以编写语句了，如图 5-45 所示。

1）单选题的设计与实现：

① 在幻灯片中先用文本框将单选题的题目内容设置好，然后打开“开发工具”选项卡，在“控件”选项组中单击“选项按钮”控件，在编辑区拖出 3 个单选按钮。在单选按钮上右击，在快捷菜单中选择“属性”命令，打开“属性”面板，将 Caption 属性的值分别改为：北京、上海、南京（选择 Font 项可改变控件的字体和字号）。

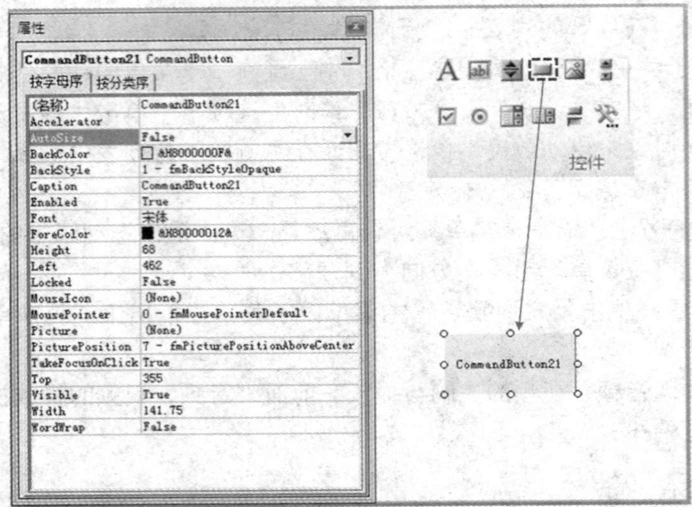

图 5-44　按钮控件及属性

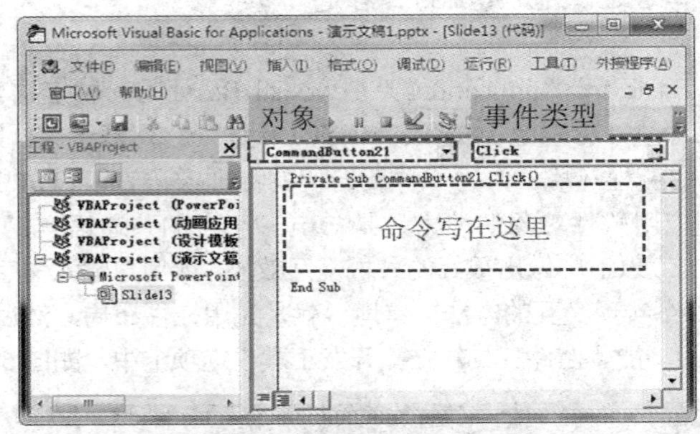

图 5-45　VBA 编程环境

② 在“控件”选项组中单击“命令按钮”控件，在编辑区拖出 3 个“命令”按钮和一个“标签”，在“属性”面板中分别将 3 个命令按钮的 Caption 选项改为：重新做、下一题、提交，在适当位置插入“标签”，将标签的 Caption 属性中的字符删除，如图 5-46 所示。

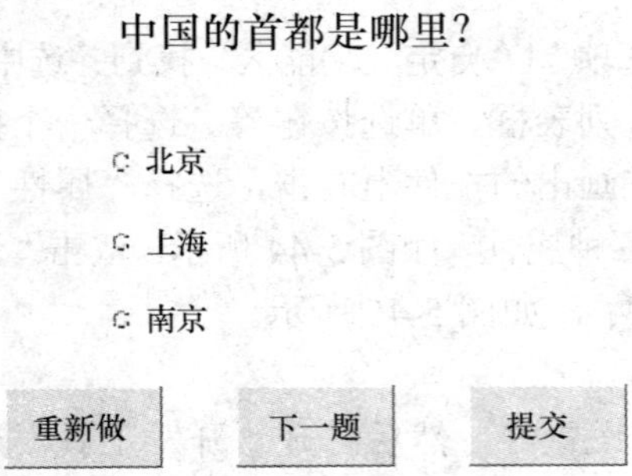

中国的首都是哪里？

○ 北京

○ 上海

○ 南京

重新做　　下一题　　提交

图 5-46　单选题

③ 为命令按钮添加代码。双击“重新做”按钮，进入 VBA 编程环境，在其中输入如下代码：

```
OptionButton1.Value = False
OptionButton2.Value = False
OptionButton3.Value = False
Label1.Caption = ""
```

双击“提交”按钮进入 VBA 编程环境，在其中输入如下代码：

```
If OptionButton1.Value = True Then
  Label1.Caption ="答对了！"
Else
```

```
  Label1.Caption="再想想！"
End If
```

双击“下一题”按钮，在 VBA 环境中输入如下代码：

```
With SlideShowWindows(1).View
.GotoSlide 2
End With
```

【拓展】以上代码的含义为：在单击“重新做”按钮时，将题目重置，可重新答题；单击“提交”按钮时，如果选择了第一个答案，提交后会在标签中显示“答对了”，否则显示“再想想”；单击“下一题”按钮时，则跳到 GotoSlide n 所指向的页面。

2）多选题的设计与实现：

① 实现方法同单选题，选择的控件为 3 个复选框和 3 个命令按钮，效果如图 5-47 所示。

下面是平行四边形的是：

□ 长方形

□ 梯形

□ 菱形

重新做　下一题　提交

图 5-47　多选题

② 双击“重新做”按钮进入 VBA 编程环境，在 VBA 环境中输入如下代码：

```
CheckBox1.Value = False
CheckBox2.Value = False
CheckBox3.Value = False
```

双击“下一题”按钮，在 VBA 环境中输入：

```
With SlideShowWindows(1).View
.GotoSlide 3
End With
```

双击“提交”按钮，在其中输入如下代码：

```
If CheckBox1.Value = True And CheckBox2.Value = False And
CheckBox3.Value =True Then
  MsgBox "正确"
Else
  MsgBox "错误"
End If
```

【拓展】该代码的含义为在单击“提交”按钮时，如果选择了第一个答案和第三个答案，提交后会弹出结果对话框。

3）填空题的设计与实现：

① 填空部分用文本框来接受用户输入的信息，在文本框的属性对话框中将 value 属性值删除，效果如图 5-48 所示。

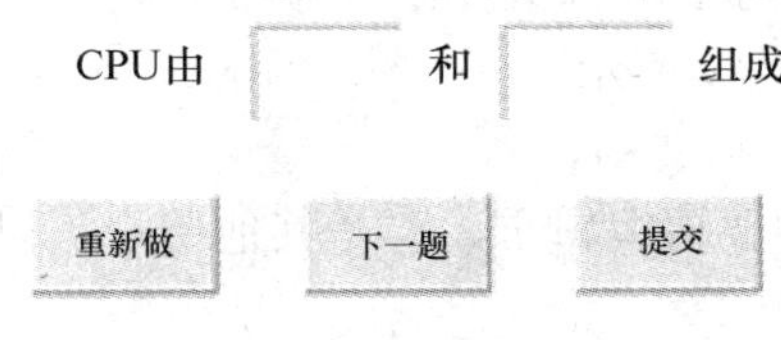

图 5-48　填空题

② 双击“重新做”按钮进入 VBA 编程环境，输入如下代码：

```
TextBox1.Value = ""
TextBox2.Value = ""
```

双击“下一题”按钮，在 VBA 环境中输入如下代码：

```
With SlideShowWindows(1).View
.GotoSlide 4
End With
```

双击“提交”按钮，在其中输入如下代码：

```
If (TextBox1.Value ="控制器" And TextBox2.Value ="运算器") Or
(TextBox1.Value ="运算器" And TextBox2.Value = "控制器")
Then
    MsgBox"回答正确"
Else
    MsgBox"回答错误"
End If
```

【拓展】该代码的含义为单击“提交”按钮时，如果输入答案为“运算器”和“控制器”，“提交”后会弹出“回答正确”对话框，否则弹出“回答错误”对话框。

需要注意的是，语句中的控件名必须与实际的控件名相同。运行程序时必须启用宏。

5.3　教学 PPT 的应用

制作教学 PPT 的目的当然是使用，使用教学 PPT 的主角是教师，从某个角度上看，课件的应用效果并不仅仅取决于课件制作的水平和质量，很多时候，教师应用课件的方法和方式才是决定课件应用的关键因素。

应用是一个个性化的范畴，PowerPoint 提供了支持教师个性化应用教学 PPT 的能力，从保存到具体使用，即使是同一个课件，也可以为不同教师的不同需求所用。

5.3.1　保存

教学 PPT 可以非常方便地在不同的计算机上运行，当然前提是计算机使用的是 Windows 系统，并且安装了相应版本的 Office 软件。但在很多情况下，设计制作 PPT 的计算机并非是播放的那台计算机，此时可能会出现一些意想不到的问题，例如：课件里的字体效果变了；插入的声音、视频文件播放不了；PowerPoint 版本不对，PowerPoint 2003 无法播放 PowerPoint 2010 格式的文档……如果在 PPT 的保存阶段稍加注意或调整方式，这些问题都可以避免。

1. 设置权限

如何不让无关人员随意打开你的文件？如何告诉同事某个文件不要修改？这些功能都在“文件”选项卡的“信息”选项中设置，如图 5-49 所示。

可以通过设置不同权限和方式从不同角度来保护演示文稿。

- 标记为最终状态：起警示作用，告诉其他用户不要再编辑了，但是其他用户可以取消标记，再次编辑。
- 用密码进行加密：不知道密码或忘记了密码是不可能打开这个文件的。密码设置时，需要输入两次，相同才会生效。

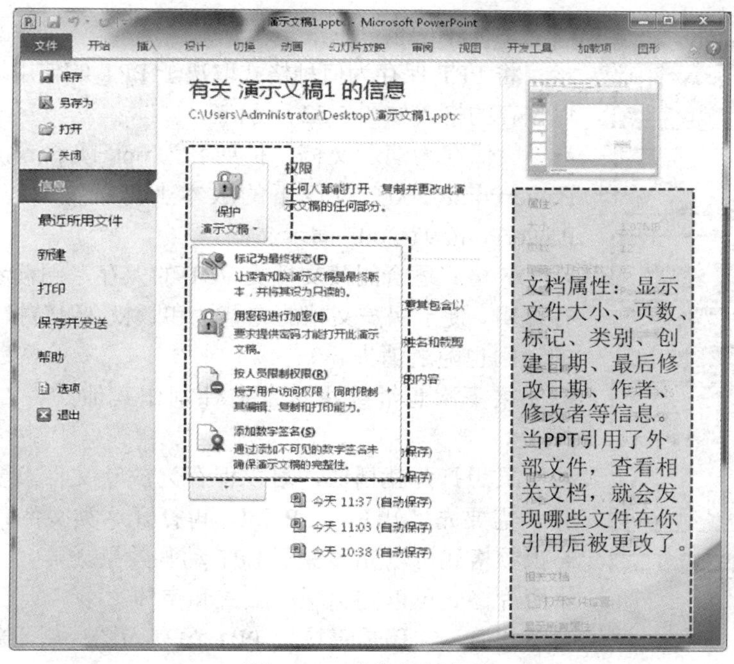

图 5-49　“信息”选项

- 按人员限制权限：通过这个设置，可以给予相关人员不同的权限，有的可以阅读和编辑，有的只能阅读，没有被给予权限的人则不能打开文件。前提是你要拥有一个 Windows ID。
- 添加数字签名：保密级别最高，但需要购买微软支持的数字签名服务。

2. 保存优化

在保存 PPT 之前对课件进行一些优化是有必要的。

（1）嵌入字体

如果使用了第三方字体，在最后一次保存时要嵌入字体，可以利用“另存为”对话框中的“工具”设置保存选项，如图 5-50 所示，选择“将字体嵌入文件”选项。

（2）压缩图片

在“另存为”对话框中的“压缩图片”选项中可以为播放的课件选择比较低的分辨率，如图 5-51 所示。如果 PPT 中使用的图片比较多，压缩后 PPT 体积会变小很多。

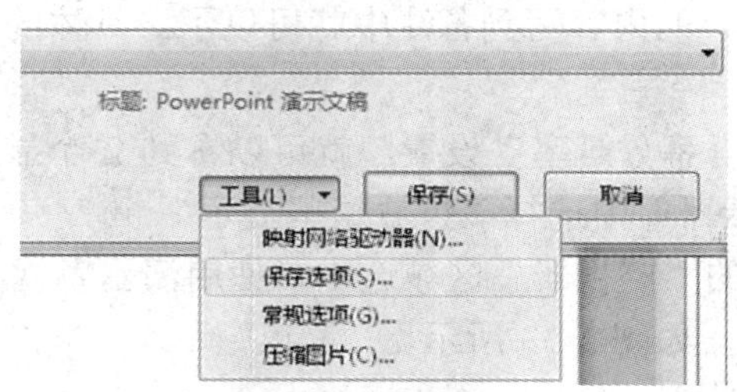

图 5-50　保存选项

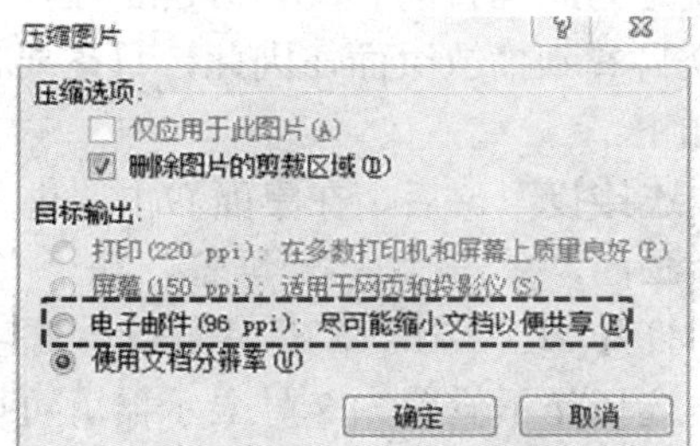

图 5-51　“压缩图片”对话框

（3）不同格式

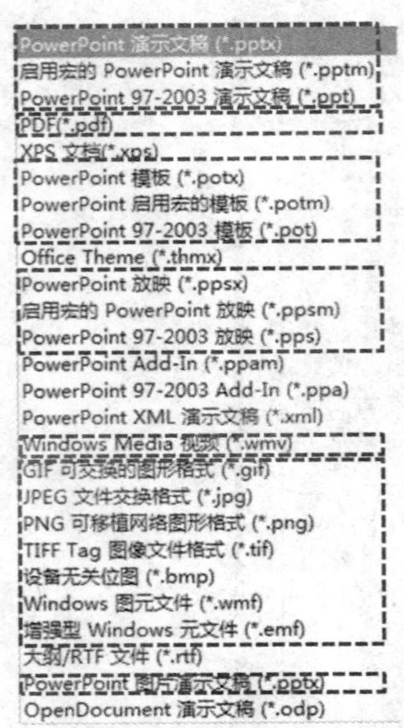

图 5-52　PPT 保存格式

将 PPT 保存为何种格式取决于 PPT 的使用场合，PPT 可以保存的格式如图 5-52 所示。

• 一般保存为演示文稿，扩展名为.ppt 或.pptx，如果希望在 PowerPoint 2003 及以下的版本上打开文件，必须保存为 PowerPoint 97-2003 演示文稿。
• PDF 格式适合阅读文档类 PPT 的保存，阅读者不能随意进行编辑，便于保护文档的完整性和版权，但转换为 PDF，PPT 的动画也随之消失。
• 如果下次想继续用这个文件制作其他文件，可以保存为模板。
• 如果想打开就播放，可以保存为放映文件。要编辑这类文件，需要先打开 PowerPoint，再打开这类文件。
• 视频格式可以完美保存 PPT 动画效果。
• 图片格式可以完美保存版式和字体。
• 图片演示文稿是直接把 PPT 另存为图片后重新生成的新的 PPT。

（4）文件路径

PPT 如果是使用 PowerPoint 2010 及以上版本制作的，就无须担心图片、音频或视频文件的路径问题了，在默认情况下，它们是嵌入到幻灯片中的，除非在插入时特别选择了以链接方式插入。用低版本的 PowerPoint 插入的音频、视频，则需要先将音频、视频同 PPT 放在一个文件夹，然后插入，演示 PPT 时需要将该文件夹一并移动，否则将找不到音频或视频。

5.3.2　放映技术

教学 PPT 的使用过程就是放映过程，为了放映时更好地配合教师的教学过程，可以对放映技术做一些调整和优化。

1．备注 PPT

PPT 不是演讲稿，不是所有想说的内容全放在上面，那么需要拓展的内容怎么办呢？备注就是为此准备的。PowerPoint 在使用“演示者”视图时，可以允许演示者看到备注而观众只看到播放页面，因此，只需要把讲稿的内容写到备注中就可以了。具体的设置方法如下：

• 连接投影仪后，在桌面右击，进入“屏幕分辨率”设置，就可以看到 2 个显示器画面，单击“2”号屏幕，在“多显示器”中选择“扩展这些显示”。
• 打开 PPT，在“幻灯片放映”选项卡的“监视器”区域选中“使用演示者视图”，选择显示位置为 2 号显示器就可以了，如图 5-53 所示。

图 5-53　设置“演示者”视图

2. 演示小技巧

很多教师有在讲解过程中标注重点的习惯，用墨迹标注功能就可以实现。在 PPT 放映模式下，窗口左下角有一组控制按钮，那里就有“笔迹”功能，如图 5-54 所示。可以选择笔迹的类型、颜色。在课件演示完毕后，可以选择保留这些标注信息还是擦除这些信息。

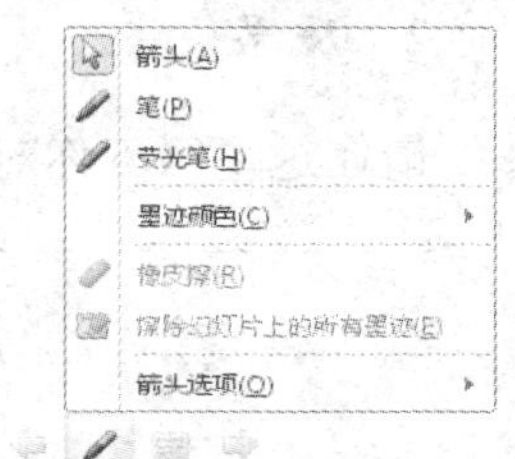

图 5-54　“笔迹”标注

如果认为在课件放映过程中去选择笔迹功能不方便，也可以按住〈Ctrl+P〉组合键，快速调用笔迹功能。另外，在 PPT 放映过程中，如果按住〈Ctrl〉键的同时按住鼠标左键，鼠标指针形状会变成红色的“电子教鞭”，方便教学提示。

还有一些在 PPT 放映过程中的快捷键如表 5-10 所示。

表 5-10　PPT 演示快捷键

快捷键	作用
F5	按〈F5〉键，PPT 立即从第一张幻灯片开始放映
Shift+F5	按〈Shift+F5〉组合建，PPT 从当前幻灯片开始放映
W/B	按 W 键变为白屏，按 B 键变为黑屏，再按一下恢复正常
Ctrl+P	快速调用笔迹功能
Ctrl+鼠标左键	鼠标变成电子教鞭
Esc	结束放映；不想使用激光笔的功能也可以按一下 Esc 键

3. 遥控演示 PPT

如今在 PPT 教学演示中使用遥控激光笔已经很常见了，它能帮助教师脱离操作计算机的限制，拉近教师与学生的距离，创造更多交流的时间和机会，但如果没有激光笔呢？使用手机也可以遥控 PPT 的演示。

使用手机遥控 PPT 演示首先需要为手机和计算机安装服务端软件，然后使用 Wi-Fi 功能建立手机和计算机的无线连接，然后就可以使用了。这样的软件如“PPT 遥控器”（https://ppt.baidu.com），支持 IOS 和 Windows 操作系统，不仅可以控制 PPT 上下翻页，还可以使用备注功能、激光笔功能，非常实用。

学习总结与反思

1. 知识要点

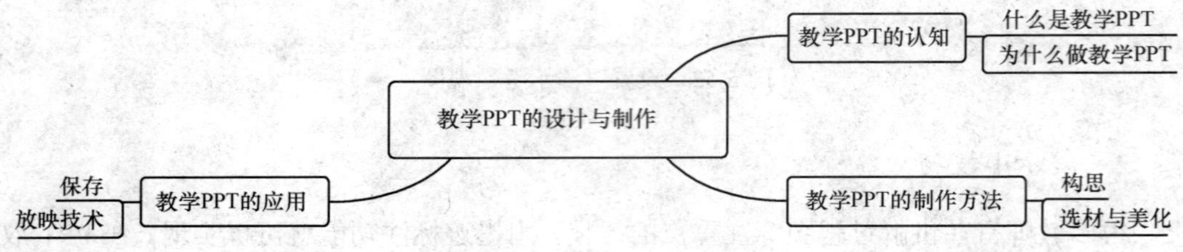

2. 反思

请在这里写下你对于本章内容的思考、收获、疑问……

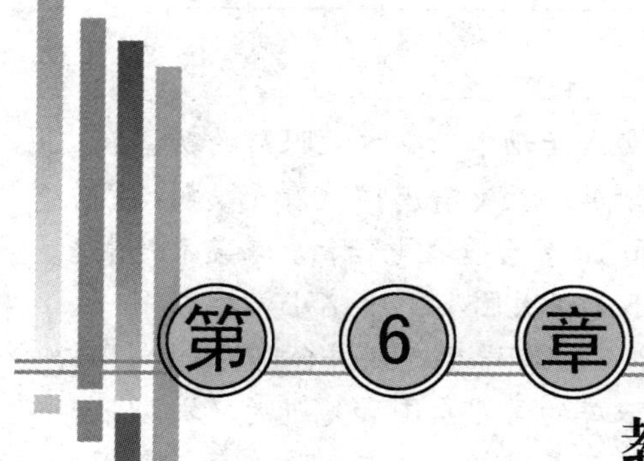

第6章 教学媒体和环境的管理与应用

教学媒体是教育技术应用的重要体现，有效地应用各种教学媒体，可以使教师的教学过程更高效和更富吸引力，不但能提高学生的学习效率，还能使师生的交互更加多样化。应用媒体的有效程度在某种程度上也反映了教师的教育技术水平。因此，作为一名合格的教师，就必须了解各种教学媒体的优缺点，并能在优化组合多种媒体的基础上实施教学，从而有效提高教学的质量和效率，提升学生的学习体验，促进信息化教育教学的创新性改革。

【学习目标】

1. 理解教学媒体的基本概念。
2. 能够较为合理地选择和使用各种教学媒体开展教学。
3. 了解现代教育技术环境的组成与分类。
4. 知道演示型多媒体教室、交互型多媒体教室、多媒体网络教室的异同及其教学功能。
5. 知道校园网的构成和主要教学功能。
6. 知道“班班通”教学环境的主要教学功能及使用。
7. 了解智慧教育环境的特点及主要的教学功能。
8. 了解常见数字化教学平台的特点及主要的教学功能。
9. 能够合理地选择和使用慕课平台的资源进行自主学习。

引 言

暑假，小方参加了少年宫活动，在一次观摩实践活动中，小方被眼前的新型教室深深地震惊了，讲台前方是两块巨大的液晶显示屏，教室四周摆放着 6 块触摸式一体机，天花板上还安装了 4 台人影捕捉摄像机和 10 多台垂挂电话筒。课桌不是常规的长方形，而是梯形，既可以组成一排，又能迅速拼成圆桌。43 名小学生人手一台平板电脑，他们在兴致勃勃地学习与讨论知识，不时有学生走到讲台前的一个 3D 打印机，打印出栩栩如生的立体物件，整个课堂浓厚的学习氛围和先进的环境深深地吸引了小方，这就是未来教室。作为学生的你是不是很想了解与体验这个与众不同的教室呢？这一章就带领同学们了解与学习信息化背景下的新型教学媒体、先进的教学环境及其应用。

6.1 教学媒体的选择与应用

6.1.1 教学媒体的相关概念

说到教学媒体，大家肯定可以说出很多教学媒体的名称，如幻灯机、投影仪、计算机、电子白板等。但是，到底什么是教学媒体？教学媒体与其他的传播媒体又有什么不同？如何正确地选择与应用教学媒体？让我们通过这一节的学习来进一步认识。

1. 媒体

媒体（Media）又称媒介，指一切承载、传输、控制信息的材料和工具。媒体有两种含义：①承载信息的载体，如广播、电视、计算机、网络、杂志、报纸等；②存储和传递信息的实体，如录音带、录像带、光盘、磁盘及相关硬件设备。

2. 教学媒体

关于教学媒体的定义，目前还没有统一的定论，有人把教学媒体定义为传播的通道，它能把教学信息从信源传送给信宿；也有人将其定义为记录和传递教学信息的介质。最初的“教学媒体”仅仅指美国 20 世纪 60 年代出现的教学机器，现在它已用来泛指“任何用于传播知识的通信手段”，既包括教材等印刷材料，也包括模型、图片、幻灯片、电影、电视、计算机、网络等。

瑞泽（R. A. Rersir）和加涅认为教学媒体是指传递教学信息的物理手段。据此，教师、教科书、录音磁带、用于教学的电视节目和计算机软件等都是教学媒体。由一般媒体发展为教学媒体至少需要具备两方面的要素：一是媒体只有用于储存与传递以教学为目的的信息时，才可称为教学媒体；二是媒体用于教与学活动的过程时，才能发展成为教学媒体。因此，可以把以传递教学信息为最终目的并用于教学活动过程的媒体定义为教学媒体。

3. 数字化教学媒体

“数字媒体”作为一种新媒体是近几年出现的一个新概念，美国《连线》杂志将新媒体定义为“所有人对所有人的传播”。数字化教学媒体是指以数字化形式存储和传递教学信息的教学媒体。即数字化教学媒体是以二进制形式存储和传递教学信息的多种形式的媒体文件，如文本、图形、图像、视频和音频等形式的文件，用于教学的网页或博客等，也包括能存储数字媒体文件的设备，如多媒体计算机、交互式电子白板和各种移动终端设备。

数字化教学媒体应用于教学活动，能够使教学信息传递更加标准化，教学过程更加生动有趣，学习者的学习效率更高。通常数字化教学媒体在教育传播过程中的主要功能有：传递信息、存储信息和控制过程。

✎ **课堂练习**

请比较媒体、教学媒体和数字化教学媒体三者之间的异同点，将结果填写到表 6-1 中。

表 6-1　媒体、教学媒体和数字化教学媒体的异同点

	媒体	教学媒体	数字化教学媒体
不同点			
相同点			

✎ **课堂练习**

阅读 2014—2015 年美国新媒体联盟发布的报告，了解有哪些新的媒体和技术正在或将对教育产生重大的影响，填写表 6-2，并积极分享你的观点与见解。

新媒体联盟地平线报告
（2015 基础教育版）

表 6-2　新媒体和技术及其影响

新的媒体和技术	产生的影响

6.1.2　教学媒体的分类

教学媒体从不同角度可以分为不同的类型。可以根据它们承载、传递和控制信息的方式、方法、自身形态的特点以及表现形式等加以区分。这样既便于对教学媒体有一个总的认识，了解它们的特性和功能，又便于在教育教学中能够有效地加以开发和利用。从总的情况看，目前比较具有代表性的分类方法主要有以下 2 种。

1. 按教学媒体发展的先后划分

教学媒体按发展的先后划分，可分为传统教学媒体和现代教学媒体。

（1）传统教学媒体

传统教学媒体主要包括语言、文字、印刷材料、图片、黑板、挂图、模型和实物及教师的各种表情和体态等。这些媒体历史悠久，使用方便，在过去和现在的教育教学活动中，一直担当着传递教育教学信息的主要或重要媒体的角色，在将来的教育教学活动中，仍将是传递教育教学信息的重要媒体，是人类教学不可或缺的工具。

（2）现代教学媒体

现代教学媒体是近代才产生和发展起来的，如录像和多媒体计算机等。需要指出的是，现代教学媒体是一个发展的概念。随着现代信息技术的发展，目前现代教学媒体主要是指基于计算机和网络等现代信息技术的教学媒体。

2. 按教学媒体作用于人的感官和信息的流向划分

按教学媒体作用于人的感官和信息的流向划分，可分为视觉媒体、听觉媒体、视听媒体和交互多媒体。

1）视觉媒体指发出的信息主要作用于人的视觉器官的媒体，如教科书、黑板、挂图、标本、幻灯和投影等。

2）听觉媒体指发出的信息主要作用于人的听觉器官的媒体，如广播和录音等。

3）视听媒体指发出的信息主要作用于人的视觉器官和听觉器官的媒体，如电影、电视和激光视盘等。

4）交互多媒体是指使用多种感官且具有人机交互作用的媒体，如多媒体计算机。

此外，按技术特性，有电光投影媒体、电声录音媒体、电视录像媒体、电算智能媒体及电信传播媒体之分；按信息传播方向可分为单向传播媒体（如电影、电视和录音）和双向传播媒体（国际互联网的聊天室、视频点播、个别辅导及角色扮演等）；还有以媒体的信息呈现形态进行分类等。

无论何种分类，都很难说是十分准确的，因为如此众多的媒体，特别是依靠高科技所形成的现代化媒体，由于其技术上的综合性及功能上的丰富性，无论按哪种出发点分类都可能形成与其他类的交叉。例如，语言实验室按其功能、配置不同划分就有听音、听说、视听、视听说、听说对比以及多媒体语音实验室等分法。

6.1.3 教学媒体的功能和特性

1. 教学媒体的功能

教学媒体在教育传播中的功能主要是传递信息、存储信息和控制过程。具体到教学过程中，教学媒体的作用包括以下几个方面。

（1）展现事实，获得直观经验

利用媒体手段，可以提供有关科学现象、事物形态、物质结构等事实，使学生获得真实的直观经验，便于识记。

（2）创设情境，建立共同经验

根据教学需要，利用媒体呈现相关情节、景色和现象的或真实或模拟的场面，创设情境，激活学生已有知识，建立共同经验。

（3）提供示范，便于模仿

教学媒体可以提供一系列标准的行为模式，方便学生练习和模仿。例如，软件的视频教程提供了非常标准的操作模式，运用这些教程再加上教师的课堂指导，既可以避免教师的重复劳动，还可以带来更好的教学效果。

（4）呈现过程，解释原理

教学媒体可以呈现某一典型事物的运动、成长、发展的完整过程，帮助学生理解典型事物的特性、发生和发展过程的规律和原理。特别是电视、录像、计算机等教学媒体，可以向学生提供一些特别典型的视频资料，在一定程度上优化了教学过程。

（5）设置疑点，引发思考

教学媒体可以提供能引发学生思考的典型现象或过程，作为分析、思考、探究的对象。

2. 教学媒体的特性

研究教学媒体特性的目的是更好地帮助教师选择和使用教学媒体，以支持有效的教与学活动。下面从传播信息内容的表现方式、传播方式和传授关系 3 个维度来分析传统教学媒体的特性，如表 6-3 所示。

表 6-3　传统教学媒体的特性

分析维度	特征描述
表现形式	物质实体性
	具有感官性和全息性
	区域性
	信息的有限性
	不易复制和存储
	不易检索
传播方式	实效性不强、更新慢
	综合性低
	互动性低
传授关系	透明性较低
	更高的可信度和记忆度
	不自由
	难做到个性化
	多元性较差

数字化教学媒体的媒体特征很大程度上来源于网络媒介特征，其媒体特征可以总结为表 6-4 所示的内容。

表 6-4　数字化教学媒体的特征

分析维度	特征描述	
表现形式	数字化	将任何连续变化的信号转化为一串由 0 和 1 表示的信息
	感官性、全息性	对受信者感官的刺激更倾向于人性化
	全球化	可以不受时空限制

续表

分析维度	特征描述	
表现形式	信息的多样性与无限性	在信息传输量上具有无限的丰富性，在信息形态上具有纷繁的多样性
	可存储、易复制	数字化的文本、视频或音频等媒体都可以复制和存储
	易检索	用户可以很方便地输入关键词进行媒体资料的检索
传播方式	方便迅捷性	既可以同步实时传播，也可以异步非实时传播
	综合性	实现了文字、图片、声音、图像等传播符号和手段的有机结合
	互动性	双向互动传播，高度体现人际传播的特点
传受关系	透明性	由于数字媒体的全球性、超媒体、超链接等特点，故更具有开放性和透明性
	多元性	传播主体的多元性、传播文化的多元性、传播方式的多元性
	自由性	允许受众在许可的时间和地点接受信息与发布信息
	个性化	支持真正的个性化

表 6-4 反映出数字媒体在表现力、重现力、传播力、参与性和可控性 5 个方面的特征。当然，不同的数字媒体在上述 5 个方面的特征和能力也是不一样的。

6.1.4　教学媒体的选择原则和方法

1. 教学媒体的选择原则

教学中常将两种以上的媒体组合使用，因为各种教学媒体都有各自不同的特点和长处，使用两种以上的媒体来传递信息，可以使媒体之间互相补充。另外，多种媒体的恰当组合，能更好地调动学生的多种感官参与活动，有效地提高学习效率和记忆水平。通过现代教学媒体的适用时机及考虑其主要因素，在选择与组合现代教学媒体时应遵循以下原则。

（1）目标性原则

要根据课堂教学目标和教学内容选择现代教学媒体。例如一堂语文课，如果教学目标是着重培养学生的听说能力，就应考虑选用录音媒体；如果教学目标是通过看图让学生造句或作文，提高观察能力，就应选择投影或幻灯。不管选用哪种教学媒体，都是为达到课堂教学目标服务的，都是服从于教学任务这个大局，决不能想用哪种媒体就用哪种媒体。

（2）最优化原则

多媒体组合教学的研究与实践表明：围绕教学目标选择教学媒体时，必须根据不同媒体的功能特性，充分发挥各种教学媒体的特长，选择使用最能表现相应教学内容的媒体种类，同时还要对多种媒体进行优化组合，如表 6-5 所示。

表 6-5　教学媒体组合策略

区域号	组合媒体的特征	典型媒体组合举例	适用的教学方法	开发成本
I	□单向传播　■双向传播 □媒体感官性单一■媒体感官性丰富	交互式电子白板＋小组学习终端＋个人学习终端＋虚拟学习社区	讲解、演示、个别辅导、操练与练习、自主学习小组讨论、全班交流、合作学习法	高
II	■单向传播　□双向传播 □媒体感官性单一■媒体感官性丰富	电子讲稿＋多媒体课件	讲解、演示、全班交流	较低

续表

区域号	组合媒体的特征	典型媒体组合举例	适用的教学方法	开发成本
III	■单向传播　□双向传播 ■媒体感官性单一　□媒体感官性丰富	印刷材料与黑板组合	讲解	低
IV	□单向传播　■双向传播 ■媒体感官性单一　□媒体感官性丰富	交互式电子白板＋课堂互动反馈系统	讲解、个别辅导、操练与练习、小组讨论、全班交流	适中
V	■单向传播　■双向传播 ■媒体感官性单一　■媒体感官性丰富	黑板＋交互式电子白板＋电子讲稿＋多媒体课件＋虚拟学习社区	讲解、演示、个别辅导、操练与练习、自主学习、小组讨论、全班交流、合作学习法	较高

（3）适度性原则

在教学过程中应适当多采用些教学媒体，因为多种媒体传递的教学信息量一般会比只用一种媒体传递的教学信息量要大，但这并不是说媒体用得越多越好，还要考虑学生能不能接受，如果不能接受，再多的信息又有什么用呢？因此不该放录音一定不放录音，不该放录像坚决不放录像。

（4）反馈互动原则

反馈是课堂教学结构不可缺少的部分，是检测学习效果、了解学习动态的重要途径，也是体现以学生为中心，发挥学生主体作用的重要方法。应用现代教育技术提高教学效果，必须通过多种途径和多种形式建立最佳反馈渠道，既要让学生及时准确地获取反馈信息，以便将更多的知识内化为自身素质；又能使教师及时了解学生的学习态度、智力因素及非智力因素发展程度，以便调整自己的教学方式和策略。

（5）经济与实效相结合的原则

一般来说，媒体组合不宜过于复杂，而以简洁实用、少而精、省时省力、易于操控为佳。要讲究教育经济学原理，以较小的代价取得较大的效果。能用传统教学媒体讲清楚的则不用现代教学媒体，能用简单媒体的则不用复杂媒体，能用低成本媒体的则不用高成本媒体。现代教学媒体操作总要占用一定的教学时间和资源，因此教师课前要熟练掌握所使用媒体的功能和操作方法，各种附件和软件要准备齐全。就我国目前国情来说，经济实效尤为重要，要提倡因陋就简，勤俭节约，就地取材，用有限的经费迅速发展和推广多媒体教学。

2. 教学媒体的选择方法

人们在大量的媒体应用实践中逐步总结出了一些选择媒体的方法、程序或模型，这里主要介绍问题表和流程图两种模型。

（1）问题表

问题表实际上是列出一系列要求媒体选择者回答的问题，通过对这些问题的逐一回答，比较清楚地发现适用于一定教学情景的媒体。下面的一组问题便是例子。

- 所需媒体是用来提供感性材料还是提供练习条件？
- 该媒体是用于辅助集体讲授还是用于个别化学习？
- 媒体材料与学生的认知水平相一致吗？
- 教学内容是否要作图解或图示的处理？
- 视觉内容是用静止图像还是活动图像来呈现？
- 活动图像要不要配音？是用电影还是录像来表达视听结合的活动图像？
- 有没有现成的电影或录像及放映条件？

问题表列出的问题根据实际情况可多可少，可按逻辑排序。这种模型出现较早，并为其他一些选择模型提供了基础。

（2）流程图

流程图建立在问题表模型的基础上。它将选择过程分解成一套按序排列的步骤，每一步骤都设有一个问题，由选择者回答“是”或“否”，然后按逻辑引入不同的分支。回答完最后一个问题，就会有一种或一组媒体被认为是最适合于特定教学情景的媒体。

媒体选择的流程图可以根据不同需要设计成各种形式，下面介绍几组不同教学组织形式下的教学媒体选择流程图，如图 6-1 所示的集体授课媒体选择流程图，图 6-2 所示的个别化学习媒体选择流程图，图 6-3 所示的小组相互作用的媒体选择流程图。

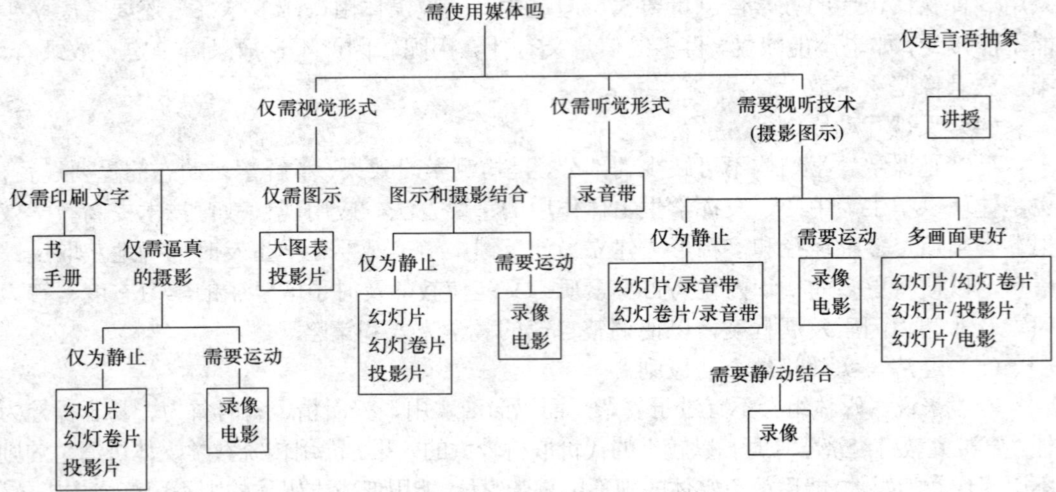

图 6-1 集体授课媒体选择流程图

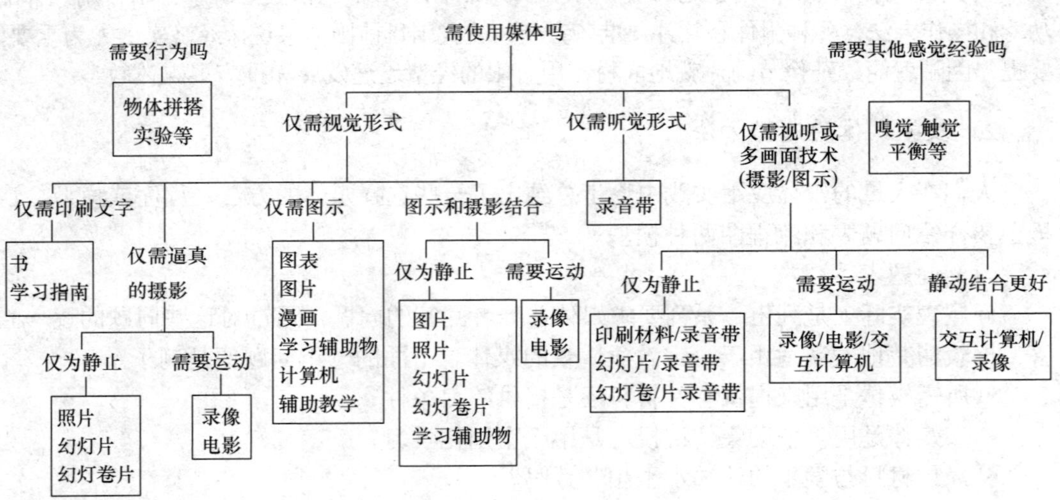

图 6-2 个别化学习媒体选择流程图

流程图是辅助教学媒体选择的很好的工具，它为教师选择合适的媒体、进行教学决策提供了思维步骤和明确指向。

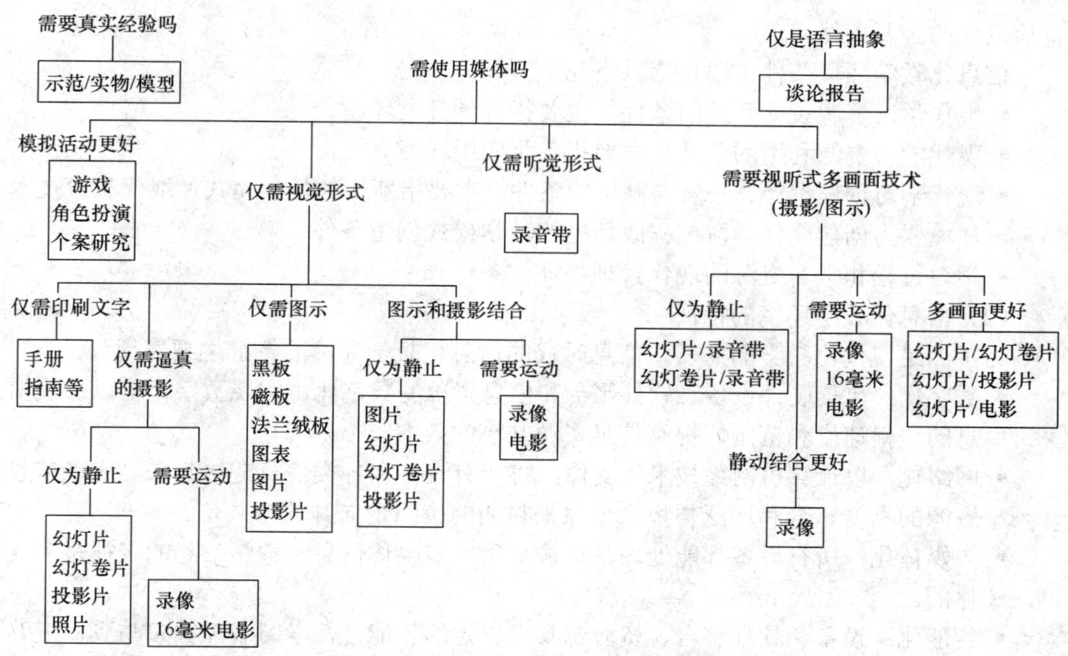

图 6-3　小组相互作用的媒体选择流程图

课堂练习

根据上述学习内容，请结合教学媒体选择流程图，选择若干个媒体特性维度进行教学媒体的组合，并与同伴交流、分享你的媒体组合方案，说出你的观点。

6.2　信息化教学环境的应用

6.2.1　信息化教学环境概述

自从学校教育诞生以来，教学就离不开特定的场所与设施，教学环境作为教育研究的重要内容，越来越受到人们的关注与重视。信息化教学环境是一个由不同要素构成的复杂系统，随着多媒体技术和网络技术的飞速发展，以及我国“校校通”工程、农村中小学现代远程教育工程、“班班通”工程、“三通两平台”工程的先后实施，很多中小学的信息化教学环境得到了极大的改善，多媒体教室、网络教室及智慧教室等成为当前中小学主要的信息化教学环境，为广大教师实践新的教育理念、教学模式和方法提供了优良的支撑平台。

1. 信息化教学环境的内涵与特征

（1）信息化教学环境的内涵

教育部在 2011 年颁布的《教育信息化十年发展规划（2011—2020 年）》中明确提出：要建设智能化教学环境，提供优质数字教育资源和软件工具，利用信息技术开展启发式、探究式、讨论式、参与式教学，鼓励发展性评价，探索建立以学习者为中心的教学新模式。信息化教学环境为学校提供了现代化的教学手段和新型的教学模式，是推动学校教育信息化的必要条件。

信息化教学环境条件主要包括以下几个方面：

- 现代学习资源设计开发的条件，主要指各种开发环境。
- 现代学习资源利用的条件，主要指各种应用环境。
- 现代学习过程设计、开发与利用的条件，主要指新型的教学模式，现代教育技术环境要为创建现代学习过程或新型的教学模式创造条件。
- 学习过程和学习资源的现代管理与评估条件。

（2）信息化教学环境的特征

为了满足现代化教学的需要，信息时代的信息化教学环境的特征主要表现为：

- 数字化：包括硬件设备、软件平台和信息资源的数字化。实现数字化可以加快信息的传播速度和范围，提高信息资源共享的效率。
- 网络化：以计算机网络技术为支撑，将所有设备和各类信息链接起来，实现信息资源的高度整合和广泛传播，使原来封闭的校园走向开放与共享。
- 多媒体化：所有设备都能处理、传输与呈现多媒体信息，教学信息的表征是多元化的。
- 智能化：设备和软件平台、资源都具有一定的智能性，学习者能够参与到高度互动和个性化的智能环境中，便于探索新的个性化的学习模式。
- 系统化：硬件和软件的建设应运用系统工程方法，从整体效能出发，注重相互之间的协调与配套建设，确保系统功能得到充分发挥。
- 人本化：软硬件环境的建设要以人为本，符合人性化的要求，便于使用与操作，有利于调动学习者的积极性，有利于实施个性化的教学等。

2. 信息化教学环境的组成与分类

信息化教学环境按照功能的不同可以分为两类：

一类是支持教师教学活动和学生学习活动的教学支撑环境，是课堂教学活动或学生自主学习活动赖以进行的各种客观条件的综合。

另一类是支持教师备课与交流，以为教师和学生提供服务和资源为主的教学资源环境。

教学支撑环境按照教学环境中所采用的硬件、软件技术及开展的教学活动的不同，可以分为3类：

一是以多媒体教学为主的媒体化教学环境，主要包括多媒体教室、语言实验室等。这种教学环境一般通过屏幕投影向学生呈现文本、图片、动画、音频、视频等多媒体教学信息，在实际教学中既可以应用现代信息技术教学手段，又可以应用传统教学手段，教学方法灵活多样，并且构造简单，只需要对普通教室略加改造即可。

二是以网络教学为主的网络化教学环境，主要包括多媒体网络教室、校园网、因特网，以及支持网络教学的网络教学平台与各类管理与控制软件等。网络化教学环境充分利用多媒体计算机技术和网络通信技术，通过各种信息媒体，如文本、声音、影像和信息交互技术，为学生提供多样化的、丰富的资源，实现双向互动交流，能够为学习者的自主学习和协作学习提供支持。

三是以云技术为基础，以物联网为支撑，构建泛在式学习空间、个性化学习方式、智能化教学管理、一体化教学资源与技术服务等智慧特征的教育环境，以优质资源的共建、共享和先进信息技术的整合应用为中心，实现教育公平，提高教育质量，推动教育教学改革的发展。教学资源环境以提供服务和资源为主，主要包括电子备课室、电子阅览室、数字图书馆、学习资源中心等。随着信息技术的快速发展，知识的存储载体和传播方式发生了根本性的变化，这种教学环境拥有大量的教学信息资源，主要为教师和学生的自主学习和查阅资料服务，它不同于传统意义上的教学场所。

✐ 课堂练习

结合你在中小学学习的亲身经历或信息化教学的亲身体验，思考教师应用现代教育技术授课能否明显地提高教学效果，现代教育技术环境给教师和学生带来了哪些冲击，教师和学生如何才能够更好地适应这种新的教学环境。将讨论要点写在下面的横线上。

____

____

____

____

____

____

____

____

____

____

____

____

6.2.2　多媒体教学环境

多媒体教学环境集音频、视频、计算机网络、通信、智能化和自动化等信息化技术于一体，现阶段的多媒体教学环境建设技术正在从以模拟音像为主体的传统模式迅速向全数字化多媒体系统集成应用为主的新兴领域发展，一个全新的信息化时代已经到来，各种类型的数字化教学中心、网络学堂、多媒体教室、多媒体视听环境日新月异。多媒体教学环境要求各级各类学校及培训机构提供基于其本身目标功能的全面解决方案。“具有中国特色、技术水平先进、应用标准统一、操作简单便利”的教学环境对推进信息化时代教学手段、教学模式的变革，对促进优质教学资源共享均具有重大意义。

多媒体教学环境是指在传统教师的基础上，将多种不同类型的教学媒体有机地组合在一起，这些教学媒体通过屏幕投影向学生呈现文本、图片、动画、音频、视频等多媒体教学信息，以实现教学过程与教学效果的最优化。

1. 演示型多媒体教室

所谓演示型多媒体教室是指利用计算机技术将视频、音频、文字、图像、动画等媒体技术密切结合，将多种媒体合理汇集在一个教室内，发挥不同媒体的优势，优化教学过程的教学场所。演示型多媒体教室通常可分为简易型和多功能型两类。简易型多媒体教室一般配备有黑板、多功能讲台、计算机、投影仪、投影屏幕、功率放大器、音箱、中央控制系统、多功能讲台等设备；多功能型多媒体教室一般在简易型的基础上另配有视频展台、DVD、录像机、卡座等。一般来讲，简易型配置即可满足常规教学的需要。

（1）多媒体教室的系统构成

多媒体教室由多媒体计算机、多媒体液晶投影仪、数字视频展示台、中央控制系统、投影屏幕、音响设备等多种现代教学设备组成。

- 多媒体计算机是演示系统的核心，教学软件都要由它运行，而且在很大程度上决定演示效果的好坏。
- 多媒体液晶投影仪是整个多媒体演示教室中最重要的也是最昂贵的设备，它连接着计算机系统、所有视频输出系统及数字视频展示台，把视频、数字信号输出显现在大屏幕上。
- 数字视频展示台可以进行实物、照片、图书资料的投影，是一种非常实用的设备。
- 中央控制系统用系统集成的方法，把整个多媒体演示教室的设备操作集成在一个平台上，所有设备的操作均可在这个平台上完成。
- 投影屏幕用于和投影仪配套使用。

（2）多媒体教室的教学应用

多媒体教室适用于各类学校进行的多媒体教学、课例教学、专题演讲、报告会、学术交流、演示及娱乐等，其主要教学功能有：

多媒体教室的简单使用

① 课堂演示教学。教师利用多媒体系统将教学内容直接投影到大屏幕上，也可以利用多媒体模拟演示宏观世界的现实场景和微观世界的事物运动。这种方法传递的教学信息比较直观、明了，能够带给学生视听等多方面的感官刺激，可以提高学生的学习兴趣，从而提高教学质量和教学效率。

② 播放各种教学课件和软件。教师准备的多媒体教学软件可以通过多媒体教学系统播放出来，增强教学效果。多媒体教室可以播放各种视频、音频软件，如录像带、VCD、CD等。

③ 搜索教学资料和信息。多媒体教室一般与校园网、因特网相连，教师在教学过程中，可以根据自己的需要，随时调用所需的教学信息。

④ 常规教学。多媒体教室也称综合教室，它不仅能进行多媒体教学，还可以进行传统的常规教学，只使用黑板、粉笔即可。

2. 交互式多媒体教学系统

这里提到的交互式教学系统，主要都是基于交互式硬件设备的，例如交互式电子白板、交互式触摸一体机、交互式液晶书写屏等。交互式多媒体教学系统相对于传统多媒体教学的优点在于，教师在授课过程中可以直接在授课界面上进行课件的讲解、批注、编辑等，方便教学。

（1）交互式电子白板的概念

交互式电子白板是电子感应交互白板（硬件）与交互白板操作系统（软件）的集成。它融合了计算机技术、微电子技术与电子通信技术，成为计算机的一种输入/输出设备，是人（用户）与计算机进行交互的智能平台。交互式电子白板系统工作原理图如图 6-4 所示。

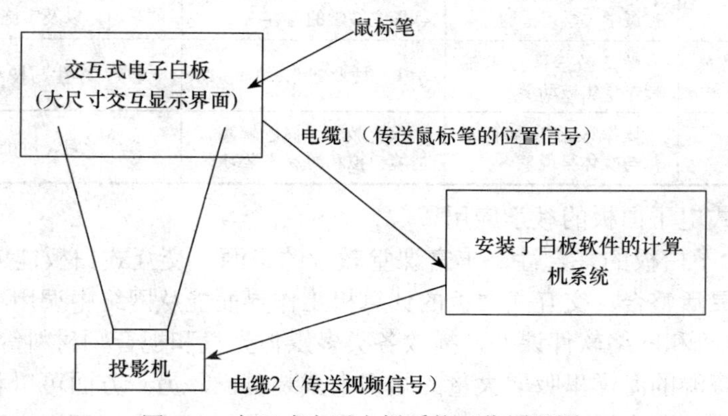

图 6-4　交互式电子白板系统工作原理图

（2）交互式电子白板的种类

交互式电子白板可分为复写式、外围式和交互式 3 类。根据不同的标准，交互白板可有不同的分类。依据交互白板功能实现的关键技术——精确定位测试技术，交互白板可分为电磁感应技术白板、红外线技术白板、电阻膜技术白板、超声波技术白板和 CCD 光扫描技术白板。这 5 款不同类型的交互白板各具特点和优劣。张祖芹在《简析交互白板》中从多个方面进行了详细分析，如表 6-6 所示。

表 6-6　交互式电子白板的种类和特性

类型 比较项目	电磁感应技术白板	红外线技术白板	电阻膜技术白板	超声波技术白板	CCD 光扫描技术白板
定位	定位相对精确	比较精确	定位相对精确	定位相对精确	
书写上式	使用专用笔不可触摸	手指或教鞭即可书写	直接触摸操作	使用专用笔	多点同时触摸
反应速度	一般	较快	较慢		
使用寿命	较长	较长			
所受干扰	易受到强电磁波的影响	易受强红外线光的影响		易受强噪声和温度影响	
是否易划伤	害怕划伤	不怕划伤	面板一旦划伤则不能使用		新技术，尚未发展成熟

（3）交互式电子白板课堂教学应用的模式

在实现教学结构与模式的多元化方面，交互式电子白板比之当前用于课堂教学的其他信息技术装备具有更大的灵活性和适应性。综合目前已有的教学案例文献分析发现，当前交互式电子白板的课堂教学应用模式主要有三大基本类型：教学资源模式、情境创设模式和交互整合模式。3 种教学模式的基本特征比较如表 6-7 所示。

表 6-7　交互式电子白板媒体教学应用 3 种模式的特征比较

类型 比较项目	教学资源模式	情境创设模式	交互整合模式
电子白板的教学功能与角色	提供教学资源，辅助教师教学	提供学生完成学习任务的情境	将网络的个性化分析、交互交流和实时追踪与学习过程分析融入教学中
适用的学习活动	补充教学素材不足，扩展学生学习经验	专题型、问题型需要进行探究教学的内容	培养学生与他人交流、突破时空限制的学习，以及实施自主性学习
教师、学生、技术媒体三者的交互角色	教师教学、技术辅导、学生被动学习	学生与技术交互，教师协助	教师、学生与技术媒体角色动态转变
常用教学策略	操作与练习、举例示范与媒体呈现	探究教学、问题解决、情境模拟和游戏式学习	合作学习、讨论与整合式学习

（4）交互式电子白板的教学应用

1）利用电子白板的整合性，丰富课堂教学的资源。交互式白板能够实现丰富多样的教育资源的灵活整合。交互式白板的计算机工作界面能从网络中调用海量的各类资源（包括各类计算机和网络软件课件，播放各类多媒体光盘和视音频材料等），老师们一方面可以在这个资源的海洋里吸取大量的知识来武装自己，另一方面可以利用这个大仓库里的物质来构成自己上课时所需要的材料。同时，老师还可直接调用交互白板内置的多种资源库，主要有活动挂图资源库、注释库、超链接库、动画库等。每一种资源库都可以建立各自的树形目录结构，按学科和班级等进一步分类，方便查找和调用。师生在教学实践中可以依据各自的需要不断调整、修改、增添直至重构这些内置的资源库。而且，交互白板支持在课堂教学师生交互情境中教育资源的现场创作和再加工，从而不断形成和积累可重复使用的鲜活的教育资源。

2）利用电子白板的交互性，构建互动学习的模式。交互式电子白板的出现有效地解决了课堂教学教师和学生之间互动的难题，把传统教学手段和多媒体教学有机整合在一起，让教师能轻松利用多媒体教学设备开展教学活动。具体体现为：

① 人机交互：在白板系统的支持下，教师无须到主控台前，可以即时用鼠标笔直接打开各种计算机文件（包括多媒体素材与课件）；可把多媒体元素嵌入挂图中，或制成链接，随时调用；可以通过页面跳转按钮快捷地跳到已有板书内容的任意一页；ACTIVBOARD 的“拉屏”和“聚光灯”等功能使得逐部分显示板书内容轻而易举。

② 课堂人际交互：包括师生交互和生生交互，把白板作为一个交互的中介和平台，完成大多数常见的教学任务。通过师生交互实现教学内容传递和接受，教师根据交互反馈进行动态调整；通过生生交互实现学习过程中的对话协作，展示、共享自己的学习成果等。

③ 资源间交互：这是基于交互白板系统支持下对不同种类资源的教学利用的过程。资源包括计算机本机的各种媒体资源、交互白板资源库资源、教师自己制作的课件、来自 Internet 的资源等。

电子白板的使用

3）利用电子白板的灵活性，提升课堂教学的效果。通过电子白板建构的互动课堂，增强了教学的灵活性。体现在：

教师在教学过程中可以利用交互白板技术使色彩单调、呈现材料类型止于手写文字和手绘图形的黑板变得五彩缤纷，既可如以往一样自由板书，又可展示、编辑数字化的图片、视频，这将有利于提高学生的学习兴趣，保持其注意力。

教师在教学过程中还可以根据不同课程需要和学生年龄特点灵活运用不同的提问和答题方式进行教学，并即时批注、圈点、修改学生的答案，让学生在充满活力的课堂中主动获取知识。

4）利用电子白板的记录性，有效地进行教学评价。交互白板可以记录下白板上发生的教师教学和学生学习过程的所有细节。在白板上发生的所有课堂教与学的过程都可以以最通用的格式记录下来，这使师生能更多地参与到集体学习或交流反馈中。交互白板便于演示计算机软件和上网的操作过程并呈现教学材料的动态和细节，在必要时可以回溯和重现操作过程和细节，教师可以利用电子白板的这一优点，来进行有效的课堂评价。

3. 课堂录播教室环境

目前高校的录播教室除了具有一般的多媒体教学功能外，还具有可以将授课教师的电子讲稿、多媒体课件与授课过程同步录制下来，根据需要合成为实时影像资源的多功能录播系统。

录播教室的建构对于高校教学资源建设有着极其重要的意义。其作用主要体现在两个方面：

- 精品课程与教学资源的建设，以实现学校优质精品课程资源的网络共享，促成网络交互学习。
- 在教学观摩、研究、评价、管理等方面，通过观摩教师的行为、讲话、板书、师生互动、课件等教学过程的录像，配合教学评估质量监测系统，更好地对教师的教学过程进行评价管理，以提高教学质量。录播教室的系统结构图如图 6-5 所示，教师实景图如图 6-6 所示。

（1）课堂录播教室的功能

① 录制功能。录制视频是录播教室的最基本功能。一般要满足实现全自动单画面录制模式、多画面资源录制模式等多种方式，并且支持多路视频和 VGA 信号。这些信号有多种组合方式，将场景内主讲教师的画面、电子文稿、教师板书、学生反应及声音信号通过摄像机、拾音器等设备录制下来，保留最完整的动态教学过程，形成可以点播的多媒体文件。

② 编辑功能。考虑到录播系统在自动录制状态下不能思考的傻瓜特性，其录制的视频难以满足较高的画面要求，有时需要对画面资源进行后期编辑处理。不但可对自动合成的视频进行后期编辑处理，还可对录制下来的多路音视频资源进行编辑，增加字幕、特效，使最终形成的文件内容更加丰满。

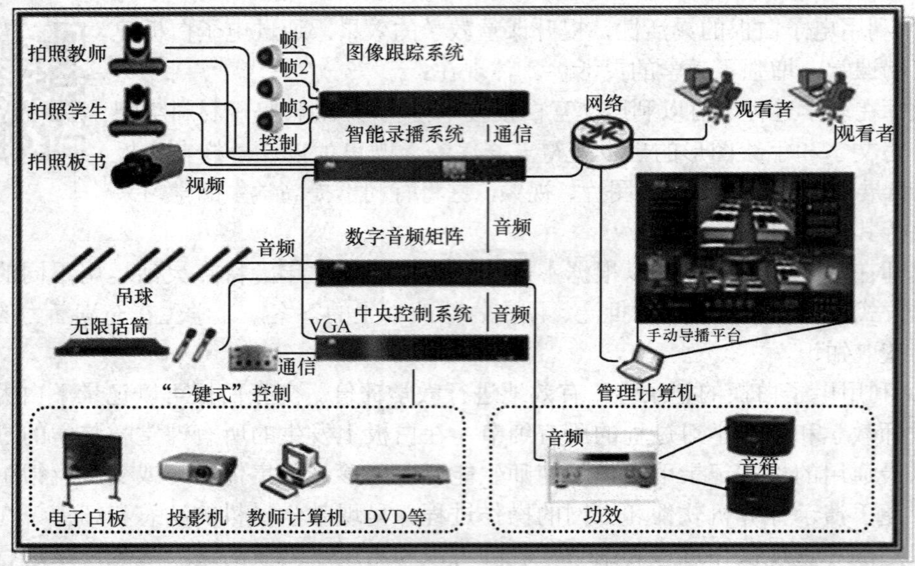

图 6-5　录播教室的系统结构图

图 6-6　录播教室的实景图

③ 自动跟踪定位。在教学活动中，教师和学生都是动态变化的，为了精准捕捉教室内主要活动对象的行为，并有序展现各行为对象的不同镜头画面，录播系统必须采取有效的技术手段跟踪行为对象所在位置，避免出现空画面、空镜头、画面感不好等情况。

④ 场景自动切换。在全自动录制模式下，应根据需要对教师、学生、电子讲稿、教室场景等画面进行必要的切换。这种场景切换能较好地反映教学的动态全过程，尤其对教师的细节、学生的互动及板书有较精细的表现，使录制的音视频画面更加生动，重点突出，避免单幅画面的单调感与空洞。

⑤ 网络直播点播。网络用户可以通过互联网、局域网等在线收看现场活动，也可以在线浏览录制的音视频文件。

（2）课堂录播教室的教学应用

① 教学方式的突破。采用多媒体教学，文字加上声音、图片、动态图像，活跃了课堂，展现在学生眼前，身临其境，既有助于学生理解，又可开拓学生思维。例如，工科类教师对机械、力学的原理很难用语言描述，上课时把已备的视频资料点播出来，学生即可豁然开朗；语言类教师可随时漫步于学生之中，和学生形成有效的互动；艺术类教师可将创作地点移到教室中央，拉近和同学的距离，方便师生之间的沟通。

② 教学空间的扩大。利用网络，将教师上课广播出去，一则方便学生上课，再则减少了教师不必要的重复教课。特别受学生欢迎的课程和指导性讲座，还可通过广域网络传到远程教室。同时，还可将课程存储下来，供学生在网上再学习。学校领导也可随时检查教师讲课情况。例如：合班上课及学术性报告的人数比较多，一间教室往往不能解决问题，运用录播教室可实现在任意多媒体教室的观看。

③ 教学时间的灵活、师生选择的开放。把教师授课过程录制下来，存于服务器，任学生课后随时点播，使学生有了自己编排的课程表，也便于学生课后复习。师生在打破空间和时间的约束后，师生之间的自由选择带来很大的空间。学生完全自由选择自己喜欢的教师。学校就可以选择受学生欢迎的教师，教学质量可大大提高。

④ 教学课件制作成本的降低。录播教室建成以后，一节精品课前期只需要一名导播教师实时进行音视频的处理和一名教师进行实时的录制，后期只需要一名编导教师进行简单的编辑，制作一节精品课的时间仅为 2h 左右，时间成本大大缩短。

总之，录播教室系统以其全面的功能、独有的特色走进现代多媒体教学课堂，实现了多媒体教学设备的诸多功能，将普通的教室升级为影音、图文实时交互的教学环境，让学生更容易接受，提高教学效果。录播教室系统的开发，使多媒体教室管理更加科学、高效，具有广阔的应用前景，并将在现代化高校教育建设中发挥越来越重要的作用。

✎ **课堂练习**

结合你的学习经历，谈谈多媒体教学环境与传统教室相比，有哪些优势和不足，填写在表 6-8 中。

表 6-8　多媒体教学环境与传统教室的比较

多媒体教学环境类型	优势	不足
演示型多媒体教室		
交互式电子白板		
课堂录播教室		

6.2.3　网络教学环境

网络教学环境是在充分利用多媒体计算机技术和网络通信技术的条件下，通过各种信息媒体，如文本、声音、影像和信息交互技术，为学生提供多样化的、丰富的资源，实现双向交流互动，并为学生的自主学习和协作学习提供支持的信息化教学环境。它主要包括多媒体网络教室、校园网、因特网及支持网络教学的网络教学平台和各类管理及控制软件等。本节主要介绍多媒体网络教室、校园网和“班班通”教学环境。

1. 多媒体网络教室

利用网络技术、现代多媒体技术、计算机技术的网络化多媒体教室，从一个单纯的教学资源传播的独立教学单元转变为教学资源采集、整合和传播的交互式网络教学环境，彻底改变了传统多媒体教室在教育教学中的作用，并能有效确保设备的安全。目前使用的多媒体教室大多为网络控制型多媒体教室。

（1）多媒体网络教室的基本组成

多媒体网络教室采用本地控制与远程控制相结合。系统结构图如图 6-7 所示。

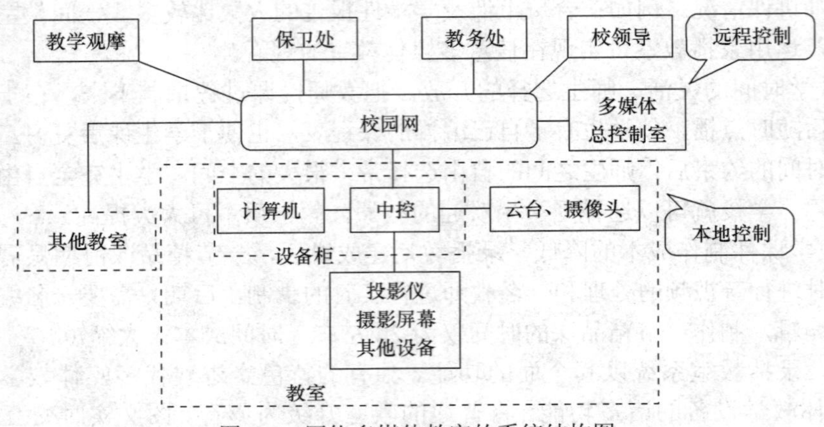

图 6-7 网络多媒体教室的系统结构图

（2）多媒体网络教室的主要功能

① 多媒体教室远程控制。通过总控制室，远程控制投影开关、屏幕升降、设备供电、红外遥控、计算机屏幕监视、锁定、解锁、关机等操作进行控制。

② 多媒体教室本地中控。操作控制面板对投影仪、电动屏幕、计算机、功放设备、DVD、录像机、展台等的控制切换、扩声设备音量的调节。

③ 多媒体教室的远程帮助。在总控制室，可以利用对讲系统远程解决教师使用上的一些问题；也可以利用多媒体教室计算机的远程监视和控制功能，总控制室的管理员进行远程登录控制（鼠标/键盘）帮助解决。

④ 设备状态的自动监测。通过网络可以监测每个教室中控的供电、计算机的开关、投影仪的开关、显示器内容、灯泡使用时间、音视频设备的使用状态，并通过网络传送到总控制室，使每个教室的状态一目了然。

⑤ 电子课表功能。可以根据课表对教室的相关设备进行定时开关，输入后的电子课表能与教务处提供的课表数据库动态更新。

⑥ 电子锁控制。设备柜配备电子锁和 ID 卡门禁系统，可以用普通的钥匙或 ID 卡将设备柜打开，操作设备；也可以通过中央控制计算机远程将电子锁打开或关闭。

⑦ 主讲教室/听课教室交互式多媒体教学。主讲教室讲课内容（包括教学场景视音频信号、计算机 VGA 信号、实物展台的信号）通过网络能实时传送到其他任意教室（听课教室），实现主讲教室的示范教学，并可实现双视频流教学；主讲教室讲课内容能实时

录制，供后期进行课件制作和作为教学资源。同时，主讲教室和听课教室可以进行双向交互式多媒体教学，可进行双向对讲。

⑧ 网络巡查、听课。在控制室或分控室通过网络可随时看到各教室场景、听到声音，并可控制摄像机的镜头、云台动作。在不干扰正常教学的情况下实现巡查、听课、在线实时教学评估。

⑨ 网上教学观摩评估。任意一个计算机信息结点、多媒体教学终端机结点经授权后可监控指定班级的授课现场，并可直接操作各监控点摄像机，任意捕捉摄录授课、听课动作、场景，以便进行教学观摩评估或课件采集。

⑩ 资源点播功能。资源服务平台提供视音频素材点播服务、课件素材点播服务、素材上传管理和检索等功能。网管人员可以通过资源服务平台本地实现对于公共资源的上传、分类等管理。

（3）多媒体网络教室的教学应用

① 通过使用多媒体网络教室进行教学和课件制作，教师将逐步了解现代教育技术在教学中的应用途径，了解多媒体网络教室技术在教学过程中的优势和作用，激发教师主动使用现代教育技术的积极性。

② 多媒体网络教室技术的运用，将实现多媒体教室的自动化和规范化管理，提高多媒体教室管理和使用效率。通过设备远程管理、远程设备维护和课表导入自动开关设备等实现多媒体教室的管理自动化，减少管理维护人员和劳动强度，提高效率；通过远程监控协助教师操控设备，使故障问题得到及时解决，方便了教师，增加了教学有效时间；通过远程检测设备及其状态，远程视频监控以及安防报警模块等能及时发现故障，保护设备安全。

③ 多媒体网络教室技术的运用，打破了一个教师同一时刻只能在一个教室上课的传统。这既能充分发挥优秀教师的作用，又能暂时缓解师资不足的矛盾，也有利于师资培养、名师的成长和精品课程的打造。

④ 多媒体网络教室技术的运用，促进教学资源建设和共享，推动网络教学的开展。网络控制型多媒体教室的教学资源主要有 3 类：教师制作上载的教学资源；学校购买或交流的教学资源；通过主讲教室的录课主机制作的教学资源。这些网络教学资源不断积累和丰富，通过网络和授权，可以跨校访问，从而构建一个师生相互学习和交流的网络教学平台。

⑤ 多媒体网络教室技术的运用，推动了学校数字校园建设。为了较好地实现网络多媒体的功能，就必定要有相应的教学管理网络系统，以适应这种教学与学习模式的需要。因此，随着多媒体网络教室的建设与应用，必定会推动数字校园建设，以适应新的教学模式。

2. 校园网

随着教育部提出的“校校通”方针的贯彻执行，全国越来越多的学校开始建设校园网，并且把建设校园网视为学校办学条件现代化的标志。一般来说，校园网是一个发展的概念，通常是指利用网络设备、通信媒质和相应的协议以及各类系统管理软件，将校园内的计算机和各种终端设备有机的集成在一起，同时又通过防火墙与 Internet 连接，以用于教学、科研、学校管理、信息资源共享和远程教育等方面工作的局域网。

（1）校园网的组成

校园网的硬件通常有服务器、工作站、网间互连设备、传输媒质和网络软件等部分组成。校园网的一般模式如图 6-8 所示。

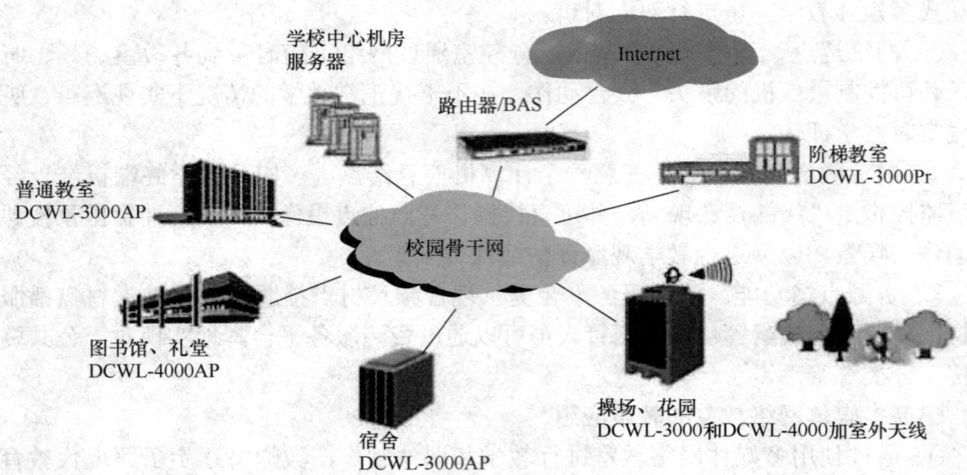

图 6-8　校园网的一般模式

1）服务器。服务器（Server）是网络上一种为客户端计算机提供各种服务的高性能计算机。服务器根据其在网络中所执行的任务不同可分为 Web 服务器、数据库服务器、视频服务器、FTP 服务器、Mail 服务器、打印服务器、网关服务器、域名服务器等。对于小型的校园网络往往把 Web 服务、FTP 服务、数据库服务等集于一台服务器上。

2）工作站。在校园网中工作站（Workstation）是一台客户机，即网络服务的一个用户。但有时也将工作站当作一台特殊应用的服务器使用，如打印机或备份磁带机的专用工作站。工作站一般通过网卡连接网络，并需安装相关的程序与协议才可以访问网络资源。

3）网络互连设备：

① 集线器（HUB）。集线器是计算机网络中连接多个计算机或其他设备的连接设备。HUB 主要提供信号放大和中转的功能。把一个端口接收的信号向所有端口分发出去。有些集线器还可以通过软件对端口进行配置和管理。

② 交换机（Switch）。交换机的外形与集线器很接近，也是一个多端口的连接设备，主要区别在于交换机的数据传送速率通常要比集线器快很多。学校网络中心的核心交换机往往还具有路由功能。

③ 路由器（Router）。路由器是连接多个网络或网段的网络设备。通常路由器有两大典型功能，即数据通道功能和控制功能。数据通道功能一般由硬件来完成，控制功能一般用软件来实现。

④ 防火墙（Firewall）是指一种将内部网和公众访问网（如 Internet）分开的硬件或软件技术。

4）常用的网络传输介质：

① 双绞线（Twisted Pair），是由两根相互绝缘的铜导线按照一定的规格互相缠绕而成的网络传输介质。常用的无屏蔽层双绞线由 4 对双绞线和一个塑料护套构成。在当前的技术下，传输数据的距离一般限定在 100 m 范围内，双绞线是目前局域网中使用最多的传输媒质。

② 光纤（Fiber）。光纤是以光脉冲的形式来传输信号材质以玻璃或有机玻璃为主的网络传输介质。它由纤维芯、包层和保护套组成。光纤按其传输方式可分为单模光纤（直线传播）和多模光纤（折射传播）。光纤具有极高的传输带宽，目前技术可以1000 Mbps以上的速率进行传输。光纤的衰减极低，抗电磁干扰能力很强，传输距离可达20 km以上。但价格高，安装复杂、精细，需要使用专门的光纤连接器和转换器。

5）网络软件。在校园网上运行的软件主要分为两类：网络操作系统软件（主要有Windows Server 2003/2008、UNIX、Linux）和网络应用系统软件（主要包括WWW服务器软件、数据库服务器软件、电子邮件服务器软件、Web代理与防火墙服务器软件、系统管理服务器软件、视频服务器软件、客户端浏览器软件等）。

（2）校园网的功能

校园网最初的概念是以硬件集成为主，即只是一个硬件平台，到第二阶段又提出以教学应用软件集成为主的软件建网的校园网概念，这也是当今大多数校园网所采用的模式。现在，越来越多的人发现，硬件加软件的模式还远不能发挥出校园网的优势，校园网应该建构在全新的教育模式上，而不应依附于传统的教学模式，所以诞生了“硬件＋软件＋现代教育”模式的新一代校园网概念。因此，建设校园网的真正目的在于为学校师生提供教学、科研和综合信息服务的高速多媒体网络。

1）信息发布。学校的Web主页犹如学校的一个窗口，学校可以通过这扇窗口向世界各地的人们充分展示学校的形象。学校主页上可以发布学校的各种重大事件、会议通知和安排，也可以发布各种公文，这样既节省了时间和费用，又增强了公示的效果。

2）教学应用。校园网的主要功能就是教学应用，它可以由网络教学平台提供支持，以网络教学信息资源作为信息的来源，运用多种网络工具完成网络教学任务。

① 网络教学平台。网络教学平台是学校开展网络教学活动的支撑系统，它可以包括网络备课、网络授课、网上课程学习、网上练习、在线考试、虚拟实验室、网络教学评价、作业递交与批改、课程辅导答疑、师生交流、教学管理等模块。因此，一个完整的网络教学平台一般具有以下功能：

- 支持教师备课、授课、提问答疑与讨论、作业布置与批改、题库维护、组织考试与活动、试卷分析等功能。
- 支持学生选课、学习、递交作业、提问、讨论、实验、查阅资料、考试等功能。
- 支持基于流媒体的网络实时与非实时授课系统。
- 支持教务人员进行学生管理、课程管理、资料管理、教学质量分析等功能。
- 支持教师通过各种网络工具，相互之间或与外校的教师之间进行教学方法、教学艺术的交流与探讨。
- 支持连接Internet，实现远程教育。利用远程教学方式，使得那些受客观条件限制的学校的学生学习其他学校的课程成为可能。

② 教学信息资源库。教学信息资源库是学校进行网络教学的重要组成部分，它包括多媒体素材库、教案库、课件库、试题库、学科资料库等。同时，资源库还可以为师生提供全文检索、属性检索等功能，提供资源的增减与归类，还可以提供压缩打包下载等功能。

3）管理应用。建立在校园网基础上的学校管理信息系统（MIS）可以为学校在人事、教务、财务、日程安排、后勤管理等方面，提供一个先进的分布式管理系统，将会使原有的管理模式从纵向的、单通道的，主要依靠个人的经验、判断和决策的简单模式，发展成为现代的、多向的、多通道的、网络状的复杂模式，从而提高管理效率，达到事半功倍的效果。

基于校园网的信息管理系统将大大提高原有人工管理或单机管理系统的效率，扩大管理系统的应用领域；能更加及时地收集、统计、分析学校的各种信息，以利于学校的行政管理和教学管理，充分发挥学校的整体功能，更好地为教育工作服务。

基于校园网的计算机管理信息系统，在功能上具有以下特点：

① 共享数据库资源。可以避免同样的数据在多处重复存储的浪费现象，如全校学生、教职工的基本信息就可以为校内各个管理部门所共享。

② 共享软硬件资源。可以在本系统没有相应资源或本系统负载已满时，将新任务交给其他系统处理，并且避免了某些软件研制上的重复劳动。

③ 提高办公效率。校园网还给学校建立办公自动化提供了技术基础，可以通过校园网迅速传递、复制或保存各类信息，将大大节约人力、时间、纸张印刷或交通差旅费用。

学校通过校园网可以建立一个集中和分散相结合的分级、分布式数据库管理系统，既实现学校各部门之间大量数据的共享，同时也为管理人员及时提供数据、快速做出决策提供了帮助。

利用校园网提供的通信功能，可以为教职工和管理人员提供较完善的多媒体电子邮件（E-mail）功能，能向各部门和管理人员发送各类通知、布告等消息。学校还可以利用校园网召开电子会议。

4）科研应用。校园网可以使用户共享各类计算机软件、硬件资源及学术信息资源，从而提高科研的效率。另外，校园网还可以降低科研的成本。科研人员可以通过校园网形成一个工作小组，在不同办公室里的科研人员可以很方便地通过网络与其他成员交流设计思想和设计方案。同时，人们还可利用校园网的对外联网，检索世界各地的信息资料，也可以使用电子公告栏（BBS）与世界各地的专家探讨最新的思想，发表、交流学术观点，交换论文等。

（3）校园网的教学应用

校园网在教学中的应用是多种多样、多层次、多方面的，它对教育思想、教育观念、教育手段、教育方法、学习制度、学习方式，以及教育结构、考试制度等，都带来了很大的影响并起到推动作用。其在教学方面的应用体现在以下几个方面：

① 应用校园网对教学过程提供直接支持。校园网为教师提供了制订教学计划、备课、授课的网络环境，教师可以通过校园网进行网络教学，为学生提供联系、虚拟实验、课后自修、考试及评估的网络环境，可以在网上布置作业及为学生答疑等。学生可以在网上接受指导和获取新知识，而且可以通过网络课件进行自主学习，与教师和同学进行网上交流。

教师还可以通过校园网搜索备课素材，参考其他教师的教学计划，了解学生的反应，适时调整教学进度。此外，还可以对学生的个体发展情况进行追踪，适时记录，真正做到因材施教、个别化教学。

② 应用校园网支持学生的日常办公和管理工作。利用校园网可以开展现代化的行政事务管理，如教职工的档案管理、学生的学籍管理、学校工资财务的管理、各种教育物资的管理、图书管理、成绩统计分析、课程的编排及校内外各种公文的管理等，是学校内部真正实现无纸化办公，节约开支。利用校园网，学校各部门均能方便、快捷地获得其他部门的信息，提高工作效率；实施信息共享、融合，增强了透明度。

③ 可以与 Internet 连接。与 Internet 连接是校园网的重要应用之一。它使学校把空间投向更广阔的社会空间，极大地扩展了师生获取信息的途径，增强了校内外的沟通，并能发布教育信息。同时，校园网拓展了自己的应用范围，Internet 在学校教育中的应用亦纳入校园网的应用范围中。

总之，建设校园网的真正目的就在于为学校师生提供教学、科研和综合信息服务于一身的高速多媒体网络。通过综合运用多媒体技术、网络技术和虚拟现实技术，充分发挥现代信息技术的集成性、控制性交互性，可以从各个角度为信息化教学提供支持，从而提高学生学习的质量和效率，达到优化教学过程、提高教学质量的目的。

3. “班班通”教学环境

随着农村中小学现代远程教育工程建设的结束，我国基础教育基本实现了“校校通”，基础教育信息化建设取得了阶段性的成果。“校校通”工程结束后， 基础教育信息化如何发展，成为人们关注的议题。从事物发展的特点及基础教育信息化发展历程来看，“班班通” 无疑是基础教育信息化的新的发展阶段。“班班通”建设，是我国基础教育信息化的历史选择，是深入开展信息化教育、教学的基础。教育部在 2008 年的工作要点中明确指出要“积极发展中小学现代远程教育，努力推进班班通、堂堂用，让广大中小学生共享优质教育资源”。“班班通”工程的建设，打破了教室、教师、校园的界限，实现了局域、城域无界限，校校互通、资源共享，并由此带来了教育的信息沟通渠道、沟通方式及学习方式的革命性改变。

（1）“班班通”的含义

目前，关于“班班通”的提法虽然较为普遍，但是仍然主要停留在个人的经验层次，尚缺少准确的定义与描述，为了研究的需要，我们对“班班通”的概念和核心内容进行如下界定：所谓“班班通”，是指将与教学相关的信息通道和信息内容通到每个班级，依靠投影机或者电视机等终端显示设备，实现班级间的教学资源共享、班级内的课件演示、电视节目收看等。“班班通”工程是一项包括课程资源开发、传输使用及教育教学整合等项内容的系统工程，是“校校通”工程的深入和发展，是中小学进一步普及信息技术教育，推进教育信息化建设及应用拓展的工程。

“班班通”建设以各个教室的信息化建设为核心。一般来说，“班班通”需要完成如下内容的互通：

① 天网：远程教育 Ku 波段通到每间教室。

② 地网：宽带或局域网通到每间教室。

③ 数字电视网：有线电视或卫星电视通到每间教室。

④ 数字广播网：校园数字广播通到每间教室。

⑤ 视频会议网：全校大会、电化教学通过视频会议方式进入每间教室。

“班班通”涉及硬件环境（包括网络设施）、信息化教学资源和教学活动三大要素。基础硬件环境、信息化教学资源是基础，教学活动是在当前硬件环境之下合理有效应用信息化教学资源的过程。“班班通”的建设并不仅仅是硬件系统的连通，更为重要的是为教育信息化提供基础，促进信息技术在教育、教学中的应用，使信息技术变成常规的教学资源和教学手段，从而提高每一堂课的教学质量。

（2）“班班通”的主要功能及使用

中小学“班班通”的实施，在促进课程改革和资源共享方面发挥了重要作用。班班通的设备和资源为学校构建了相对完善的信息环境，在辅助课堂教学、促进学校德育教育、开展教师培训、体现工具性价值等方面具有独特的功能，从而真正实现信息技术对教育发展的影响。

① 使日常教学更加高效。“班班通”带来的不仅是大屏幕提示、课件的运用，还有与世界联网，在网络里可以获取教育教学需要的知识，打破了教室的局限，使学生能在有效时间里学习更多的内容，增强了协作与交互学习，提高了学习兴趣。从这个意义上说，“班班通”让 Internet 在学校领域突破了机房，让计算机惠及每一个教师和学生。

② 提供丰富的信息化资源。结合当前中小学实际常用的资源形态和学术界关于资源的已有分类，我们“将班班”通利用的教学资源分为九大类：媒体素材、教学案例、课件、工具（学科工具和通用工具）、网络课程、索引目录、试卷试题、测评工具、文献资料。为教师和学生提供信息化资源，有利于教师获取、组织和管理教学信息，可以实现信息化教学的常态化，供学生自主学习、合作探究，进而培养学生的自主、探究与合作的学习能力。

③ 改革教学方法。“班班通”环境为学生提供了丰富的自主学习、协作学习平台，有利于实现协作、发现和研究探究式学习，培养学生的协作精神、创新精神，促进信息能力、高级思维能力的发展，真正满足 21 世纪学生的个性化学习需要。

④ 实现教学管理信息化。在“班班通”教学环境中，不仅能进行多媒体演示和交互教学，而且资源利用和管理也更加方便，有中控管理和设备管理等功能，教学评估和电子监考节约了人力、物力，减轻了教学负担。

“班班通”工程的实施，是我国教育现代化中手段更新的一种必然，它不仅作为手段，而且将作为新课改后一种全新的方式，展现它与传统教育教学的不同。建设教育现代化装备的最终目的是发挥其功能，但是要最大限度的发挥中小学“班班通”的使用效益，需要每位教师积极主动地参与到学科与现代教育技术的整合研究中，对“班班通”的应用功能进行合理探索与拓展。随着基础教育改革的不断深入发展，只有充分发挥“班班通”的各种功能，学校的现代教育技术应用才能突飞猛进地提升，基础教育改革才能得以突破。

6.2.4 智慧教育环境

随着信息技术的飞速发展，云技术、移动网络、物联网、智能计算、数据挖掘等各种新的技术手段正在走向校园，推动着数字化学习向智能学习飞跃。智慧教育正是以云技术为基础，以物联网为支撑，构建具有泛在化学习空间、个性化学习方式、智能化教学管理、一体化教育资源与技术服务等智慧特征的教育环境，从而通过以优质资源的共建、共享和先进信息技术的整合应用为中心，实现教育公平，提高教育质量，推动教育教学改革的发展。

1. 智慧教育的内涵解析

目前，国内教育领域对于智慧教育仍无统一的定义。这里采用祝智庭教授提出的智慧教育概念，即通过构建智慧学习环境（Smart Learning Environments），运用智慧教学法（Smart Pedagogy），促进学习者进行智慧学习（Smart Learning），从而提升成才期望，即培养具有高智能（High-Intelligence）和创造力（Productivity）的人，利用适当的技术智慧地参与各种实践活动并不断地创造制品和价值，实现对学习环境、生活环境和工作环境灵巧机敏的适应、塑造和选择。IBM 公司曾提出智慧教育的五大路径：①学生的技术沉浸；②个性化、多元化的学习路径；③服务性经济的知识技能；④系统、文化、资源的全球整合；⑤对 21 世纪经济发展起关键作用。

教育的本质是培养人，信息时代的智慧教育更要"面向未来"，合理、有效、创新应用信息技术，培养适应未来社会发展需要、不断推动社会改革与进步的创新型人才。智慧教育要教会学生 21 世纪生存技能，包括学习与创新技能（批判性思考和解决问题能力、沟通与协作能力、创造与革新能力）、数字素养技能（信息素养、媒体素养、通信技术素养）和职业生活技能（灵活性与适应能力、主动性与自我导向、社交与跨文化交流能力、高效的生产力、责任感、领导力等）。

（1）智慧教育与数字教育

数字教育是信息化环境开展的基于各种数字技术的新型教育形态。智慧教育是数字教育的进一步发展，严格意义上来说也属于数字教育的范畴，是数字教育的高级发展阶段。两者的关系不是非此即彼、互相替代。智慧教育是整合物联网、云计算、大数据、移动通信、增强现实等先进信息技术的增强型数字教育（Enhanced-Education）。

智慧教育在发展目标、技术作用、应用的核心技术、建设模式、学习资源、学习方式、教学方式、科研方式、管理模式、评价指导思想等方面与传统数字教育表现出诸多的不同（见表 6-9），总体呈现智能化、融合化、泛在化、个性化与开放协同的特征与发展趋势。

表 6-9　智慧教育与数字教育的比较

	数字教育	智慧教育
发展目标	提高教育质量和效率	培养智慧型、创新型人才
核心技术	技术是工具、媒体，高效率传递知识	技术变革教育、改变教育战略实施的生态环境
核心技术	计算机、多媒体、互联网、Web 2.0	云计算、大数据、物联网、增强现实、移动通信、定位技术
建设模式	建设导向、建网、建库、建队伍	应用驱动，根据教育教学应用建设配套环境、资源和队伍
学习资源	静态固化、结构封闭，CAI 课件、网络课程、数字图书、专题网站	动态生成、持续进化、开放建设，MOOCs、微课、移动课件、电子教材、可进化的内容库
学习方式	多媒体学习、网络学习	泛在学习、与学习、无缝学习
教学方式	以教师为中心，多媒体辅助教学、网络教学、远程教学	以学习者为中心，大规模在线开放教学（MOOCs）、深度互动教学、智能教学（智能备课、智能批阅等）
科研方式	基于有限资源的、小范围协同科研	跨地域大规模协同科研，科研数据及时分享与深度发掘
管理方式	管理信息分散，标准各异，人管、电控	高度标准化，归一化管理，智能管控
评价思想	经验导向的评价	数据导向的评价，基于大数据库的科学评价

（2）智慧教育与教育信息化

教育信息化是在国家及教育部门的统一规划和组织下，在教育领域（管理、教学、科研、服务）全面深入地运用信息技术来促进教育改革和教育发展，加速实现教育现代化的过程。国内著名教育技术专家祝智庭教授认为"智慧教育是当代教育信息化的新境界，是素质教育在信息时代、知识时代和数字时代的深化与提升"。

智慧教育已成为当前国际社会教育信息化推进过程中的重要发展战略和长期任务。教育信息化政策、制度、队伍与机制的全方位发展与完善，将为智慧教育提供良好的发展环境。智慧教育的持续发展又将进一步体现教育信息化的战略优势，巩固教育信息化在整个国家教育体系中的地位。

（3）智慧教育与教育现代化

教育现代化是用现代先进教育思想和科学技术武装人们，使教育思想观念，教育内容、方法与手段，以及校舍与设备，逐步提高到现代的世界先进水平，培养出适应参与国际经济竞争和综合国力竞争的新型劳动者和高素质人才的过程。顾明远教授指出，教育现代化包括教育思想的现代化、教育制度的现代化、教育内容的现代化、教育设备和手段的现代化、教育方法的现代化、教育管理的现代化，呈现出教育的民主性和公平性、终生性和全时空性、生产性和社会性、个性性和创造性、多样性和差异性、信息化和创新性、国际性和开放性、科学性和法制性等基本特征。

智慧教育是适应信息社会发展需要的高度发达的教育形态，具备公平性、终身性、创新性、开放性、个性化等多个教育现代化的核心特征。智慧教育既是信息时代教育发展的新境界，也是教育现代化追求的重要目标。智慧教育不仅仅体现在教育环境的智慧化上，还包括教与学的智慧化、教育管理的智慧化、教育科研的智慧化、教育服务的智慧化、教育评价的智慧化等多个方面，是信息化推动下的全方位教育变革。教育现代化的核心是人的现代化，智慧教育旨在培养大批具备 21 世纪技能、拥有创新意识和创新能力的现代智慧型人才。

2. 智慧教育的特征分析

智慧教育是技术支持下的新型教育形态，与传统信息化教育相比，呈现出不同的教育特征和技术特征。

从生态学的视角来看，智慧教育是技术推动下的和谐教育信息生态，其核心教育特征可以概括为：信息技术与学科教学深度融合、全球教育资源无缝整合共享、无处不在的开放按需学习、绿色高效的教育管理、基于大数据的科学分析与评价。

从技术的视角来看，智慧教育是一个集约化的信息系统工程，其核心技术特征可以概括为：情境感知、无缝连接、全向交互、智能管控、按需推送、可视化。

3. 智慧教育的体系架构

智慧教育是依托物联网、云计算、大数据、无线通信等新一代信息技术所打造的智能化教育信息生态系统，是数字教育的高级发展阶段，旨在提升现有数字教育系统的智慧化水平，实现信息技术与教育主流业务的深度融合（智慧教学、智慧学习、智慧管理、智慧评价、智慧科研和智慧服务），促进教育利益相关者（学生、教师、家长、管理者、社会公众等）的智慧养成与可持续发展。依据上述定义构建的智慧教育体系架构如图 6-9 所示。智慧教育体系可以概括为“一个中心（智慧教育云中心）、两类环境（分别是支持学校教育的智慧校园和支持终身教育的学习型智慧城区）、3 个内容库（重点建设 3 个沉淀智慧的内容库，包括学习资源库、开放课程库和管理信息库）、4 种技术（物联网、云计算、大数据、泛在网络是支撑智慧教育“大厦”构建的关键技术）、5 类用户（教师、学生、家长、教育管理者和社会公众是智慧教育系统的五类核心用户）、6 种业务（有效支撑包括智慧教学、智慧学习、智慧管理、智慧科研、智慧评价和智慧服务在内的六大主流教育业务的顺利开展)”。

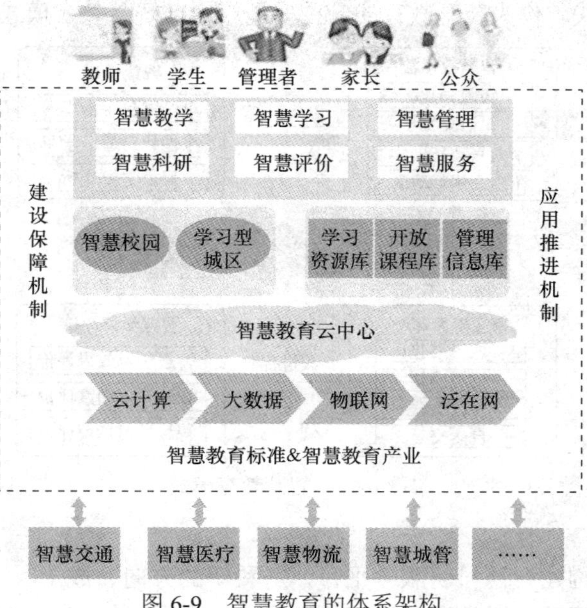

图 6-9　智慧教育的体系架构

需要说明的是，智慧教育不是孤立的系统，而是智慧城市的重要组成部分。因此，智慧教育体系架构需要通过标准的接口规范与智慧城市中的其他智慧系统（医疗、交通、城管、物流、能源等）进行连通，共享基础数据。智慧教育将改变教育产业的结构，促进传统教育产业的升级，形成规模化的智慧教育产业，从而为智慧教育的可持续发展提供源源不断的技术、产品和服务保障。智慧教育产业的快速、健康、有序发展离不开标准，因此智慧教育系列标准也是智慧教育体系的重要组成部分。此外，为了保障智慧教育的可持续发展，需要配套相应的建设保障机制和应用推进机制。

4. 典型智慧教育环境——智慧校园

黄荣怀教授将智慧校园看作是“一种以面向师生个性化服务为理念，能全面感知物理环境，识别学习者个体特征和学习情境，提供无缝互通的网络通信，有效支持教学过程分析、评价和智能决策的开放教育教学环境和便利舒适的生活环境”。还有学者则认为，智慧校园就是依托物联网建立起来的一个智慧化环境，在这个一体化环境中，各类校园工作、学习和生活通过各种应用服务系统充分的融合在一起。综合以上定义，智慧校园具备的主要特征有：①无缝互通的网络环境以及广泛感知的信息终端；②海量的信息数据和快速、高效、智能的信息管理与分析；③开放的自主学习环境和个性化的教学信息服务。智慧校园的典型应用体现在以下几个方面：

（1）智慧教育

智慧教育是教育信息化的新境界，是数字教育的高级发展阶段。智慧教育依托物联网、云计算、大数据等技术，建设智能化、物联化、感知化、泛在化的教育生态系统，构建支持协作学习和个性化学习的智慧学习环境，实现信息技术与教育业务的深度融合，通过运用智慧教学法，促进学习者开展智慧学习，培养智慧人才。另外，智慧教育以学习者为中心，提供微课、电子教材、移动课件、MOOCs 等开放学习资源，支持云学习、泛在学习、无缝学习等学习方式。作为智慧教育的一种典型应用，智慧教学模式如图 6-10 所示。

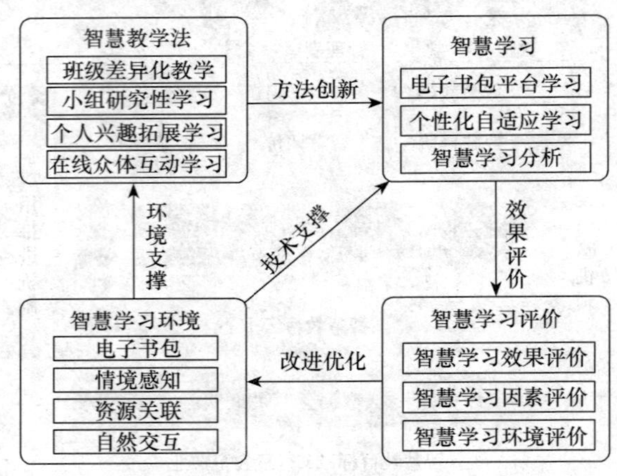

图 6-10 智慧教育模式

（2）智慧科研

在智慧校园中构建智慧科研服务平台，对科研的方向、成果、动态等进行跟踪，对科研工作进行智能管理，科学研究活动的开展将变得更为快捷、高效和便利。在科研项目申报过程中，教师申报的过程将会更为便捷，科研项目申请表中个人的基础信息将可以实现自动填报，还能主动推荐合作成员，校内团队成员的基础信息也能实现自动添加。在科学研究活动过程中，智慧校园将提供更加智能的知识管理服务、高效的协同支持服务、便利的科研项目事务管理服务等，使得研究工作更加高效、协同。另外，智慧校园还能实现科研成果的智能汇集和跟踪。例如，发表论文被引用、检索的自动跟踪，科研成果的自动汇集和统计等。智慧科研典型应用的功能结构如图 6-11 所示。

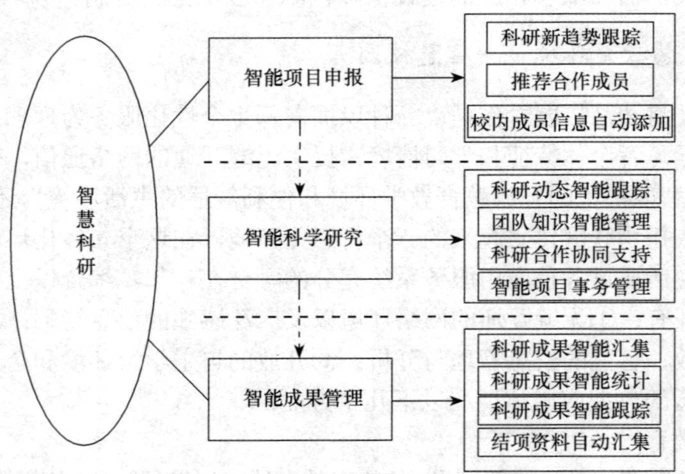

图 6-11 智慧科研典型应用的功能结构

（3）智慧管理

随着物联网、大数据等先进信息技术的应用，教育管理将逐渐向智慧管理方向发展。

智慧管理通过智慧管理云服务平台，为教育管理提供数据集成、数据挖掘、运行状况实时监控等业务支持，实现教育管理智慧决策，教育管理可视化、实时监控安全预警和远程督导功能，从而提高教育管理的智慧化水平。

在智慧校园环境下，充分利用大数据创新服务管理的方式，优化管理决策。利用数据挖掘，为学校、各业务部门和院系提供分级、分类授权的统计信息报表，从而为各种科学决策提供基础的数据支持。根据各业务部门的实际需求，对全校不同类型的多源数据进行综合统计和分析，通过横向和纵向的比较，发现存在的问题，采取相应的措施，辅助管理决策，从而提高学校的管理水平。例如，可以开展教学评估效果与人才培养模式的决策支持、科研和学科发展状况与激励政策的决策支持、师资队伍建设状况与人才激励政策的决策支持、学校财务状况与相关政策的决策支持等。

5. 典型智慧教育应用——电子书包

近年来，无线网络环境及云端服务模式愈发成熟，各类智能设备不断推陈出新，加之应用程序日渐丰富，给予了电子书包新的发展契机。电子书包，顾名思义，即利用先进的技术方式，形成资源丰富、灵活生动的数字化学习环境，替代传统的书包，以促进学生愉快、轻松及有效的学习。新媒体联盟作为把握全球教育改革脉搏的美国知名机构，在其 2010 年及 2011 年发布的《地平线报告》中，连续两年将“电子书”确定为对未来数字化发展影响巨大的技术之一，指出世界正进入无纸化学习的时代，以此为基础的电子书包正逐步迈入教育领域和出版行业。此外，据克里夫兰市场咨询公司的调查报告显示，迄今世界上已有至少 50 个国家计划推广电子书包；从美国、加拿大、英国、韩国、日本、新加坡、马来西亚、肯尼亚，到中国的上海、江苏扬州等地区，电子书包教育应用，正浩浩荡荡，渐渐辐射全球。

（1）电子书包的定义和特点

目前电子书包尚未有明确统一的定义，各界纷纷从自身的视角出发予以阐释。最具代表性的是华东师范大学祝智庭教授在《电子书包系统及其功能建模》一文中进行的论述：电子书包具有“实”与“虚”2 种隐喻；“实”即电子书包是一种个人便携式学习终端，可以体现为多种装备形态，如 PDA、WebPDA、Tablet PC 等；“虚”即指电子书包除了要能支持每一个学生随时随地学习连接，还要能提供满足每一个学生需求的个性化学习体验。祝智亭教授强调：应将电子书包内涵真谛从以往关注“实”转换到关注“虚”的应用服务层面，突出电子书包教育教学的系统功能架构，从而实现电子书包真正意义上的学生减负，一种精神上的减负。因此，电子书包是一种数字化的个人学习环境，包括相应的教育理念、硬件设备及软件设备。它并不是简单地将原本的教科书装入移动设备，而是新教学模式的技术体现形式，是促进教学革新的利器。

（2）电子书包的系统构成

电子书包系统主要由学习终端、学习资源和服务平台构成。

① 学习终端。目前电子书包学习终端以平板电脑为主，自带 Wi-Fi 无线上网，支持 3G 网络，系统软件支持 Windows、Android、iOS 等，应用软件满足学习者个性化学习需求。

电子书包简介

② 学习资源。学习资源包括课程库、学习工具库、试题库、教育游戏库等教育教学资源，以稳态、固态、动态等 3 种形态呈现。其中，稳态资源由教育主管部门和学校提供，如

电子教材；固态资源内置于电子书包，如计算器、字典、教学工具等；动态资源是指通过服务平台获得的学习资源，如试题库、课外阅读资料、家庭教育资源、社会教育资源等。

③ 服务平台。服务平台是支持学校教育、家庭教育、社会教育以及协同教育的信息化教育平台，可以为学生、教师、家长、社会教育工作者等提供教育教学资源、学习管理与评价、协同互动等服务。

（3）电子书包的功能与特点

电子书包除了具有移动媒体的基本功能之外，其教育教学功能主要包括：课堂同步教学与笔记功能、教学管理与评价功能、学习记录与跟踪功能、“家—校—社”协同互动功能、学具管理与应用功能等。

电子书包的主要特点如下：

① 学习终端的便携性、移动性。便携性是指学习终端外观与课本相当， 轻薄、便于携带，支持手写、滑屏、自动翻页等；移动性是指学习终端具有无线网络接入功能，可以实现随时随地的学习。

② 学习资源的多媒化、微型化、多元化。多媒化是指电子书包中的资源是一种与多媒体内容整合的数字化资源，具有视音频、动画等多媒体形式，可以为学生创设生动、形象的学习情境；微型化是指资源设计逐步向片段化、微型化发展；多元化是指电子书包不但拥有学校教育资源，还拥有家庭教育和社会教育资源。

③ 支持服务的多样化、个性化。电子书包的应用涉及学校、家庭和社会，使用者包括学生、教师、家长以及社会教育工作者。因此，服务平台能为使用者提供多样化服务，满足使用者的个性化需求。

（4）电子书包的应用范围

① 学习内容方面的应用。由华东师范大学与 Intel 合作研发的基于标准的电子课本模板在保持教学性的基础上着重体现了电子课本的特性，即交互性、开放性、富媒体性及关联性，符合现代学生的学习特点和行为习惯。

以图 6-12 所示的“历史学习”为例，学生与课本互动，左侧的地球可用鼠标拖动找到相应的地理位置，右侧页面根据时间轴选择不同的历史朝代，调出相应的语音、图片、视频等素材，电子课本充分发挥多样化呈现手段。丰富的媒体形式使抽象的概念形象化，融入对话场景，便于学生理解和深入学习。

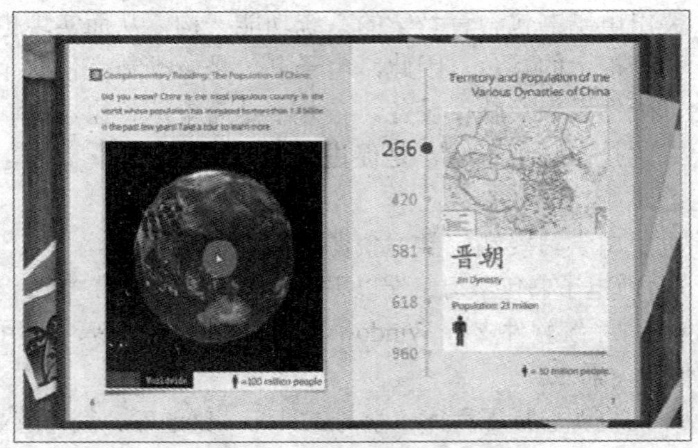

图 6-12　历史学习页面实例

② 学习服务方面的应用。学习服务主要是为学生使用电子课本时提供一个支撑平台，下面以杭州源朝科技的智源 E 本为例简单介绍其应用。智源 E 本是一个基于移动互联网技术的数字化课堂解决方案，意在构建一个智能化校园教学服务平台。

它为不同的用户、终端类型提供不同的入口，有各自不同的教学应用，包括系统教师端（系统设置、教务管理、资源维护、教学业务、网络课堂、考试管理、教学查询等）；平板学生端（网络课堂、测试练习、课外拓展、学业交流、常用工具等）；平板教师端（练习批改、试卷批改、学业论坛龙虎榜等）；家校联系平台（家校短信息、亲子互动、学业查询、学业论坛功能等）。

除此之外，浙江万鹏、明博教育、中文在线、微创、中国电信等也都是电子书包学习服务平台服务提供商，他们在自己特色的基础上满足学生学习需求为目标，实现个性化的学习。

③ 虚拟学具方面的应用。虚拟学具的应用在国内的发展与其他 3 个方面相比显得较慢，但其关注度正在迅速上升，目前做得较为出色的有华师京城，图 6-13 是华东师大出版社与华师京城联合开发的学具示例，有量角器、圆规等数学学科工具。除此之外，国内的福昕软件、明博教育等也都参与到虚拟学具的研制工作中，为推动虚拟学具尽快发展发挥重要作用。

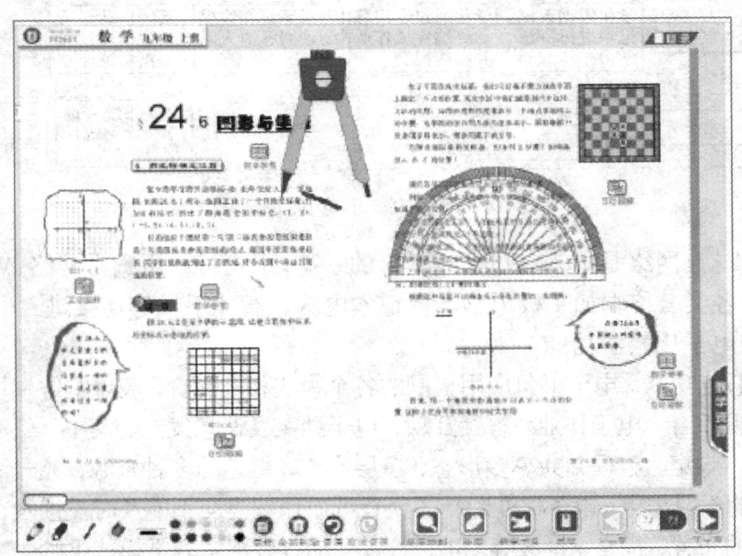

图 6-13　华东师大出版社—华师京城的学具示例

（5）电子书包的应用案例分析

电子书包作为一种新兴的教学工具，其应用效果的好坏在很大程度上取决于教学过程中教师的教学方式和学生的学习方式改变上。本案例将电子书包用于中小学的日常教学活动之中，并将课堂延伸至户外及家庭，促进教学活动中各用户有效利用电子书包开展教与学，实现学生课内外学习的无缝融合。本案例中电子书包系统的运行涉及 4 个部分，分别是教育资源及应用服务云、网络支持、电子书包功能、用户群，整体架构如图 6-14 所示。

① 教学资源及应用服务云。电子书包是典型的“云服务—云终端”应用体系，整

合了 IaaS、PaaS 及 SaaS 三层功能，支持各类角色的用户，为教育主管部门、教师、学生、家长提供整合式云服务。IaaS 主要提供云存储服务、服务器租赁和云计算服务；PaaS 层支持门户整合服务、资源整合服务和交换共享服务；SaaS 层提供了全面的教学管理服务、教学流程系统公共服务及社交娱乐等服务。

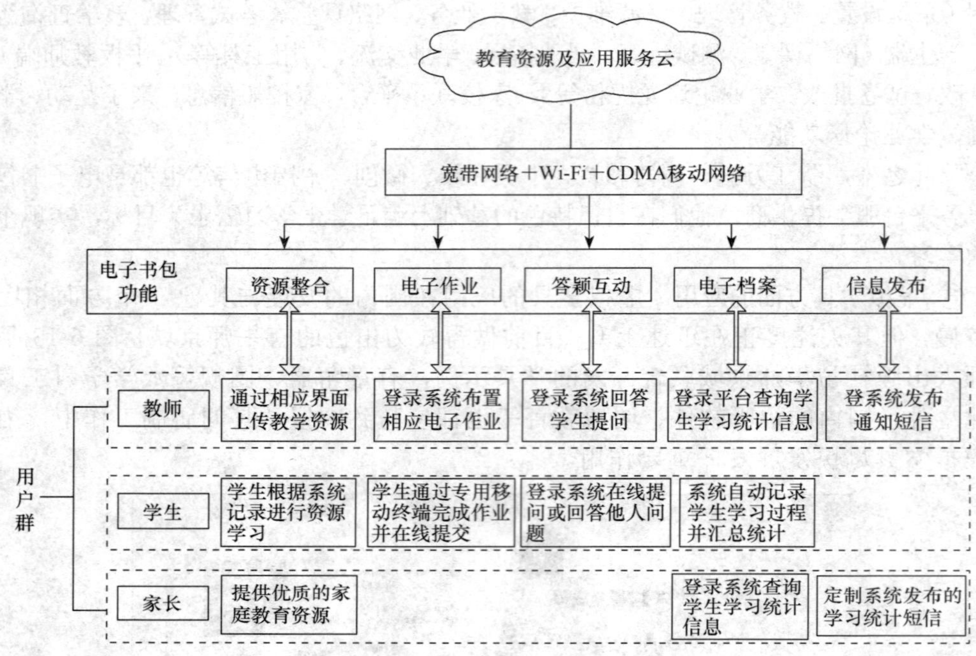

图 6-14　电子书包的应用案例分析

② 网络支持。网络是电子书包系统运行的基础，用户可利用宽带网络、Wi-Fi、CDMA 移动网络，将各类云终端如平板电脑、笔记本电脑、智能手机等连接进入电子书包，使用其中的各项电子化教学功能。

③ 电子书包功能。电子书包应用机制的各个模块相互配合，表现给终端用户的是如下 5 个功能：资源整合、电子作业、答疑互动、电子档案及信息发布。其中，资源整合是以学科课程为中心，收集、整理并共享多形态、多层次、多用途的多种资源，充分满足用户随时随地、个性化的学习需求；电子作业弥补了现有纸质作业提交不能及时反馈及评价信息的弊端，包括作业的布置、提交、批改等功能；答疑互动打破现有教学模式下师生交流的时空限制，提升师生交流互动的广度和深度，移动性和实时性更强；电子档案是对学生的评价工具，而且评价的方式是多样的、个性的、过程性的、趣味性的；信息发布以用户为中心进行组织设计，在电子邮件、即时聊天、BBS 等形式的基础上，实现基于社交网络的网络应用服务。

④ 用户使用流程。教师使用过程。教师可以通过相应界面上传教学资源提供课前预习与指导，布置习题、测试、课后作业等对学生进行课后学习辅导与帮助。借助电子书包系统，教师还能对学生提交的作业进行及时批改与反馈，回答学生提问，生成学习效果统计信息，对学生整体情况一目了然。根据需要可登录系统发布相应信息，供家长及教学主管部门查看。

学生使用过程。在教师的引导下，学生可依据学习目标，利用电子书包丰富的数字化学习资源进行学习，以便更好地参与课堂教学互动。根据自己需要，选择感兴趣的名师教学讲座进行观看，在领略大家风采的同时增长见识、开阔眼界。利用电子书包的便携性，学生们能以小组形式进行协作学习，走出教室进行自然观察，采集数据，将最终成果上传到电子作业提交区，在答疑互动区中将问题、组内分工及其他要求发布在网络上，师生可对问题发表观点、提出建议。最后，学生的学习效果以一种真实的方式进行检测并记录在电子学档中。

家长使用过程。父母在学生学习中的影响不容忽视，因此电子书包专门提供了家长使用的接口。家长在查看电子档案的同时，能对子女开展有针对性的心理及学习辅导，利用信息发布模块与学校管理人员或教师进行沟通交流。家长还可提供优质的家庭教育资源，以此丰富并完善校内的教学资源，供学生课堂使用。通过这些方式，使家长参与到学校教育中，同教师一起促进学生的学习。

✎ 课堂练习

你曾经就读的学校有没有“班班通”或“智慧教室”？如果有，你觉得给学生学习带来了哪些支持，还存在哪些问题？登录优酷等视频网站，输入“未来教室”“智慧教室”等关键词，搜索相关视频，进一步了解电子书包、未来教室等几种智慧学习环境。填写表 6-10。

表 6-10　智慧学习环境总结

学习环境	带来的学习支持	存在的问题
智慧教室		
智慧学习环境视频	视频主题	视频地址

✎ 课堂练习

认真阅读表 6-11 中有关中小学数字校园的文献和案例，思考并认真讨论与总结优秀的数字校园需要的关键因素有哪些？

以小组为单位，完成一个包括理念层设计、技术层设计和服务层设计的中小学数字校园的顶层设计，全班同学投票评选出最优方案。

表 6-11　文献及案例阅读

序号	参考文献及案例
1	邵宏峰．2012．在美国看数字校园：以访问美国阿肯色州 K12 学校为例［J］．浙江教育技术，（1）．
2	陈天华，李锋．2010．以佛罗里达州奥科伊中学数字化示范学校为例：美国中小学数字校园建设启示录［J］．中小学信息技术教育，（5）．
3	北京市 101 中学数字校园．http://www.beijing101.com
4	成都七中数字校园．http://www.cdqz.net
5	步云数字校园建设完全解决方案．http://www.yezby.com

✎ 课堂练习

完成表 6-12 的调研，总结当前中小学数字校园建设中存在的最突出的 3 个问题以及造成这些问题的原因。

表 6-12　中小学数字校园建设与应用调研评估表

数字校园名称		
学校的背景信息		
一级指标	二级指标	指标值及情况说明
网络基础设施建设	计算机数量	
	生机比例	
	师机比例	
网络基础设施建设	计算机网络教室数	
	教室多媒体设备数	
学校管理信息系统	财务管理	
	教学支持	
	科研支持	
	“一卡通”覆盖	
网络教育信息资源建设	资源库类型	
	资源库数量	
	资源库使用情况	
	资源库更新机制	
调研总结	1. 是否拓展了学校的校园时空维度，丰富了校园文化？ 2. 是否优化了教学、教研和管理等？ 3. 是否为学生、教师、家长和管理者提供了丰富的服务？	
你们的建议		

6.3　数字化教学平台的应用

6.3.1　大规模在线开放课程（MOOC）

中国大学 MOOC 简介

1. MOOC 的内涵和特征

MOOC 是“Massive Open Online Course”的缩略形式，意为大规模开放式网络课程，指课程提供方将课程的相关资源，如视频、学习材料等置于特定的网络平台，供注册者学习，并开辟相应的渠道供学习者相互交流、讨论，教师负责答疑辅导，最后通过某种形式的考试进行学业测评并对成绩合格者颁发相应证书。目前，提供 MOOC 资源的教育平台主要有 Udacity、Coursera 和 edX 三大巨头，吸引了众多世界顶尖高校参与其中。随着网络技术的发展，MOOC 以其区别于传统课堂教学和普通网络课程的独特优势，受到越来越多学习者的青睐，在教育领域发挥更大的作用。作为一种新兴的网络教育模式，MOOC 既不同于传统的课堂教学形式，又与普通的网络课程存在显著差异，呈现鲜明特征。

MOOC 的特征主要体现在以下几个方面：

（1）可扩张性

MOOC 的可扩张性特征是指其教育规模不受空间限制，可根据注册人数的增加而不断扩充教育容量。正是因为 MOOC 具有传统课堂所不具备的可扩张性特征，许多在线课程能容纳成千上万名学习者同时进行同一课程的学习，一些顶尖大学的知名课程教学规模更是达到惊人的程度。如世界三大 MOOC 供应平台之一的 edX 于 2012 年 3 月推出首个在线课程《电路与电子》，吸引了来自全世界 160 多个国家的 154 763 人注册学习。

MOOC 的可扩张性大大拓展了单一课程的容量，提高了教育资源特别是优质教育资源的利用效率，这在教育资源供需矛盾日趋紧张的时代，无论对于政府还是学习者个人，MOOC 都将成为重要的选择对象。

（2）开放性

开放性是指 MOOC 提供方将课程相关资源置于特定的网络空间内，任何人都可注册学习。MOOC 的开放性主要体现为两点：一是空间的开放性，即 MOOC 的资源大多呈现在相应的网络平台上，人们只要具备该网络平台所需要的基本软硬件条件即可注册学习；二是学习人员的开放性，指 MOOC 没有限制学习者的身份，无论是否本校学生，无论国籍和年龄，只要对该课程感兴趣，就可以注册学习。世界知名 MOOC 供应平台 edX 在其网站介绍中清晰地表明了开放性这一基本特征："我们提供最优秀的在线高等教育，为任何希望成就自我、不断进步的人提供发展机会。"

（3）交互性

交互性是指在 MOOC 教学过程中，教师和学生通过该课程提供的网络平台进行双向乃至多向交流的特性。MOOC 提供方充分运用现代网络通信技术，搭建社交网络平台，供教师和学生进行交流互动。MOOC 的这一特性增强了网络课程的情景性，使网络课程学习更加接近真实课堂教学，激发了学习者的积极性，提高了教学效果。2012 年 3 月，edX 开通了首个在线课程《电路与电子》，并为该课程配备由 4 位教师、5 位教学助理和 3 位实验助理组成的强大师资阵容，为教学过程中的辅导答疑奠定了良好的人员基础。此外，edX 还通过在线作业、学习论坛、考试等方式进行师生间的双向、多向交流和互动，为该课程营造了良好的学习氛围。课程结束后，MIT 和哈佛大学组建了一个由多位不同学科专家组成的研究团队，对该课程的实施情况进行评估，他们发现，该课程教学过程中，师生之间的交流互动次数达到两亿三千万之多。

（4）自主性

MOOC 的自主性是指学习者在课程学习过程中，较少受外界的约束或影响，更多依靠个人的主观努力，或在学习者自主建立的学习社区的帮助下进行学习。由于 MOOC 注册者的学习动机源于对知识的兴趣与渴求，因而在课程学习中更能发挥主动性和积极性，而且对知识的共同兴趣又促使学习者更容易结成网络学习社区，以相互借鉴和交流。麻省理工学院在对已开设的 MOOC 进行分析时发现，学习者自主开发了许多工具和软件供大家使用，以共同解决在学习中遇到的各种问题，一个有序的学习生态社区正在逐步形成。

2. MOOC 的案例及分析——Coursera "史记"课程

（1）Coursera 课程平台简介

Coursera 是非营利性的大规模开放在线课程平台，与全球知名大学合作开设免费的在线课程。目前有 626 门课程，这些课程来自世界 108 所知名大学，课程学科分布广泛，Coursera 上课程跨越医学，工程学、生物学、艺术、经济学、人文、管理学、音乐、数学、计算机科学、历史及法律等 20 多个其他领域科目课程。

在学习者没有登录之前，Coursera 的网站首页主要由 3 个部分组成：平台信息、导航区、课程搜索及课程列表区和网站相关信息区，如图 6-15 所示。

学习者可以直接使用 Twitter、Google 和 Facebook 账户进行登录，学习者登录后进入个人课程管理页面。个人课程管理页面主要由两部分组成：OUR COURSERA、YOUR WATCHLIST。OUR COURSERA 是学习者现在正在学习的所有课程，这里显示课程开课的时间、完成课程学习需要多长的时间和课程进度条等信息；YOUR WATCHLIST 是学习者准备学习的课程清单。课程预览页面内容包括课程简介、课程大纲、学习背景、推荐阅读、课程形式、主讲者介绍、学科种类、常见问题解答和共享课程这几个部分组成。

图 6-15　Coursera 课程平台首页

（2）“史记”课程页面的组织形式

① 课程信息。课程信息主要包含课程说明、授课大纲、评量方式和参考资料 4 个方面的详细信息。课程说明主要就“史记”这门课程的课程概述、授课形式和先修知识进行详细说明；授课大纲显示这门课程内容结构组织以周来进行设计；评量方式主要介绍本课程包含的作业次数，每次作业的分数，学习者达多少分数方可取得修业证明等信息；参考资料是主讲者推荐给学习者的一些有关本课程的学习资料的信息。

② 课程教材。课程教材包含了课程视频，教学内容界面中呈现的是课程视频目录，是以周的形式呈现。每一周下面有子目录，学习者单击子目录标题即可进入课程视频的学习，如图 6-16 所示。课程视频下面有小型的测试，测试的内容和前面教师讲的内容有关，一般以选择题的形式出现。

③ 作业区。作业区是主讲老师针对本门课程布置的习题作业，教师根据教学内容的设计特点来设计课程作业。每次的习题作业有时间的限定，学习者必须在规定的日期之前提交作业到主讲老师。习题作业的批阅有两种可能：主讲老师或者采用生—生互评机制。主讲教师根据课程特点制定作业互评规定，如“史记”这门课程中，学习者必须在规定的时间之内提交作业，根据作业互评规定每位修课同学须批改 5 份他人作业。通过这种互评机制，不仅可以减轻教师在作业批改的问题，更为重要是学习者通过观看其他同学的作业，达到相互学习的目的。

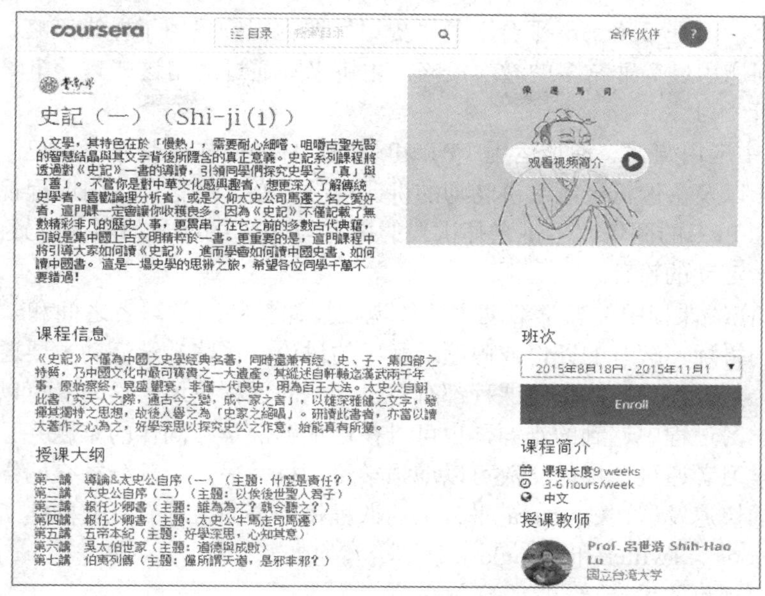

图 6-16　课程视频界面

④ 交流区。交流区其实就是这门课程的课程论坛，用于同学针对这门课程的发问、讨论和主讲老师答疑、发布通知。这门课程的学习者可以根据课程论坛中自己关注的问题的帖子的发帖时间、帖子的热度及帖子的回复数目来选择，并且课程论坛中的每个帖子都有相应的标签，学习者对于自己在学习这门课程所遇到的问题或疑惑就可以通过标签快速汇总相关帖子。学习者可以查看自己在论坛的活动和通过邮件订阅。从“史记”课程论坛看，课程论坛分成两部分：分论坛和所有主题。分论坛主要内容是讨论区使用规则、第一周讨论区、教材错误和技术问题等讨论话题。

3. “史记”课程设计分析

学习资源、教学活动、学习评价和学习支持的设计是“史记”这门课程的核心内容。

（1）学习资源的设计

在传统的在线课程中使用最多的学习资源就是视频，但以往的在线课程视频设计并没有以网络上的学习者为主体，而仅仅只是传统课程教学场景录制的视频并没有精心设计。这样的课程视频不能满足碎片化的交互学习，而 Coursera 上的课程视频设计不仅满足碎片化学习的需要，而且拉近教与学的距离，可以提高学习者在线学习的积极性。而笔者通过对“史记”课程组织形式的研究以及与传统在线课程的对比，发现“史记”课程视频有下面 3 个特点：

① 视频的时间长度短。“史记”课程有 8 周的课程，每一周都有相应的主题，并且每个主题下面有与之相关的课程视频。例如，第一周下面有 9 个课程视频，其时长都在 10 min 左右。这样的时长设计原因有 2 个方面：一方面是视频时长与主题相关，这样既方便学习者学习，又充分利用碎片化的时间和便于移动学习；另一方面是主讲老师讲课程内容细化有利于学习者学习和掌握，在“史记”这门课程中，一个课程视频只讲解一个知识点或一个问题，这样学习者的注意力不易分散。

② 视频中教学策略丰富。在以往的在线课程的课程视频资源中，绝大数的教学策

略是讲授策略，但是 Coursera 平台下的“史记”课程视频采用了抛锚策略、反思策略、案例讲解和问题引领等非常多的教学策略，主讲老师通过运用这些教学策略来引导学习者更好地进行学习。

③ 视频中应用媒体。通过运用 PPT 和录屏软件的操作来制作“史记”这门课程的网络课程视频以及摄像机录制主讲老师的讲课视频。在“史记”这门课程视频中有主讲老师的图像和 PPT 的图像，主讲老师讲课的内容与 PPT 的播放内容是一致的。

（2）教学活动的设计

“史记”在线课程中的教学活动主要体现在授课教师与学习者之间和学习者相互之间进行问题的答疑、解答的评价或问题或疑惑的讨论。这些教学活动主要通过两部分来完成，一部分是课程论坛：每门课程都有自己专属的课程论坛，学习者可以在这里发帖提出自己在学习过程中遇到的难题，也可以在这里解决学习同伴的难题并且可以得到教师的解答，学习者通过这样的交流可以增强学习动机；另一个部分社交网络工具：随着互联网技术的快速发展，Coursera 平台上的课程每个页面上都有社交网络工具，例如可以通过 Facebook、Twitter 和 Google＋分享给其他人。

（3）学习评价的设计

在线课程中评价信息的来源有：测试、作业等学习评价。“史记”这门在线课程的学习评价主要体现在 2 个方面：一方面是课程视频中的课堂测试题；另一方面是主讲老师布置的课后作业。一般一个课程视频中只包含一道课程测试题，并且在课堂上给于学习者及时的反馈。当一周的课程视频更新完成后，则主讲老师将布置家庭作业，但是不能得到及时的反馈，然而家庭作业的评价不是主讲老师而是采用生—生互评机制，直到互评截止时间后，教师才公布家庭作业的答案，并且对其进行讨论。

（4）学习支持的设计

为了保证远程学习者顺利完成学业，远程教育机构通常要提供学生学习支持服务，其目的是帮助、指导和促进学生的自主学习，提高远程学习的质量和效果。在传统的在线课程中学习支持服务主要通过教师根据学习者的需要和行为进行人工助学来实现的，然而 MOOC 平台上的课程是面向全球的学习者，一门课程动辄几十万，甚至上百万的学习者，这样人工助学将不能满足学习者学习需求。因此需要在 MOOC 平台中内嵌越来越多的学习支持服务。在“史记”案例中主要通过学习资源、学习评价和教学活动 3 个方面来分析，课程中的学习支持服务所需的材料统计如表 6-13 所示。

表 6-13 “史记”课程学习材料统计表

课程名称	史记	
学习支持的类型	资源材料要素	媒体元素类型
学习资源	课程视频	视频
	课程讲义	PDF、文本
	参考文献	PDF、网页
	案例	相关程序
教学活动	课程论坛	网页
	WiKi	网页
	课程分享	社交网络平台
	作品互评	相关程序

续表

学习支持的类型	资源材料要素	媒体元素类型
学习评价	在线课堂练习	视频
	在线练习解答	视频
	课后作业	网页、文本
	课后作业解答	视频、文本

6.3.2　精品资源共享课

1. 精品资源共享课的内涵和基本要求

精品资源共享课建设是教育部“十二五”期间“高等学校本科教学质量与教学改革工程项目”的“国家精品开放课程”重要组成部分，它是以高校教师和学生为服务主体，同时面向社会学习者的基础课和专业课等各类网络共享课程。精品资源共享课建设以课程资源系统完整为基本要求，以基本覆盖各专业的核心课程为目标，通过共享系统向高校师生和社会学习者提供优质教育资源服务，促进现代信息技术在教学中的应用，实现优质课程教学资源共享。精品资源共享课的首页如图 6-17 所示。

图 6-17　精品资源共享课首页面

精品资源共享课以政府主导，高等学校自主建设，专家、高校师生和社会力量参与评价遴选为建设模式，创新机制，以原国家精品课程为基础，优化结构、转型升级、多级联动。从精品资源共享课的要求可以看出，精品资源和资源共享是两个基本要求。

（1）精品资源

作为精品资源共享课，是由名师讲名课，应该由学术造诣深厚、教学经验丰富、教学特色鲜明、具有高级专业技术职务的带头人主持团队建设。教学团队结构合理，要包括专业教师和教育技术骨干，能利用现代教育技术进行教学传播和共享。精品资源共享课内容，要求涵盖课程相应领域的基础知识、基本概念、基本原理、基本方法、基本技能、典型案例、综合应用等，课程内容完整全面，能反映本学科领域的最新科技成果。课程质量高，教师能灵活运用多种合适的教学方法和教学手段，能充分调动学生积极性，在同类课程中具有影响力和较强的示范性。

（2）资源共享

精品资源共享课要完整、系统，适合网上公开传播。精品资源共享课的教学资源要求进行分类整理，基本资源和拓展资源要分开，进行规范化、格式化的整合，满足新的精品资源共享课程资源建设的要求。课程教学资源包含基本资源里的教案、视频等素材要根据大纲要求结合实际教学需要，完整系统。各类素材需注重课程资源的适用性和易用性。在技术上，利用先进信息技术和网络技术强化互动交流，为社会提供优质高效的网络共享服务。

2. 精品资源共享课的案例及分析——中国地理（北京师范大学）

2013 年，北京师范大学的国家精品课程“中国地理”获批成为“评审专家建议入选国家级精品资源共享课立项项目”，课程界面如图 6-18 所示。课程在原有基础上共建共享优质课程教学资源，强化了向广度、深度、精度和共享度四维提升的理念，向高校师生与公众全面开放。因此，课程建设核心围绕教学资源的整合与共享、教学过程的可视化、区域多媒体地理信息传输与共享展开，以更好地适应学习者要求。在教育部统一网站模块结构模式下（见图 6-19），突出表现为 3 方面：一是“三配套”资源库的整合与共享，即教材资源库、视频课程资源库、实践拓展资源库的配套，拓展“中国地理”精品课程共享的广度；二是学习过程资源的整合与共享。中国地理精品资源共享课的资源整合重点由原来指导教学转为指导学习，从教育认识规律出发，构建课程资源框架体系，提升“中国地理”精品课程共享的效率；三是对课程内容进行精细化，“中国地理”共享课程按章节编排课程资源，细化教学要求、教学说明、教学内容等，尽可能完整地重现课堂教学，开展自主学习，以实现教学资源的最大限度共享利用，提高“中国地理”课程共享的深度。

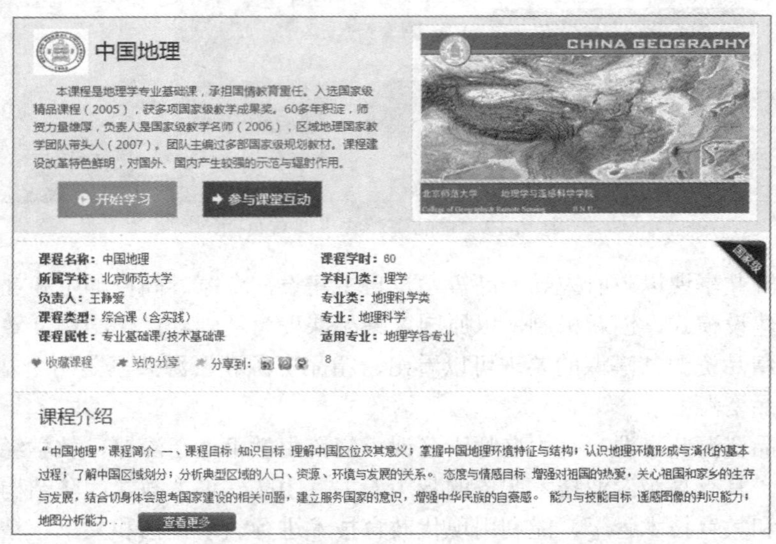

图 6-18　国家精品资源共享课——“中国地理”课程界面

通过图 6-19 总结一下国家精品资源共享课——“中国地理”建设的特点与反思。

（1）教学资源“活化”

国家级精品资源共享课建设的目的之一就是让优质教育教学资源能真正发挥作用，

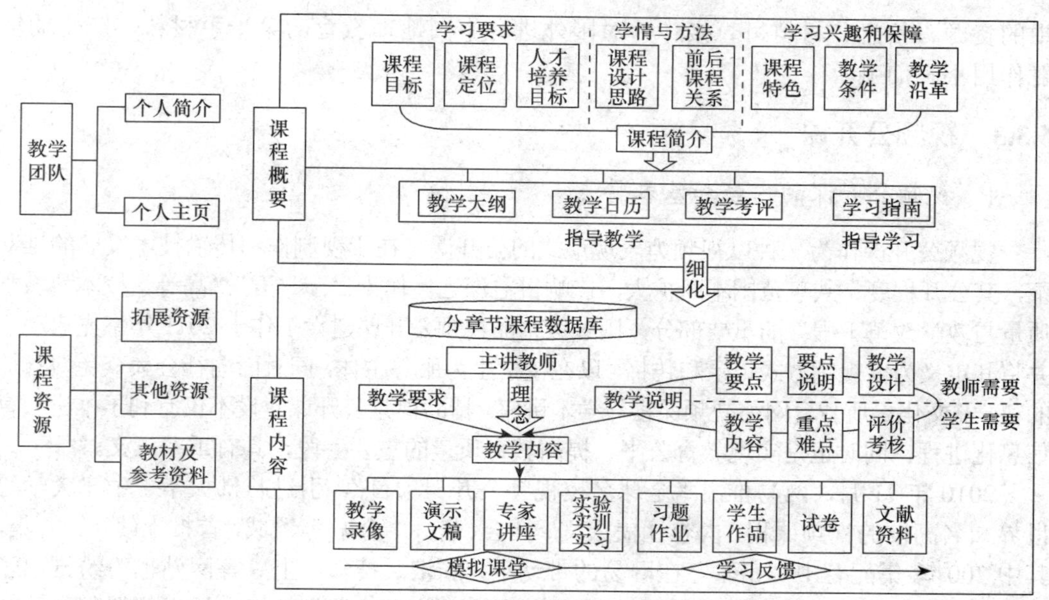

图 6-19　“中国地理”精品资源共享课网站模块

为公众服务。要做到这一点，避免课程成为静态资料集合，就要做到教育资源的“活化”。“活化”是指资源的动态性与可更新性，主要包含3方面：教师梯队活化、师生交流活化与资源信息活化。

① 教师梯队活化，主要是指考虑到精品课程向精品资源共享课升级中，课程内容应能可持续性更新，同时考虑到在网络环境下精品资源共享课的新理念与新技术平台，需要年龄结构合理的教师梯队相配套，同时建立师资力量的更新与动态化的长效机制。

② 师生交流活化，主要是指共享课程的两端——教师及学生（公众）不应被学习平台或技术割裂开来，而应在新的共享环境下形成师生交流的动态与更新机制。针对“中国地理”课程实际，它具有区域性、综合性、交叉性和实践性4个显著特点，课程中师生之间的多源信息—多环节教学—师生双向反馈教学理念本身即课程特色。因此提高课程资源有效利用，发展更为便捷的线上线下互动交流方式，在精品资源共享课建设过程中尤其重要。

③ 资源信息活化，主要是指精品资源共享课建设中，其形式多样的资源信息能被有效地动态化组织，可以便捷地更新，以使公众能有效利用。以“中国地理”为例，其中包含“大师资源”（周廷儒院士纪念网站）、“实践资源”（遥感影像辨识系统）、“知识拓展资源”（地理动画库）等多种类型资源，同时不断更新。

（2）本土教学资源国际化

国际化的含义除吸收引进国外先进文化、知识资源之外，还有建设具有自身特色的本土文化、知识资源，对外传播以增强影响力。以“中国地理”课程为例，其英文版网站建设，力图从世界的角度看中国，共享中国地理景观实景（照片、遥感影像和录像等）及可用于分析的数据材料、统计图表、专题地图等，凸显全球变化下中国和中国地方文化地理特色。一方面可直接供有学习需求的国外公众使用，另一方面网站中的资源、信息、材料可直接作为对国外进行中国地理教育的第一手材料，产生的辐射作用不言而喻。

6.3.3　视频公开课

1. 视频公开课的内涵和基本特点

视频公开课作为一种以视频为表现形式的公开课，在影视制作和传输技术发展的推动下，其公开程度、共享范围不断扩大，影响日益深远。作为“十二五”“高等学校本科教学质量与教学改革工程”的重要部分，国家级精品视频公开课建设工作于 2011 年率先启动，并将其定义为以视频方式记录和传播，以在校学生为服务主体，同时面向社会大众免费开放的科学、文化素质教育网络视频课程与学术讲座。精品视频公开课建设不仅有利于推进教育信息化进程，同时也是实现教育公平、提高教育质量的重要手段，具有重要意义。

2010 年 11 月，网易推出“全球名校视频公开课项目”，引进哈佛大学、牛津大学等世界知名高校的视频课程，内容涵盖人文、社会、艺术、金融等领域，首批上线 1200 集，其中 200 多集配有中文字幕。在网易的带动下，新浪、搜狐、土豆等网站也纷纷推出了网络视频公开课，复旦大学等国内高校也和这些网站展开合作，把本校视频课程进行公开共享，在国内掀起了视频公开课收看热潮。同时为了推动高等教育开放，提升大学生及社会大众的科学文化素养，增强我国文化软实力和中华文化国际影响力，教育部精品视频公开课项目计划到 2015 年末建设 1000 门以上的视频公开课。因此，国家、省/市、校等各级精品视频公开课建设将成为我国未来几年高等教育信息化工作的重要组成部分。视频公开课的首页如图 6-20 所示。

图 6-20　视频公开课首页

视频公开课的基本特点如下：

（1）学校建设，政府主导运营，商业机构参与其中的制作运营模式

精品视频公开课采用了一种“政府主导、高等学校自主建设，专家和师生评价遴选、社会力量参与推广的建设模式”。也就是说高校和主讲教师只负责通过遴选课程的建设任务，教育部组织专家和师生对建设完成的课程进行再次评价，通过评价后的课程在教育部负责建

设的全国统一平台“爱课程”网站和中国网络电视台、网易等特定媒体进行上线发布。这种模式一方面保证了课程网站运营的开放性、稳定性与安全性；另一方面，也有利于减轻主讲教师和所在学校课程后续维护负担，使其有足够精力用在课程的高质量制作中。

（2）精品视频公开课着力传播我国文明优秀成果和现代科技前沿知识

《国家精品课程建设工作实施办法》要求国家精品课程“需在网上提供不少于 45 min 的现场教学录像”，这种视频主要是用来展现精品课程教学团队的先进教学方法和理念，视频内容主要为课程教学实录。首批视频公开课初次通过遴选的选题中，从课程专业分布上看 103 个选题分布在 37 个学科门类中，体现了我国首批视频公开课以大学生人文素质教育课程为主，重点建设中国传统文化类、科学技术类和社会热点类、素质教育课程，兼顾其他公共课、基础课、专业基础课的建设目标。

（3）开放的传播渠道，保证了课程的高度开放共享

针对精品视频公开课项目，教育部组织建设了统一的共享服务平台“中国大学视频公开课:爱课程网”,共享平台将通过课程申报遴选和成品评选的视频公开课的上线发布，并通过论坛等方式收集公众意见。除了教育部建设的“爱课程”网，教育部还和中国网络电视台、网易两家媒体单位合作，使中国大学视频公开课在公共网络中共享，和国外知名大学的视频公开课在同一个平台上具有相同的话语权。这样不仅高校师生、教育网内用户可以观看，普通大众也可以方便的通过公共网络学习，提高了我国高等教育的开放水平，有利于建设全民学习、终身学习的学习型社会。

2. 视频公开课的案例及分析——《教育技术专业导航》（华东师范大学）

《教育技术专业导航》视频公开课是华东师范大学为教育技术学专业学生精心设计与制作的一门专业导论性质的公开课，课程界面如图 6-21 所示。该课程内容紧贴时代发展前沿，具有一定的指向性和前瞻性，课程以贴近学生视角的方式，为新入学的学生量身定制，内容体系涵盖教育技术领域理论与实践的最新发展和动态，使学生在进入到一个新的学习环境后，以最快的速度融入到新专业的学习中。课程具体介绍了教育技术专业是什么，解决什么问题，以及每一个专业领域的从业者能够做些什么。

图 6-21　《教育技术专业导航》视频公开课课程界面

本课程共包含 3 个模块，第一个模块探讨教育领域对技术的需求，从而帮助学生了解教育技术是一个用技术方法解决教育问题的学科；第二个模块探究技术的发展为教育带来的变化，从而帮助学生进一步领会如何利用教育技术来解决教育问题；第三个模块展示该专业从业者在以技术解决问题的过程中所从事的各项工作，从而帮助学生建立专业学习的方向。主讲教师尽心设计与录制课堂授课环节，并且具有异步的课堂互动环节，以便于师生间的互动交流。

【拓展】2015 年 MOOC 学院的《2015 全球课程排行榜》收集了真实学习者的数万份评分数据，包括 5201 门 MOOC 及职业课程，表 6-14 是依据果壳评分得到的最受学生欢迎的中文慕课前 20 名，你学过哪些呢？赶快学习吧。

表 6-14　2015 年最受学生欢迎的中文慕课前 20 名

课程名称	学校名称	评分/分
中国古代历史与人物——秦始皇	台湾大学	9.6
中国古代建筑艺术	湖南大学	9.6
财务分析与决策	清华大学	9.6
方言与中国文化	武汉大学	9.4
昆曲之美	香港中文大学	9.3
中华名相之管仲管理思想	西南交通大学	9.2
文物精品与文化中国	清华大学	9.2
计算机网络概论	台湾“清华大学”	9.1
C 语言程序设计进阶	浙江大学	9
红楼梦	台湾大学	9
职业素养	台湾大学	9
新闻摄影	清华大学	9
古文字学	武汉大学	9
文献管理与信息分析	中国科学技术大学	9
博弈论基础	浙江大学	8.9
工程图学 2D	台湾大学	8.9
生物演化	北京大学	8.9
宇宙中心的英语听说课	清华大学	8.8
心理学与生活	南京大学	8.8
逻辑学概论	清华大学	8.8

课堂练习

根据上述学习内容，登录到“爱课程”网，注册一门与所学专业或兴趣相关的慕课或精品资源共享课，体验其完整的学习过程，并和小组同伴交流学习感想，指出其教学设计中的优点和不足，并提出进一步改进的建议和措施，填写到表 6-15 中。

表 6-15　课程学习过程及感想

你注册的课程	
你的学习感想	

学习总结与反思

1. 知识要点

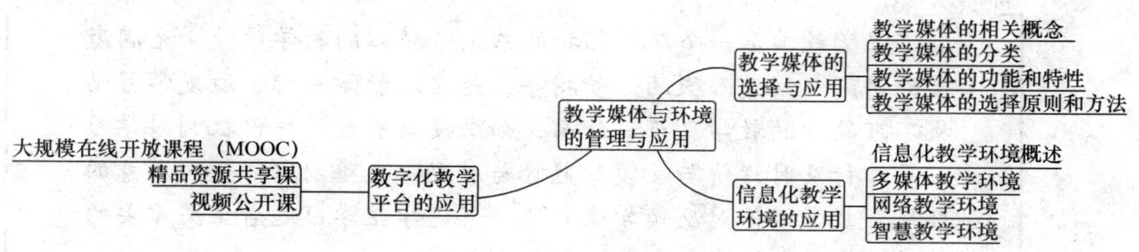

2. 反思

交流你在本章学习和反思中的心得体会，并在留白处记录下来。

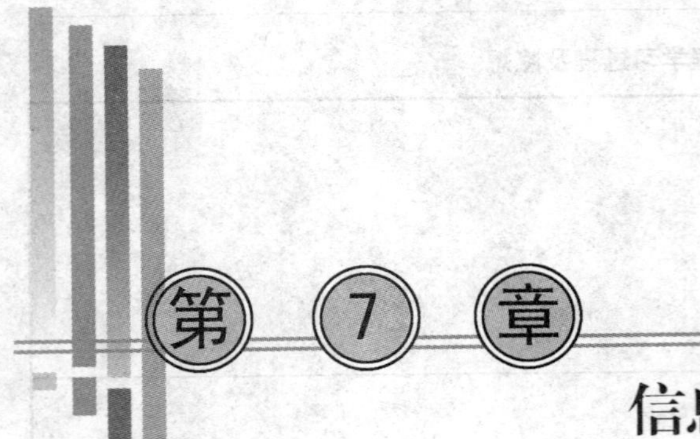

第7章 信息技术支持下的教学评价

课堂教学是一个环环相扣的系统，精心的教学设计，充满激情的讲解，细致入微的课堂指导，是实现教学目标、激发学习动机不可缺少的教学环节。然而，如果没有有效的评价机制对学习效果进行及时评价与反馈、监督与激励，也难以取得令人满意的效果。教学评价对反馈学生表现，促进学生学习起着至关重要的作用，是课堂教学的又一个关键环节。

【学习目标】

1. 了解教学评价的目的、作用和意义。
2. 能够说出常用的教学评价方法。
3. 通过小组活动，能够利用教学评价方法对教学过程和活动进行合理评价。
4. 能够意识到体会教学评价在教学中的必要性和重要作用，建立起在教学过程中适时进行评价的观念和意识。

引 言

在学习了现代教育技术相关的内容后，小方老师的教学方式和习惯在逐步改变，在不断的教学实践尝试中，她又面对了一个新问题，她想知道和掌握学生学习的情况，对教学和学习过程进行合理评价，以便适时调整教学思路和方法，但是由于刚参加工作岗位，她又没有很多的经验和方法来评价自己的教学和学生的学习。

小方老师如何解决这个困惑呢？她查阅了很多资料，也请教了很多同行，总结了许许多多的教学评价手段，但这些方法到底适合自己的教学实际吗？具体的评价过程如何操作呢？如何衡量教师教学的质量和学习者学习的效果呢？带着这些问题让我们一起来学习什么是教学评价，教学评价的目的、功能、类型、以及信息化教学的评价方法。

7.1　教学评价概述

教学评价指的是以教学目标为依据，制定科学的标准，运用一切有效的技术手段，对教学活动过程及其结果进行测定、衡量、并给予价值判断，以期改进教学工作，促进教学发展。要理解这个概念，需要注意以下问题：第一，教学评价是以教育方针、教育目标为依据的；第二，教学评价是一个过程，它包含着一系列的步骤与方法；第三，教学评价是教学工作的一个重要组成部分，直接作用于教学活动的各个方面；第四，教学评价的最终目的，是用一定的价值标准对学校的教学情况进行价值判断，以改进今后的工作，促进教学的发展和完善。

7.1.1　教学评价的作用

教学评价在教学过程中发挥着多方面作用，从整体上调节、控制着教学活动的进行，保证着教学活动向预定目标前进并最终达到该目标。具体来说，教学评价的作用主要表现在以下几方面：

1. 调控教学进程

对教学活动基本进程的调控，是教学评价多种功能和作用的综合表现，它建立在对教学效果的验证、教学问题的诊断和多种反馈信息的获得等基础上，具体表现为对教学方向、目标的调整，教学速度、节奏的改变，教学方法、策略的更换，以及教学内容、教学环境的调整，等等。实际上，客观地判定教学的效果，合理地调节、控制教学过程，使之向着预定的教学目标前进，也正是教学评价追求的基本目的。

2. 激励功能

评价对教学过程有监督和控制作用，对教师和学生则是一种促进和强化。通过评价反映出教师的教学效果和学生的学习成绩。经验和研究都表明，在一定限度内，经常进行记录成绩的测验对学生的学习动机具有很大的激发作用。这是因为，较高的评价能给教师、学生以心理上的满足和精神上的鼓舞，可激发他们向更高目标努力的积极性。即使评价较低，也能催人深思，激起师生奋进的情绪，起到推动和督促作用。

3. 反馈功能

通过教学评价，能使教师和学生知道教学过程的结果，及时地提供反馈信息。反馈信息在教学中具有重要的调节作用。信息工程学表明，只有通过反馈信息来调节行为，才有可能达到一定的目标。教师获得评价的反馈信息，能及时地调节自己的教学工作，能使教师了解自己的教学方法和教学过程组织中的某些不足，诊断出学生在学习上存在的问题与困难；可使教师明确教学目标的和实现程度，明确教学活动中所采取的形式和方法是否有利于促进教学目标的实现，从而为改进教学提供依据。学生获得反馈信息，能加深对自己当前学习状况的了解，确定适合自己的学习目标，从而调整自己的学习。此外，还能起到激发学生学习动机的作用。研究表明，经常对学生进行记录成绩的测验，并加以适当的评定，可以有效地激发并调动学生的学习兴趣，推动课堂学习。

4. 强化功能

教学评价可以调动教师教学工作的积极性，激起学生学习的内部动因，维持教学过程中师生适度的紧张状态，可以使教师和学生把注意力集中在教学任务的某些重要部分。实践证明，适时地、客观地对教师教学工作作出评价，可使教师明确教学中取得的成就和需要努力的方向，可促使教师进一步地研究教学内容、教学方法，以提高自己的教学水平。对于学生来说，教师的表扬、鼓励、学习成绩测验等，可以提高学习的积极性和学习效果。同时，评价能促进学生根据外部获得的经验，学会独立地评价自己的学习结果，即自我评价。自我评价有助于学生成绩的提高。

5. 咨询决策功能

科学的教学评价是教学工作决策的基础。只有对教学工作有全面和准确的了解，才能作出正确的决策。教学决策实践表明，任何科学的教学决策都是建立在教学评价提供的具有说服力的评价结果基础上的。

7.1.2 教学评价的基本理念

1. 促进学生的发展

教学评价的首要基本点就是改进教学，促进教学效果的提升，从而促进学生的发展。这一理念首先体现在教学目标上，即不仅按照教学大纲、教学内容的科学体系，进行有序的教学，完成知识、技能等基础性目标，同时要注重以学习能力为重点的学习素质和以情感为重点的社会素质等方面能力的形成。在课堂教学过程中，教师要认真地研究课堂教学策略和方法，通过有效的教学手段激发学生学习热情，教学过程中体现学生主体，鼓励学生进行小组写作探究，多方位实现教学目标。

2. 促进教师专业能力发展

当前的基础教育新课程改革极大地改变了人们的教育理念、学生的学习方式，也将从根本上改变教师的教学方式。面对新课程，教师将一切从新开始：重新理解教育，重新理解课程，重新认识学生，重新设计教学。课堂教学评价的重点不在于把鉴定教师的课堂教学结果作为判断他们是否已经具备奖励或处罚的条件，作为解聘、降级、晋级加薪、增加奖金等决定的依据，而是诊断教师课堂教学的问题，关注教师专业化理论发展要求，关注教师情意和职业道德素质的发展，关注教师的人文知识素养和多元知识结构的发展，关注教师专业技能和研究能力的发展，从而制定教师的个人发展目标，满足教师的个人发展需求。这是一种以促进教师的专业发展为目的的双向的教师评价过程，它建立在评价双方互相信任的基础之上，和谐的气氛贯穿评价过程的始终。

3. 通过学生的“学”促进教师的“教”

教学评价的功能性手段是以学生的“学”评价和促进教师的“教”。课堂教学要真正体现学生为主体，以学生发展为本，就必须对传统的课堂教学评价进行改革，体现“以学促教”的评价思想。“以学促教”的教学评价强调以学生在课堂学习中呈现的状态为参照，来评价课堂教学质量，改变传统教学评价标准中以教师为中心、以教论教的状况。课堂教学以学生为中心才能取得最佳的教学效果，更体现着“一切为了学生”“为了学生的一切”“为了一切学生”的教育思想。

同时，通过学生的学习促使教师发现自己的不足，从而不断通过资格培训来提高自身的不足，促进自身发展，再反过来提高教育教学水平，正所谓教学相长，以学促教。

7.1.3　教学评价的基本过程

一般而言，教学评价可以分为 3 个阶段：准备阶段、实施阶段和评价结果的处理与反馈阶段。

1. 准备阶段

准备阶段主要就为什么要评价、谁来评价和评价什么等问题做充分准备。这一阶段的主要工作包括确定评价目标、确定评价对象、建立评价指标体系和设计评价工具几个方面。准备阶段的最后工作就是撰写评价方案。

评价方案一般具有以下两方面的特性。第一，以评价标准为核心。这个评价标准一般包含评价的指标体系及其评定标准。通常在编制评价标准时，要以相应的调查为基础，通过严格论证、专家评判、实验修正，以最大限度地提高评价标准的质量。第二，以评价程序的科学性、规范性和可操作性为根本。评价工作的科学性、规范性和可操作性是指评价活动的指导理论以及评价过程中所采用的方法一定要科学，评价运行程序要规范，要按照预先设计好的程序进行，不得随意改变，而且整个评价程序具有可操作性，要能得出明确的结论。

2. 实施阶段

实施阶段是教学评价活动的中心环节，这个阶段的主要任务是，运用观察、调查和测验等各种评价方法和技术收集各种评价信息，并在整理评价信息的基础上作出价值判断，同时对评价者和被评价者的心理进行调控，以保证评价工作的顺利进行。该阶段主要包括评价数据的收集、评价信息和数据的整理、评价数据的分析和处理和综合评价意见的给定 4 方面的工作。

3. 评价结果处理和反馈阶段

评价结果处理和反馈一般包括以下几方面的内容：评价结果的检验、分析诊断问题、撰写评价报告、评价结果的描述等。

一般说来，评价结果的描述分为以下 4 类。

① 绝对性结果描述。判断学生学成状态是否等于预期目标，通常以评价对象对预期教学目标已达到的数量和质量情况来衡量。

② 相对性结果描述。以评价对象的集体平均水平来评价依据、判断个体在集体中所处的相对位置。

③ 比较性结果描述。以某一目标作为评定依据，判断个体在集体中所处的相对位置。

④ 发展性结果描述。评价对象对照自身的特点来判断是否进步或后退。

课堂练习

结合“教学评价概述”内容，认真阅读教材及教师下发的资料中有关教学评价功能和过程等方面的文献资料，以小组为单位讨论教学评价的主要目的和作用，如何合理进行教学评价过程，将讨论的结果填写在下面横线中。

教学评价的主要目的和作用：________________________________

____

____

____

____

____

____

____

如何合理进行教学评价过程：________________________________

____

____

____

____

____

____

____

____

7.2 教学评价的分类

依照不同的分类标准，教学评价可以分为不同的类型。如以评价基准为依据有“相对评价、绝对评价、自身评价”；以评价内容为依据有“面向学习过程的评价、面向学习资源的评价”；以评价功能作用为依据有“诊断性评价、形成性评价、总结性评价”；以评价表达为依据有“定性评价、定量评价”。

7.2.1　按评价基准分类

1. 绝对评价

绝对评价法是在被评价对象的集合以外确定一个客观标准，将评价对象与这一客观标准相比较，以判断其达到程度的评价方法。

绝对评价设定评价对象以外的客观标准，考察教学目标是否达成，可以促使学生有的放矢，主动学习，并根据评价结果及时发现差距，调整自我，具有明显的教育意义。

绝对评价的优点是评价标准比较客观，如果使用得当，可使每个被评价者都能看到自己与客观标准的差距，以便不断向标准靠近。另外，教学管理部门通过这种评价，可以直接鉴别各项教学目标的达成情况，明确今后的工作重点。它的缺点是，在制定评价标准时，容易受评价者的原有经验和主观意愿的影响，也不易分析出学生之间的学习差异。

2. 相对评价

相对评价法是从评价对象集合中选取一个或若干个对象作为基准，将余者与基准做比较，排出名次、比较优劣的评价法。相对评价法便于学生在相互比较中判断自己的位置，激发竞争意识。

相对评价的优点是利用它可以很容易了解学生的总体表现和学生之间的差异或比较群体学习成绩的优劣。它的缺点是，基准会随着群体不同而发生变化，因而易使评价标准偏离教学目标，不能充分反映教学上的优缺点和为改进教学提供依据。

3. 个体内差异评价

个体内差异评价是以评价对象自身状况为基准，对评价对象进行价值判断的评价方法。在这种方法中，评价对象只与自身状况进行比较，包括自身现在成绩同过去成绩的比较，以及自身不同侧面的比较（如将学业测验结果与智能测验结果相比较，根据两者的相关程度确定学生的努力程度等）。以进一步提高、保持原状或退步为依据，对评价对象进行价值判断。

个体内差异评价的优点是尊重个性特点，照顾个别差异，通过对个体内部各个方面进行纵横比较，判断其学习的现状和趋势。但由于被评价者未经过与具有相同条件的其他学生作比较，难以判定他的实际水平和差距，激励功能不明显。因此在实践中常须把自身评价和相对评价结合起来使用。

7.2.2　按评价功能分类

1. 诊断性评价

诊断性评价也称教学前评价或前置评价，一般是在单元、学期、学年开始时，正常的教学活动尚未纳入轨道之前，对学生的知识和技能、智力和体力及情感等状况进行“摸底”。其目的是设计可以满足不同起点水平和不同学习风格的学生所需要的教学方案和教学程序。

2. 形成性评价

形成性评价是在某项教学活动过程中，为使活动效果最好而不断进行的评价，它能及时了解阶段教学的结果和学生学习的进展情况、存在的问题等，以便及时反馈、调整和改进教学工作。

3. 总结性评价

总结性评价又称事后评价，一般在教学活动告一段落时，为把握活动最终效果而进行的评价。总结性评价注重的是教与学的结果，借此对被评价者所取得的较大成果作出全面鉴定、区分等级和对整个教学方案的有效性作出评定。

诊断性、形成性、总结性评价的比较如表 7-1 所示。

表 7-1 诊断性、形成性、总结性评价的比较

种　类	诊断性评价	形成性评价	总结性评价
主要作用	查明学习准备和不利因素	确定学习效果	评定学业成绩
主要目的	合理安置学生，考虑区别对待，采取补救措施	改进学习过程，调整教学方案	证明学生已达到的水平，预言在后继教程中成功的可能性
评价重点	素质，过程	过程	结果
主要手段	特殊编制的测验，学籍档案和观察记录分析	经常性测验、作业、日常观察	考试
测试内容	必要的预备性知识、技能的特定样本，与学生行为有关生理、心理和环境的样本	课题和单元目标样本	课程和教程目标的广泛样本
试题难度	较低	依教学任务而定	中等
分数解释	常模参照、目标参照	目标参照	常模参照
实施时间	课程或学期、学年开始时，教学进程中需要时	课题或单元教学结束后，经常进行	课程和一段教程结束后，一般每学期 1～2 次
主要特点		前瞻式	回顾式

7.2.3 按评价表达分类

1. 定性评价

定性评价是对评价资料作“质”的分析，是运用分析和综合、比较与分类、归纳和演绎等逻辑分析的方法，对评价所获得的数据、资料进行思维加工。分析的结果有两种：一是描述性材料，数量化水平较低甚至毫无数量概念；另一种是与定量分析相结合而产生的，包含数量化但以描述性为主的材料。一般情况下定性评价不仅用于对成果或产品的检验分析，更重视对过程和要素相互关系的动态分析。

2. 定量评价

定量评价则是从“量”的角度，运用统计分析、多元分析等数学方法，在复杂纷乱的评价数据中总结出规律性的结论。由于教学涉及人的因素，各种变量及其相互作用关系是比较复杂的，因此为了提示数据的特征和规律性，定量评价的方向、范围必须由定性评价来规定。

可以说，定性评价和定量评价是密不可分的，两者互为补充，相得益彰，不可片面强调一方面而忽视了另一方面。

✎ 课堂练习

结合以上内容，在你所熟知的教学评价类别中，你最常用或最熟悉的评价是哪种？你觉得最有效的评价是哪类？为什么？填写在表 7-2 中。

表 7-2　评价分析

我最熟悉的评价类别：
最有效的评价类别：

7.3　教学评价方法

根据 AECT'94 定义，教育技术是关于学习资源和学习过程的设计、开发、利用、管理和评价的理论和实践。从教育技术实践的角度看，教学评价实践就是应用前面提到的各种教学评价技术对学习过程和学习资源及其相关要素开展具体的评价活动。因此，教学评价的关注对象主要是学习过程和学习资源。

7.3.1　面向学习过程的评价方法

面向学习过程的评价是指运用一切有效的技术手段收集学习过程的相关数据或证据，对学生的学习成长和学习效果进行价值判断。面向学习过程的评价着重于测量与评价学生的学习情况，也就是采用教学评价技术对学生的学习过程或学习结果进行描述，并根据教学目标对所描述的学习过程或结果进行价值判断。由此，面向学习过程的评价又可以从形成性评价和总结性评价两方面来进行。

1. 测验

如果评价的目的是了解学生认知目标的达标程度，测验是最常用的工具。通过测验收集学生学习状况的数据和资料，并依据所收集的资料对学生的学习态度、学习习惯、学习方法、知识技能、探究与实践能力、合作、交流与分享等一个或多个方面进行考察与描述，指出学生的反战变化及其优势和不足，在此基础上对教师的教学和学生的学习提出具体、合理的改进建议。

试卷是实现测验这种评价方法的主要工具之一。试卷中的题目通常可分为两大类，即构答题和选答题。所谓构答题，指的是要求学生用文字、算式等对给定的题目提供正确答案的试题，具体包括作文题、算术和填充题等。所谓选答题，指的是要求学生在题目所附带的两个以上的答案中选择正确答案的试题，具体包括是非选择、多项选择、配对、组合等类型。这两大类试题各有利弊并恰为互补，是不能相互取代的。如在评价较高层次的理解能力、归纳推理能力、组织和表达能力方面，构答题（除填充题外）比选答题效果好；在评价较低层次的知识记忆、一般理解和判断能力方面，选答题比构答题效率高；在编制题目的技巧方面，构答题比选答题容易掌握；在判断和反馈答案的正误方面，选答题比构答题容易处理。所以，较好的做法是将这两类试题相互结合，融为一体，即将若干选答题与供答题放于一张试卷同时使用。

测验题目是构成测验的基本元素，题目编制得恰当与否直接关系到整个评价的好坏。为了保证测验试题的高质量，教师在自编测验试题时，应严格遵循各类题型的设计命题要求，降低试题品质的不良率，增强试题的鉴别力和有效性，从而真正达到评价的目的。

2. 调查

调查评价法也称书面调查法，或称填表法，是用书面形式间接搜集材料的一种评价手段。通过向学习者发出简明扼要的课堂教学效果单（表），请示填写对有关问题的意见和建议来间接获得材料和信息的一种方法。

问卷调查表是进行调查的工具之一，它的设计将直接影响到调查的结果。在设计问卷调查表时应该注意：首先要明确调查目标，并根据调查目标设计表述简单明了、没有歧义的问题，同时也要考虑调查结束后，这些问题在进行整理评价时的意义；其次，为被调查者的方便起见（也是为了避免草率的问卷填写），应使问卷填写工作尽可能简单。为此最好将每个问题的答案都设计成选择题的形式，并提供尽可能多的答案，同时在必要的地方设置“其他”项收集意料之外的答案。最后，还要考虑问卷调查表的表现形式。最基本的要求是简洁大方，便于理解，方便填写。

在信息化教学评价中，可以通过问卷调查表发现学习资源对学生的作用，引导学生有目的地进行反思，还可以让学生自行制作问卷调查表，以培养他们收集信息、处理信息的能力等。

3. 观察

观察即在教育自然的场景下了解观察对象。观察与测验、调查不同的是被观察者像往常一样的学习和活动，不会产生或感到任何的压迫感。所有收集的资料自始至终都是被观察者的常态表现，都是自然的、真实的。观察一般要在事前确定观察目的、观察范围，并必须明确对将观察的某现象需设置那些变化的情况或场景，使被观察者在这种特定条件下进行活动，以获得合乎实际目的的材料。观察在情境化教学中的评价作用应该引起重视，但需要注意运用量规等评价工具，以便使观察更具目的性，观察结果更具客观性。

4. 学习契约

（1）学习契约的概念

学习契约（Learning Contract）也称为学习合同，是一种由学习者与指导教师共同协商、设计、实施和评价的关于某一学习主题的书面协议。学习契约是设计来解决学习责任的归属问题，是一种使自律学校的课堂和在家自学的团体能良好运行、师生都能接受的一种概念。

（2）学习契约的价值

学习契约的产生来源于真正的契约或合同。在学习中的应用，是为了能够让学生在完成任务和解决问题时有一个具体的目标或依据，也为了客观合理的学习要求。其目的是要求学生以“任务驱动”和“问题解决”作为学习和研究活动的主线。

与传统的“学习计划”不同，学习契约具有结构性、过程性、开放性的特点。这个方案的主要内容包括学习者的学习需求、学习目标、学习进程、学习资源、学习策略、学习活动日期及达到目标的依据等。在学习契约中，计划学习过程取代了计划学习内容，是一种动态的学习规划。

（3）学习契约的制定

学习契约中一般包含有以下项目和内容：学生及教师相关信息、契约目的、学习主题（知识点）、学习需求和目标、学习活动及进程安排、评价学生达到学习目标的依据和形式、最终学习成果的展示与分享等。学习契约的形式一般有自学式学习契约、协作式学习契约、提纲式学习契约和表格式学习契约。一般而言，可结合图 7-1 所示的契约样式来安排内容。

学习契约

学生姓名：＿＿＿＿　教师姓名：＿＿＿＿　课程名称：＿＿＿＿

年级：＿＿＿＿＿　班级：＿＿＿＿＿

起始日期：＿＿＿＿　结束日期：＿＿＿＿＿

契约目的：＿＿＿＿＿＿＿＿＿＿＿＿＿＿

一、学习内容：＿＿＿＿＿＿＿＿＿＿＿

二、学习目标

学习目标：＿＿＿＿＿＿＿＿＿＿＿（即习得什么知识或技能）

学习子目标 1：＿＿＿＿＿＿＿＿＿＿（知识与技能层次）

学习子目标 2：＿＿＿＿＿＿＿＿＿＿（过程与方法层次）

学习子目标 3：＿＿＿＿＿＿＿＿＿＿（情感态度层次）

三、学习活动及进程

学习活动 1：＿＿＿＿＿＿＿＿＿＿＿＿＿＿＿＿＿＿

学习活动 2：＿＿＿＿＿＿＿＿＿＿＿＿＿＿＿＿＿＿

学习活动 3：＿＿＿＿＿＿＿＿＿＿＿＿＿＿＿＿＿＿

四、是否达到学习目标的判断标准

判断标准 1：＿＿＿＿＿＿＿＿＿＿＿＿＿＿＿＿＿＿

判断标准 2：＿＿＿＿＿＿＿＿＿＿＿＿＿＿＿＿＿＿

判断标准 3：＿＿＿＿＿＿＿＿＿＿＿＿＿＿＿＿＿＿

五、学习成果与分享

要求 1（阶段性成果提交）：＿＿＿＿＿＿＿＿＿＿＿＿＿＿

要求 2（最终成果提交）：＿＿＿＿＿＿＿＿＿＿＿＿＿＿＿＿

图 7-1　学习契约样式

5. 量规

（1）量规的作用

量规（Rubric）是一种结构化的定量评价标准，往往是从与评价目标相关的多个方面详细规定评级指标，具有操作性好、准确性高的特点。它可以有效地降低评价的主观随意性，不但可以教师评，而且可以让学生自评或同伴互评。如果事先公布量规，还可以对学生学习起到导向作用。此外，让学生学习自己制定量规也是很重要的一个评价方法。随着教育信息化的发展，越来越多的学习任务是以非客观性的方式呈现的。传统的客观性评价方法已被证明具有较大的局限性，因而，量规的应用逐渐受到重视。

（2）量规的分类

① 等级评定表。等级评定量表，顾名思义就是将所要评价的事物或现象的特质表现分成一定的等级，每一等级分配给相应的分数而编制成的一个量表。用在学业成就评价中，具体来说就是将要评价的学生表现分成合适的等级，每一等级有详细的说明，需要时赋予每一等级相应的分数，将这几个部分以一定的格式组织起来编制成一个量表，用于评价学生，这就是等级评定量表，如表 7-3 所示。

表 7-3　信息化教学系统设计评价量规举例

项目 1	优（32～40 分）	良（16～31 分）	一般（0～15 分）
技术的应用是否有利于提高学生的学习效果（40 分）	1. 技术的应用和学生的学习之间有明显的关联。 2. 学习目标明确，表述清楚。 3. 所有的学习目标都符合该主题的教学大纲和内容标准的要求。 4. 单元计划已经明确地说明如何变化，以适合不同的学习者。 5. 应用的技术能激发学生的兴趣，符合学生的年龄特征，有利于学生的学习及高级思维能力的培养	1. 技术的应用和学生的学习之间有一些关联。 2. 对学习目标进行了界定。 3. 一些学习目标符合该主题的教学大纲和内容标准的要求。 4. 单元计划提供少量的变化来适应不同的学习者。 5. 应用的技术能激发学生的学习兴趣，符合学生的年龄特征，但对于其如何才能提高学生的学习不清楚	1. 应用的技术与学生的学习之间关联不大。 2. 学习目标不明确。 3. 学习目标与该主题的教学大纲和内容标准之间的关系模糊。 4. 单元计划不能适应不同的学习者。 5. 应用的技术不能激发学生的兴趣，不符合学生的年龄特征，不能提高学生的学习效果
项目 2	优（16～20 分）	良（8～15 分）	一般（0～7 分）
技术与教学的整合是否合理（20 分）	1. 技术是使单元计划成功的必不可少的一部分。 2. 把计算机作为研究、发布和交流的工具对单元计划的实施很有帮助	1. 技术是很重要，但还没有成为单元计划必不可少的一部分。 2. 单元计划中包括了将计算机作为调查、发布和交流工具等条目	1. 技术在单元计划中的重要性不明显。 2. 单元计划中很少利用计算机进行调查、发布和交流
项目 3	优（16～20 分）	良（8～15 分）	一般（0～7 分）
单元计划的实施是否简单易行（20 分）	1. 单元计划可以很容易地进行修改，以便应用到不同的班级。 2. 为单元计划的重复使用提供了一个完善的模式及原则	1. 单元计划可以应用到其他班级。 2. 提供了一个可以重复使用的模式，但该模式的原则需要完善	1. 单元计划仅使用于一个班级。 2. 单元计划未能提供一个可供重复使用的模式及原则
是否能够有效评价学生的学习（20 分）	1. 单元计划讲解了与教学大纲相适应的知识，并且对学生的成果评估有明确的标准。 2. 学生的学习目标和学习成果评估标准之间有明确的关系。 3. 单元计划包括一些评价工具，用于进行务实的评价和评估	1. 单元计划中所讲解的知识比较符合教学大纲。 2. 目标与评价之间有一些关系。 3. 单元计划包括一些评价工具，可以进行一些评价和评估	1. 单元计划中所讲解的知识比较符合教学大纲的要求。 2. 目标与评价之间的联系不明确

② 核查表。最简单的量规类型是核查表，它是一个包含了学生表现的各种特征的简单列表。它们通常用“是”或“否”来判断，或提供一个地方给评价者做记号以表明某种特征的出现，如图 7-2 所示。

儿童数学及生活常识核查表

指导语：在“是”或“否”上做标记，以表示儿童是否掌握以下技能。

认识从 0 到 9 的数。	是□　否□
从 1 数到 10。	是□　否□
认识基本的几何图形，如三角形、正方形、长方形、圆等。	是□　否□
比较物体并判断物体的大小、长短和轻重。	是□　否□
认识整点时间。	是□　否□

图 7-2　核查表

6. 成长记录袋

（1）含义

成长记录袋评价按一定目的收集的反映学生学习过程及最终产品的一整套材料。这种评定包在客观上可有助于促进个人的成长，而学生也能在自我评价中逐渐变得积极起来。成长记录袋的描述性定义：成长记录袋就是把个人的成果系统地收集起来，放在一个合适的容器，如文件夹、档案袋（目前主要是计算机或网盘等信息技术手段）里，每过一段时间，根据所收集的内容对学生的进步或进步过程等进行评价，以这样的方式进行的评价就是电子袋评价。

在课堂教学中，成长记录袋指学生作品的系统收集。通过收集学生成果（如作业、艺术作品等）来反映学生学业水平的增长、长时期的成就，以及在特定学业领域的重大成就，并由此来促进学生的学习，这样的评价就是学业成就的成长记录袋评价（portfolio assessment）。

（2）类型

根据评价目的的不同，可以将成长记录袋分为 3 类：描述型（过程型）成长记录袋、最佳成果型成长记录袋和评估型成长记录袋。几种不同类型的成长记录袋的评价目的和侧重点如表 7-4 所示。

表 7-4　成长记录袋的类型

类型	评价目的	侧重点	记录袋内容
描述型（过程型）成长记录袋	描述学生的进步	诊断学生在学习过程中所取得的成绩及存在的问题；记录学生在学习某一领域的进步过程或轨迹	结果性作品和学生在完成这一作品过程中所产生的过程性作品
最佳成果型成长记录袋	展示学生的成就	鼓励学生考虑作品选择的理由；相关的反省记录也可以装进去；其内容是非结构化的	收集学生认为最满意、最喜爱或最重要的作品，并选择适当的时机和场合予以展示
评估型成长记录袋	确定学生是否达到预期的表现水平	用于评估学生学习与发展水平的成长记录袋，可以作为学生升级、留级的参考，也可用于一定时期的总结报告	内容通常是依据一定的标准选择的标准化作品

（3）成长记录袋的设计和运用

成长记录袋是一种质性评价方式，关注学生学习与发展的过程，与教学活动关系是十分密切的。综合来说，可以从下面几点来考虑成长记录袋的设计：

① 确定成长记录袋的设计者。学业成就评价的成长记录袋的设计者主要是教师。但一般来说，为了更好地激发学生的学习动力，除了评估型成长记录袋外，成长记录袋的作品基本都要与学生见面，并且要在学生及师生之间进行交流。所以，教师可以把学生也作为成长记录袋的设计者之一，在确定成长记录袋的目的、内容的选择甚至制订评估标准时，让学生参与进来。将学生作为设计者，可增强他们的主人翁意识，也会使所选择的作品更适合学生，更有利于学生自我评价能力的发展，同时也可以为整个评价过程创造一个良好的氛围。

② 成长记录袋评价内容的确定要依据教学目标和教学实际。教师在使用成长记录袋之前，必须有比较具体的使用方案，其中重要的一条就是明确评价的内容，要明白用成长记录袋去反映、评价和促进学生在哪一方面的发展。而确定评价内容的依据主要是课程标准、教学目标、班级教学实际、学生的特点与需求等。

③ 成长记录袋中所收集的作品是学生成长过程中积累的作品，而不是在某一教学过程结束后才收集整理的。收集的作品要具有代表性，作品要能反映出要评价的学生的某种特质。

④ 根据单元教学内容实施阶段性评价，主要是评价学生进步过程，通过评价使学生的学习能力提高，充分发挥“成长记录袋”潜在的教育功能。阶段性评价中要确保评分规则清楚、明确。成长记录袋评价的评分带有很大的主观性，而且评分规则会随具体任务的不同而有很大变化，所以，评分规则的设计必须明确，解释描述必须清楚易懂，以提高评分的准确性，降低由于主观原因所带来的误差。

图 7-3 为一个成长记录袋的设计案例。

成长记录袋

（详细记录学生成长历程，帮助学生树立自信心，养成良好的行为习惯，以促进每个学生个性发展为目标。）

成长记录袋首页：成长记录袋的说明（原创）或目录

成长记录袋插页内容

1．个人档案（姓名、性别、性格特点、爱好等）

2．全年目标、学期目标和规划

3．日常表现：每周一表格，随时记录下自己感受深刻，认为较有意义且值得记录的内容进行记载，及时思索，留下成长的足迹

4．我的作品：作品产生和入选的说明；系列作品（如有丰富知识的数学童话、有数学创意的数学漫画、自己设计优秀作业、自己设计优秀试卷、自己梳理的知识网络等）；对作品分析和评定的反思等

5．自己喜欢的作品（文章、绘画、手工、获奖作文、歌曲、歌词等）

6．研究性学习的成果

7．学期总结

8．获得的荣誉（班级荣誉、学校、社会比赛）

图 7-3　成长记录袋

7. 概念图

（1）概念图的含义

概念图（Concept map）是一种图表，可用于指示课题、单元或知识领域的组织。在识别与某一课题有关的概念后，学生可通过沿着空间等级层次或时间先后顺序的维度，创建心理模式。以此识别和标识概念间的相互关系。学生可通过绘图将概念联系起来，以表征这些概念对于他们个人的意义。

概念图是表示概念和概念之间相互关系的空间网络结构图，是用来组织和表征知识的工具。从学生所列出的概念图中，教师可以清楚地看出学生对概念的掌握及对概念间关系的理解。概念图评价就是以概念图为工具对学生掌握知识的情况进行评价的一种方法。具体地说，就是让学生用概念图将头脑中所掌握的知识显示出来，教师通过观察概念图来测量学生掌握知识程度的评价方法。

（2）概念图评价的原理

概念图的理论基础是奥苏伯尔的有意义学习理论。有意义学习理论强调迁移的作用，认为一切有意义的学习都是在原有的学习的基础上产生的，一切有意义的学习必然包括迁移；迁移是通过认知结构起作用的，学生原有的认知结构的特征始终是影响新的学习和保持的关键因素。这里的认知结构是累积获得的，按一定层次组织的，适合当前学习任务的体系，学习过程就是不断地向这个网络增添新内容。实质是符号所代表的新知识与学习者认知结构中适当的观念建立非人为的和实质性的联系。

概念图评价就是让学生建立知识与知识之间的联系，通过绘制概念图，以考查学生对学科知识及其间关系的理解、掌握情况。实质上，在绘制概念图的过程中，不仅涉及知识的重新建构，还能够反映出学生的深层理解能力。

（3）概念图评价的运用

① 知识点的选择：根据课程教学的情况选择相关知识点来设计概念图。

② 概念图制作：以软件或纸笔绘制的方式将选择的知识表征成结构性的知识组织形式。评价者可以简单介绍概念图的绘制技巧和注意事项，在绘制过程中对被评价者加以指导，主要绘制过程由被评价者独立或小组讨论完成。

③ 概念图评价：通过某种评定规则（或评价标准）来评价被评价者制作的概念图。

8. 主体性评价

主体性评价又叫自我评价（Self evaluation），作用是让学习者有针对性地反思与提高。自我评价的表单设计可以采用量规方式，但更多地是采用问卷调查表的形式。因为后一种方式可以帮助学习者通过回答预选设计好的问题来产生某种感悟，从而促使他们对自己的学习过程和学习结果进行重新审视和修改，从而增强他们的自主学习能力。主体性评价一般可以采用等级评定表和核查表来完成。

✎ 课堂练习

试将上述 8 种面向学习过程评价的方法进行比较，分析它们的特点和适用范围，填写在表 7-5 中。

表 7-5 面向学习过程的评价方法比较

评价方法	特点	适用范围
测验法		
调查法		
观察法		
学习契约		
量规		
成长记录袋		
概念图		
主体性评价		
我熟知的其他评价方法		

7.3.2 面向学习资源的评价方法

面向学习资源的评价是对学习资源建设质量的把关，是资源建和使用过程中一个不可缺少的重要环节。面向学习资源评价的意义“一方面在于改进学习资源的设计，使之更加符合教学或学习的需要；另一方面在于选择符合特定要求的学习资源，提高教学或学习的成效”。

1. 学习资源的评价方法

学习资源的范围广泛、种类繁多，这里所指的主要是教科书、讲义、讲授提纲、参考书刊、辅导资料、教育录音和录像、教学软件和网上学习资源等。面向学习资源评价的意义一方面在于改进学习资源的设计，使之更加符合教学或学习的需要，如面向学习资源的形成性评价；另一方面在于选择符合特定要求的学习资源，提高教学或学习的成效，如面向学习资源的总结性评价。

学习资源的评价方法可以从不同角度出发进行分类，例如从评价主体的角度，可以分为自我评价和组织评价；从评价实施的实践看，可以分为使用中评价、过程评价等。

① 自我评价。在资源开发的过程中由开发人员自己对资源进行评价，属于形成性评价。

② 组织评价。也称专家评价，即组织专家进行评价，它属于总结性评价。这是一种最常见的资源评价方法，一般通过对资源的可靠性、表达的准确性、资源的教育性等指标进行审核，最后将多位专家的意见加以综合。

③ 使用中评价。在用户使用资源的过程中，观察用户的行为，了解用户的态度，据此对资源进行评价。

④ 过程评价。将组织评价的过程、学习资源的开发过程、教学资源的使用过程结合起来进行评价。过程评价法是新近提出来的一种评价方法，因其综合考虑资源在开发、使用过程和组织评价中的表现和各类人员对软件的态度，预期评价结果会更加科学、客观。但该评价方法目前尚处于探索阶段。

2. 面向学习资源评价的标准

(1) 评价要求

由于评价主体、资源类型和应月对象的不同，人们对于学习资源的评价要求也不尽一致。一般来说，对资源的评价要求包括：教育性、科学性、技术性和艺术性。通常可以通过量规进行评价。

- 科学性。主要包括：概念的科学性、问题表述的准确性、引用资料的正确性等。
- 教育性。主要包括：认知逻辑合理性、直观性、剖析功能的应用、情景创设、启发性、交互性、针对性、思想方法创新性等。
- 技术性。主要包括：恰当运用多媒体（制作和使用上是否运用多媒体，如视频、动画、声音、文本）；运行可靠性（在测试、运行过程中不应出现故障）；易操作性（操作应简单易行，并能使初学者尽快掌握操作要领）；具有网络功能（应能在网络上进行教学使用）等。
- 艺术性。主要包括：语言文字（所展示的语言文字应规范、简洁、明了）；画面艺术（画面制作应具有较高的艺术性）；声音效果等。

（2）常见的学习资源评价

下面分别给出音视频教学资源、多媒体教学软件、网络课件等学习资源的评价标准，期望这些评价表（评价量规）能够为读者在各类学习资源评价过程中提供参考。

① 音视频教学资源的评价。音视频教学资源的评价主要是对其编写稿本、素材制作、录音和画面合成、使用性等几个方面进行评价，具体评价指标如表 7-6 所示。

表 7-6　音视频教学资源评价表

评价项目	评价标准	权重	评价等级			
			优	良	中	差
			4	3	2	1
编写稿本（25 分）	以教学大纲为依据，选择适合录音手段表现的听觉、鲜明感知的教学内容，选材典型、生动、鲜明	1.5				
	重现教学需要的真实、规范的声音，便于模仿训练	1.25				
	创设教学情景，加强教学内容的表现力和感染力	1.5				
	设计新颖独特，信息量要比文字教材有所扩充，便于培养创新思维	2				
素材制作（30 分）	正确使用计算机网络、移动互联设备收集音视频素材	2.5				
	正确使用话筒、智能手机、计算机制作音视频素材	3				
	能按照课程内容有针对性地合理选择音视频素材	2				
录音和画面合成（30 分）	正确使用计算机、手机等设备，将视音频素材编辑合成为课程教学素材	1.25				
	解说要准确、清楚、口语化、优美动听	1.75				
	效果声要真实形象；画面清晰，色彩真实，文字醒目，对比适中	1.5				
	音乐选材合理、衔接自然流畅；声画同步，组合顺畅，画面无扭曲、抖动现象	1.5				
	创意新颖，构思巧妙，节奏合理；技巧、特技选用恰当，画面生动，声音和谐	1.5				
使用性（15 分）	文档齐备	1.25				
	作品生命周期长，发挥作用大	1.75				

② 多媒体教学软件评价表。无论哪种类型的多媒体教学软件的评价基本上是对其教育性、科学性、技术性、艺术性、使用性等要素的评价，具体评价指标如表 7-7 所示。

表 7-7　多媒体教学软件评价表

评价项目	评价标准	权重	评价等级			
			优	良	中	差
			4	3	2	1
教育性（40 分）	选题恰当，符合课程标准要求及学生实际	3				
	突出重点，突破难点，深入浅出，易于接受	3.5				
	以学生为主体，促进思维，培养能力	2.25				
	作业和练习典型，分量适当，有创意	1.25				
科学性（20 分）	内容正确，逻辑严密，层次清楚	2.5				
	模拟仿真形象，举例恰当、准确、真实	1.25				
	场景设置、素材选取、名词术语、操作示范符合有关规定	1.25				
技术性（20 分）	图像、动画、声音、文字设计合理	1.25				
	画面清晰、动画连续、色彩逼真、文字醒目	1.25				
	声音清晰，音量适当，快慢适当	1.25				
	交互设计合理，智能性好	1.25				
艺术性（10 分）	媒体多样，选用适当，创意新颖，构思巧妙，节奏合理	1.5				
	画面悦目，声音悦耳	1				
使用性（10 分）	界面友好，操作简单、灵活	1.25				
	容错能力强、文档齐备	1.25				

③ 网络课件评价表。网络课件评价标准反映在其教学性、科学性、技术性、艺术性、使用性等方面，具体评价指标如表 7-8 所示。

表 7-8　网络课件评价表

评价项目	评价标准	权重	评价等级			
			优	良	中	差
			4	3	2	1
教学性（30 分）	教学内容紧扣教学大纲、符合学生认知水平	1.5				
	重点、难点突出，处理恰当	0.75				
	培养学生的创新精神和实践能力	1.25				
	教学案例设计合理	1				
	参考资源资料丰富，有相关资源网站链接	1				
	教学策略有助于自主学习、协作学习、探究学习	1				
	在线练习适量，评价反馈准确及时	1				
科学性（20 分）	教学内容正确，结构合理，条例清晰	1.5				
	模拟仿真设计形象、真实	1.5				
	名词术语描述科学、正确	1				
	应用数据符合国家标准，操纵示范符合规范	1				
技术性（20 分）	图文、声像、动画设计合理，声画同步、清晰	1.25				
	制作使用技术先进，智能性好	1.25				
	有超链接设计，链接准确，无死链	1.25				
	有教师与学生、学生与学生之间的交互功能	1.25				

续表

评价项目	评价标准	权重	评价等级			
			优	良	中	差
			4	3	2	1
艺术性（15 分）	界面设计简洁、和谐、合理	1.25				
	媒体多样，选材恰当，感染力强	1				
	创意新颖，构思巧妙，节奏合理	0.75				
	声音悦耳，应用恰当，控制方便	0.75				
使用性（15 分）	系统安装友好	1				
	操作界面友好	1				
	学习导航友好	1				
	作业发表、完成、提交友好	0.75				

④ 教学网站评价表。教学网站的评价指标如表 7-9 所示。

表 7-9　教学网站评价表

评价项目	评价标准	权重	评价等级			
			优	良	中	差
			4	3	2	1
教学特色（40 分）	教学目标明确，适合主要学习对象的要求	2				
	教学内容正确，突出重点、难点，深入浅出，易于接受	2.5				
	注重启发，促进思维，培养能力	2				
	教学策略灵活，结构合理	1.5				
技术特色（30 分）	调用速度快，适合在 Internet 中使用	1.5				
	交互设计合理，灵活多样，方便易用	2				
	导航清晰明确	2				
	界面设计友好，色彩搭配合理	1				
	网站链接准确合理，跳转灵活	1.5				
	容错能力强	1				
网络特色（30 分）	访问者频数	1.5				
	网站设计创意新颖，构思巧妙	2				
	访问者停留时间	2.5				
	注册用户数量	1.5				

⑤ 多媒体课件评价标准。多媒体课件的评分标准如表 7-10 所示。

表 7-10　多媒体课件的评分标准（单机版）

一级指标（分值）	二级指标（分值）	三级指标（分值）	指标说明
教学内容（30）	科学性规范性（10）	科学性（5）	教学内容正确无误，无科学错误，无错误导向（0～5）
		规范性（5）	文字、符号、单位和公式符合国家标准，符合出版规范（0～5）
	知识体系（10）	知识覆盖（5）	知识内容在所界定的范围内完整，知识体系结构在制作量要求范围内完整（0～5）
		逻辑结构（5）	逻辑结构清晰，层次性强，具有内聚性（0～5）

续表

一级指标（分值）	二级指标（分值）	三级指标（分值）	指标说明
教学内容（30）	资源应用（10）	资源形式（5）	有和教学内容配合的各种资料、学习辅助资料（0～5）
		资源引用（5）	采用规范化的引用标注，说明资源来源，无侵权行为（0～5）
教学设计（25）	目标组织（8）	目标设计（4）	教学目标清晰、定位准确、表述规范，适应于相应认知水平的学生（0～4）
		内容设计（4）	重点难点突出，启发引导性强，符合认知规律，有利于激发学生主动学习（0～4）
	学习设计（17）10	教学交互（4）	较好的人机交互（0～4）
		习题实践（4）	多种形式的题型、题量丰富；模拟实践环境，注重能力培养（0～4）
		学习评价（4）	有对习题的评判或学生自学效果的评价（0～5）
		活动设计（5）	根据学习内容设计研究性或探究性实践问题，培养学生创新精神与实践能力（0～5）
技术性（25）	运行状况（10）	运行环境（5）	没有“死机”现象，没有导航、链接错误，容错性好，尽可能兼容各种运行平台（0～5）
		操作情况（5）	操作方便、灵活，交互性强，启动时间、链接转换时间短（0～5）
	设计效果（15）	软件使用（5）	采用了和教学内容及设计相适应的软件，或自设计了适合于课件制作的软件，避免非必要的插件使用（0～5）
		设计水平（5）	设计工作量大，软件应用有较高的技术水准，用户环境友好，使用可靠、安全，素材资源符合网络使用的技术规范（0～5）
		媒体应用（5）	合理使用多媒体技术，技术表现符合多媒体认知的基本原理（0～5）
艺术性（20）	界面设计（10）	界面效果（5）	界面布局合理、新颖、活泼、有创意，整体风格统一，导航清晰简捷（0～5）
		美工效果（5）	色彩搭配协调，视觉效果好，符合视觉心理（0～5）
	媒体效果（10）	媒体选择（5）	文字、图片、音频、视频、动画切合教学主题，和谐协调，配合适当（0～5）
		媒体设计（5）	各种媒体制作精细，吸引力强，激发学习兴趣（0～5）
加分（20）	应用效果（10）		已经得到广泛应用，取得了良好的应用效果，有较大推广价值（0～10）
	创新创意（10）		设计独到、创意新颖（0～10）

课堂练习

面向学习资源的评价通常会采取编制评价量表的方式，参考上面的评价量表范例，请归纳总结。

评价量表的组成要素有：____

____

7.4 信息技术支持的课堂教学评价

7.4.1 评价方法的选择

教学过程包含不同的教学形式及方法，而对于不同的教学形式与方法应该采取不同的评价方法。在学习过程评价中，应当通过观察、调查、测验及学习档案袋等多种评价技术收集学习过程信息。表 7-11 是国外教育专家关于评价类型选择的建议，可作为学习过程评价方法选择的参考。

表 7-11　教学评价方法的选择

教学形式 / 媒体/评价方法 / 教学方法	课堂教学	函授	网络教学
讲授/示范	言语 O，S，C	手册/工具包 O，S，C	WWW，CBI，FTP O，S，C
书本学习	课本/印刷品 O，S，C	手册/印刷品 O，S，C	WWW，CBI，FTP O，S，C
录像/媒体介绍	录像带或其他媒体 O，S，C	录像带，CBI O，S，C	WWW（带影视）为主，录像带为辅 O，S，C
班级讨论	面对面 S，C	倾听（异步） S，C	交谈（同步），通信列表 S，C
同伴辅导	小组 O，S，C	—	群件 O，S，C
项目	小组 C，P，T，X，R	—	交谈或群件 C，P，T，X，R
对话	班级讨论 R	倾听 R	交谈 R
独立完成的项目	C，P，T，X，R	C，P，T，X，R	C，P，T，X，R
合作学习	小组 S，C	S，C	交谈 S，C
辩论	小组成员扮演不同角色 C，P，T，X，R	指导/支持 C，P，X，R	交谈/MUDC， P，T，X，R
独立研究	C，L，R	C，L，R	C，L，R

注：表中各符号分别代表不同的评价方法，其中：O—常模参照测验；T—情景性评价；S—观察、调查；X—过程性评价；C—标准参照测验；L—学习契约；P—绩效（产品、结果）评估；R—自我评价。

7.4.2　课堂教学评价方法

1. 以“教”为主的课堂教学评价

请同学们阅读教材“2.3.1 多媒体辅助以‘教’为主的课堂教学设计案例”，并对本次教学“大河之舞”进行评价。

【评价方法】

根据教学设计方案，你认为可以选用哪些教学评价方法来评价？为什么？请写在下面的横线上。

我选用的评价方法和选择理由：______________________________

____

____

____

____

____

【评价量表的设计】

你选择的评价方法如果需要评价量表，请设计出你的评价量表，要全面反映出你的评价过程，对课堂教学的评价全面、合理、公正。

【评价过程及结果描述】

根据你设计的评价量表和过程，对本次课程进行评价，将你评价的过程和结果描述填写在下边横线上。

我的评价过程和结果描述：________________________________

____

____

____

____

____

2. 以“学”为主的课堂教学评价

请同学们学习“2.3.2 以‘学’为主的教学设计案例”，并设计本次教学“机械的基本电气控制电路”的评价。

【评价方法】

根据教学设计方案，你认为可以选用哪些教学评价方法来评价？为什么？请写在下面的横线上。

我选用的评价方法和选择理由：________________________________

____

____

____

____

____

【评价量表的设计】

你选择的评价方法如果需要评价量表，请设计出你的评价量表，要全面反映出你的评价过程，对课堂教学的评价全面、合理、公正。

【评价过程及结果描述】

根据你设计的评价量表和过程，对本次课程进行评价，将你评价的过程和结果描述填写在下边横线上。

我的评价过程和结果描述：________________________________

____

____

____

____

7.4.3　翻转课堂的教学评价

翻转课堂中的评价机制与传统课堂教学的评价不同。在翻转课堂教学模式下，不但要注重对学习结果的评价，还要关注学生的学习过程，建立学生的学习档案，注重对学习过程的评价，评价的过程中综合了定量评价和定性评价、形成性评价和总结性评价、个体性评价和对小组互评、自评与他评之间的融合，评价内容也较为丰富，涉及问题的选择、独立学习过程中的表现、在小组学习中的表现、学习计划安排等方面，翻转课堂评价的目的就是要纠正学生学习过程中的错误，激励学生的学习进程。

评价的内容涉及问题的选择、独立学习过程中的表现、在小组学习中的表现、学习计划安排、时间安排、结果表达和成果展示等方面。对结果的评价强调学生的知识和技能的掌握程度，对过程的评价强调学生在实验记录、各种原始数据、活动记录表、调查表、访谈表、学习体会、反思日记等的内容中的表现。

请同学们学习“2.3.4 基于翻转课堂的教学设计案例”，并对本次翻转课堂进行评价。

【评价方法】

根据教学设计方案，你认为可以选用哪些教学评价方法来评价？为什么？请写在下面的横线上。

我选用的评价方法和选择理由：________________________________

【评价量表的设计】

请设计出你的评价量表，要全面反映出你的评价过程，对翻转课堂的评价全面、合理、公正。

【评价过程及结果描述】

根据你设计的评价量表和过程，对本次课程进行评价，将你评价的过程和结果描述填写在下边横线上。

我的评价过程和结果描述：

学习总结与反思

1. 知识要点

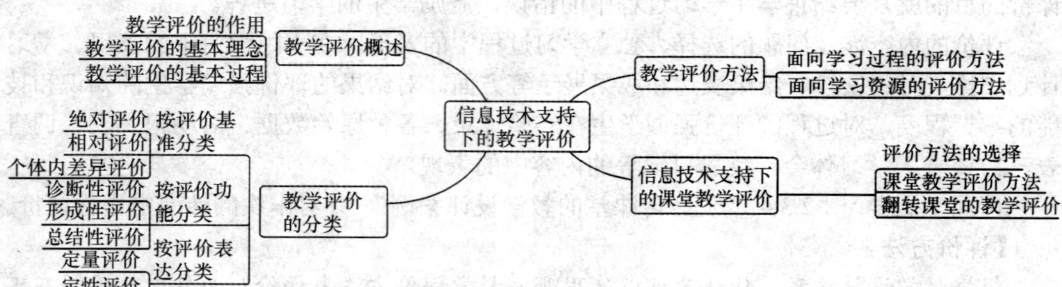

2. 反思

请在这里写下你对于本章内容的思考、收获、疑问……

参考文献

蔡莉，刘梓红，赵勇．2007．现代教育技术［M］．北京：地质出版社．

陈卫东，叶新东，许亚锋．2012．未来课堂：智慧学习环境［J］．远程教育杂志，（5）．

戴尔 H 申克．2007．学习理论：教育的视角［M］．韦小满，等，译．南京：江苏教育出版社．

戴维 H 乔纳森．2002．学习环境的理论基础［M］．郑太年，任友群，译．上海：华东师范大学出版社．

方其桂．2011．多媒体 CAI 课件制作实例教程［M］．4 版．北京：清华大学出版社．

傅钢善．2008．现代教育技术［M］．西安：陕西师范大学出版社．

顾明远．1998．教育技术学和二十一世纪教育・学校教育现代化建设［M］．北京：北京广播电视大学出版社．

管少年．2006．论展示媒介的特征［J］．湖北美术学院学报，（2）．

韩明文．2012．PPT 竞争力——商用简报设计与模板［M］．北京：清华大学出版社．

何克抗．2002．教学系统设计［M］．北京：北京师范出版社．

何克抗．2006．教育技术培训教程（教学人员・初级）［M］．北京：高等教育出版社

胡中锋．2013．教育评价学［M］．中国人民大学出版社．

黄荣怀，杨俊锋，胡永斌．2012．从数字学习环境到智慧学习环境［J］．开放教育研究，（1）．

黄山涯，陈磊．2010．录播教室的功能设计及其建设［J］．实验室研究与探索，（10）．

焦建利．2007．网络时代教师必备之八项信息技术［J］．信息技术教育，（1）．

杰诚文化．2002．Office 2010 办公应用自学成才［M］．北京：电子工业出版社．

李永．2011．多媒体课件制作［M］．北京：清华大学出版社．

李兆君，高铁刚，王馨，等．2011．信息技术环境下教学设计基础［M］．北京：清华大学出版社．

刘彬．2011．高校校园网建设与构建和谐校园［J］．西北民族大学学报（哲学社会科学版），（3）．

刘繁华，于会娟，谭芳．2013．电子书包及其教育应月研究［J］．电化教育研究，（1）．

刘瑞儒，何建武．2006．现代教育技术——走向信息化教育［M］．西安：陕西人民出版社．

刘晓彬．2004．中小学英语教师 ICT 技能体系研究［D］．广州：华南师范大学．

刘志波，齐媛．2010．班班通：从校园信息化建设走向课堂信息化应用［J］．中国电化教育研究，（8）．

楼广赤．2005．课堂教学传播中的教学媒体组合使用［J］．电化教育研究，（6）．

南国农．2004．信息化教育概论［M］．北京：高等教育出版社．

秋叶，卓奕刘俊．2014．和秋叶一起学 PPT［M］．2 版．北京：人民邮电出版社．

秋叶，卓奕刘俊．2014 .说服力工作型 PPT 该这样做［M］．北京：人民邮电出版社．

秋叶，卓奕刘俊．2014．说服力让你的 PPT 会说话［M］．北京：人民邮电出版社．

孙方．2013．PPT 课件高效制作（修订版）［M］．北京：电子工业出版社．

万明高．2007．现代教育技术理论与方法［M］．北京：北京大学出版社．

王江涛．2012．你没见过的教学 PPT 设计［M］．北京：电子工业出版社．

王静爱，苏筠，余瀚．2013．国家级精品资源共享课的建设与思考——以北京师范大学“中国地理”为例［J］．中国大学教学，（11）．

王陆，乔爱玲．2015．现代教育技术应用［M］．北京：高等教育出版社．

谢同祥．2008．基于组合思维的教学媒体分类研究［J］．现代教育技术，(3)．

徐魁鸿．2014．MOOC 内涵、特征及其对我国终身教育的启示［J］．职业技术教育，(28)．

杨健．2012．交互式电子白板在中小学课堂教学应用的研究述评［J］．北京教育学院学报（自然科学版），(6)．

杨臻．2012．PPT 要你好看［M］．北京：电子工业出版社．

叶成林．2003．系统科学与后现代主义［J］．远程教育杂志，(1)：27-30．

尹俊华．1996．教育技术学导论［M］．北京：高等教育出版社．

张机．2006．谈多媒体网络教室的发展与应用［J］．现代教育技术，(9)．

张剑平．2006．现代教育技术——理论与应用［M］．北京：高等教育出版社．

张文兰，刘瑞儒．2015．现代教育技术［M］．西安：西北大学出版社．

张忠．2014．大规模开放在线课程设计研究［D］．武汉：华中师范大学．

钟晓流，李海霞，杜婧，等．2013．多媒体教学环境标准解读［J］．电化教育研究，(9)．

祝智庭，顾小清，闫寒冰．2005．现代教育技术——走进信息化教育（修订版）［M］．北京：高等教育出版社．

祝智庭，钟志贤．2003．现代教育技术——促进多元智能发展［M］．上海：华东师范大学出版社．

R M 加涅．1999．学习的条件和教学论［M］．皮连生，等，译，上海：华东师范大学出版社．